金融数据分析与软件应用系列教材

SAS与金融数据分析

SAS YU JINRONG SHUJU FENXI

彭寿康　编著

中国金融出版社

责任编辑：王效端　王　君
责任校对：李俊英
责任印制：陈晓川

图书在版编目（CIP）数据

SAS 与金融数据分析（SAS yu Jinrong Shuju Fenxi）/彭寿康编著 . —北京：中国金融出版社，2017. 11
金融数据分析与软件应用系列教材
ISBN 978 - 7 - 5049 - 9094 - 5

Ⅰ. ①S…　Ⅱ. ①彭…　Ⅲ. ①金融统计—统计分析—统计程序—教材
Ⅳ. ①F830. 2

中国版本图书馆 CIP 数据核字（2017）第 172861 号

出版
发行　**中国金融出版社**

社址　北京市丰台区益泽路 2 号
市场开发部　（010）63266347，63805472，63439533（传真）
网 上 书 店　http：//www. chinafph. com
　　　　　　（010）63286832，63365686（传真）
读者服务部　（010）66070833，62568380
邮编　100071
经销　新华书店
印刷　保利达印务有限公司
尺寸　185 毫米 × 260 毫米
印张　17. 25
字数　390 千
版次　2017 年 11 月第 1 版
印次　2017 年 11 月第 1 次印刷
定价　42. 00 元
ISBN 978 - 7 - 5049 - 9094 - 5
如出现印装错误本社负责调换　联系电话（010）63263947
编辑部邮箱：jiaocaiyibu@ 126. com

序　言

　　近十年来，中国金融业超常规快速发展，互联网金融、私募金融等新金融业态发展迅猛，新型机构不断涌现，市场规模持续扩大。金融市场与行业的发展变化对人才培养提出了新的需求和更高的要求，高校是金融人才队伍培养的最重要阵地，是金融人才的主要来源，应主动适应社会对金融专业人才需求的发展趋势，努力提高人才培养质量。作为典型的应用性学科，高校金融专业人才培养应高度重视实验教学，培养具有创新精神和实践能力的应用型、复合型、创新型人才。在此背景下，浙江工商大学金融学院决定依托软件操作实验课程，促进理论教学与实践教学有机结合，提升学生金融数据分析能力，提高金融人才培养质量。为此，我们决定在全院范围内共开设四门依托软件的金融数据分析课程，供学生修读，涉及 Excel、Matlab、R 语言和 SAS，在多年教学实践的基础上，形成了相对完整的教案。由于国内目前尚缺少以金融数据分析为核心的相关系列实验教材，所以，浙江工商大学金融学院决定在相关课程教案的基础上，组织编写《Excel 在金融中的应用》、《Matlab 在金融中的应用》、《R 软件与金融数据分析》和《SAS 与金融数据分析》系列实验教材。

　　本系列丛书旨在通过数据处理和软件应用来强化巩固前期部分金融专业知识和基础理论。书稿框架在浙江省高校金融人才培养与教学改革研讨会、钱塘江金融港湾高等金融教育论坛等会议上多次讨论，校内外金融专业教师和银行、证券、保险、私募金融、互联网金融等机构高管、技术骨干提出了宝贵的修改意见。金融学院成立书稿写作协调小组，组织编撰工作，本系列丛书的编写有以下几个特点：（1）注重理论基础与实务前沿、经典与当代相结合，基础能力训练与创新能力培养相结合。（2）与兄弟院校及科研院所相关教师、金融机构技术骨干联合编写。（3）将传统与新兴金融机构的最新案例进行适当简化，既考虑实用性，又兼顾可读性和可操作性。（4）四本书在金融理论基础和案例应用等方面既具有统一性，又存在差异性。书稿初稿完成之后，在日常授课中进行试用，并根据学生反馈进一步修改完善，历时两年完成定稿。

　　如果你觉得金融学相关知识和基础理论枯燥难懂，亦或觉得不知道如何将这些理论应用于实践，那么本系列丛书将教会你如何通过软件实现基于理论的金融数据分析。如果你觉得在大数据时代，不知道如何从庞大的金融数据中提炼出相关信息，那么本系列丛书将会提供一些合理的解决方案，供你获取金融数据背后的逻辑。本系列丛书除了适合金融学类专业本科生和研究生使用，还适合金融机构的相关从业人员使用，同样适合具有一定基础并对金融问题感兴趣的读者使用。

　　在本系列丛书的撰写过程中，要感谢中国金融出版社教材一部王效端主任的大力支持，还要感谢王君老师在书稿校对期间的细心和耐心。

　　虽然作者在编写丛书的过程中投入了大量精力，力求严谨精确，但是由于自身学识和能力有限，书中难免存在不足和错误之处，真诚地希望广大读者不吝批评指正，或通过电子邮件 psk@ zjgsu. edu. cn 反馈意见。

钱水土
2017 年 8 月 15 日

目　　录

第1章

SAS 软件初步

【本章学习目标】

1. 了解 SAS 系统的概况及 SAS 系统中与本教材有关的几个模块的基本功能
2. 了解 SAS 系统的启动与 SAS 操作界面
3. 了解 SAS 语句和 SAS 程序的构成、理解 SAS 系统的结构化语句
4. 理解 SAS 数据集的结构和 SAS 数据集的创建方法
5. 掌握 SAS 数据集的编辑方法
6. 理解几类重要的 SAS 函数
7. 掌握本章有关的 SAS 基础知识

随着计算机技术、数据库技术和网络技术的快速发展和广泛应用，各个行业所积累的数据越来越多，金融行业尤其如此。对当今的金融机构来说，能否有效利用业务高度自动化所产生的大量数据、从中挖掘出对决策有用的信息，已经成为衡量金融企业是否具有核心竞争力的重要标志。从大数据中挖掘对决策有用的信息，需要先进数据分析软件的支持。SAS 系统是一款大型集成应用软件，在数据处理和统计分析领域，SAS 是国际上最有声誉的标准软件系统之一。目前，SAS 已被许多国家采用，并被广泛地应用于金融、医疗卫生、通信、科研和教育等领域。本章是对 SAS 的初步介绍。

1.1 SAS 简介

1.1.1 SAS 概况

SAS 是美国 SAS 软件研究所开发的大型集成软件系统，全称为 Statistical Analysis System，即统计分析系统。该系统最早由美国北卡罗来纳大学的两位生物统计学研究生编制，随后成立了专门研究 SAS 的公司，正式推出 SAS 软件。

SAS 具有完备的数据访问、数据管理、数据分析、数据展现以及应用开发等功能，这些年来 SAS 已被广泛地应用于社会科学和自然科学的各领域。国际学术界有条不成文

的规定：凡是用 SAS 软件统计分析的结果，在国际学术交流中可以不必说明算法，由此可见其权威性与信誉度。

自 1972 年研制出第一版起，几十年来，SAS 软件研究所不断地把用户需要的以及学术研究中得到的一些有效的实用分析方法加入到 SAS 系统的各个模块中，因此 SAS 的软件版本更新较快，功能不断得到拓展。如自 SAS 软件研究所于 1989 年推出 SAS/PC（6.04）版本后，1997 年下半年推出适用于多种操作系统的 6.12 版本，2000 年推出 8.0 版本，接着又推出 9.0 版本、9.1 版本、9.2 版本、9.3 版本等。其中，高版本的 SAS 软件可以支持多种语言，并且提供中文操作环境，便于中国用户使用。

本教材以 9.3 版本的 SAS 软件为例，介绍 SAS 在金融领域的应用。但本教材中所给出的 SAS 程序，在其他版本的 SAS 软件中同样适用。

1.1.2　SAS 系统相关模块的功能简介

SAS 是一个大型集成软件系统，系统中包括了几十个各具特色的功能模块，如统计分析模块（SAS/STAT）、预测模块（SAS/ETS）、绘图模块（SAS/GRAPH）、质量控制模块（SAS/QC）、电子表格模块（SAS/CALC）、企业级数据挖掘模块（SAS/EM）等。这里只介绍与本教材有关的几个模块。

（一）BASE SAS 模块

BASE SAS 模块是 SAS 系统的基础和核心模块，要运行 SAS，必须首先启动 BASE SAS 模块。这个模块的主要功能是数据管理、用户使用环境管理、用户语言处理、调用其他 SAS 模块和产品，并有报表生成和描述统计的功能。BASE SAS 模块可以单独使用，也可以和其他 SAS 模块和 SAS 产品一起，组成一个用户化的 SAS 系统。BASE SAS 模块可以提供以下几个方面的功能。

数据管理功能。BASE SAS 模块具有强大的数据管理功能，它可以用多种形式读入数据，然后将读入数据组成 SAS 数据集。它具有与外部文件交换信息的功能，可以采用文件管理操作方式把不同数据集的数据组合在一起，供 SAS 系统分析处理，生成报表。它还为用户提供了完备的 SAS 语句和 SAS 函数用于数据的加工处理，如建立新变量、累加求和、修正错误等。BASE SAS 模块还可以对数据集进行编辑，如从几个数据集中抽取一些变量和观测进行组合，拼接、合并几个数据集，对数据集进行更新等。

基础统计计算功能。BASE SAS 模块中有一些基本过程和 SAS 函数能够完成基本统计计算，包括：（1）计算简单的描述统计量，如均值、标准差、偏度、峰度、分位数和相关关系等。（2）对数据进行标准化、求序以及计算有关统计量等。（3）利用 SAS 函数可以计算概率分布函数、样本统计量，产生满足特定统计分布的随机数等。

报表生成与图形显示功能。BASE SAS 模块在输出数据和读入数据时，可以采用多种形式。除了 SAS 过程产生固定格式的报表外，用户可以根据自身需求来设计报表的输出格式。BASE SAS 模块的一些基本过程可以绘制水平的或垂直的直方图、饼图、块图和星形图，还可以画散布图、曲线图、层次图、时间序列图等。

（二）SAS/GRAPH 模块

SAS/GRAPH 模块是 SAS 系统中一个强有力的图形软件包，具有多种绘图功能，如生成等值线图、二维和三维曲线图、直方图、圆饼图、区块图、星形图、地理图，以及各种映像图。这些图形可以非常形象、直观地表现各个变量之间的关系以及数据的分布状态，对于解决各种实际问题可以起到重要的辅助作用。SAS/GRAPH 模块还有一个全屏幕图形编辑器，用户可以在幅面上自由地绘制文字及图形元素，也可以对图形进行修改。

（三）SAS/STAT 模块

SAS 系统中的统计分析模块（SAS/STAT）是一个完整的统计分析软件包，它覆盖了所有的实用统计分析方法，是国际统计分析领域的标准软件。SAS/STAT 模块包括了各种回归分析、方差分析、属性数据分析、判别与聚类分析、非参数分析等几十个过程，每个过程还提供了多种不同的算法和模型选择。它还包括处理广义线性模型的专门过程，从而组成了一个庞大而完整的统计分析方法集。

（四）SAS/ETS 模块

SAS 系统中的预测模块（SAS/ETS）提供了丰富的计量经济学和时间序列分析方法，是研究复杂系统和进行预测的有力工具。用户利用该模块可以建立各种统计分析模型，进行所关心系统的模拟与预测。SAS/ETS 模块中包含了全面的时间序列时域分析和谱域分析，如实用预测（逐步自回归、指数平滑、Winters 方法）、序列相关校正回归、分布滞后回归、ARIMA 模型、状态空间方法等。SAS/ETS 模块还提供了许多处理时间序列数据的实用程序，如时间频率转换与插值、X11 季节调整等。

1.1.3　SAS 系统的启动与 SAS 操作界面

（一）SAS 的启动

正常安装 9.3 版本的 SAS 后，在 Windows 开始菜单的程序组中将包含一项"SAS 9.3（中文（简体））"。启动 9.3 版本的 SAS 和启动一般软件一样，可以通过以下两种方法之一来进行：

（1）单击"开始菜单" | "所有程序" | SAS 9.3（简体中文），启动 SAS 软件。

（2）双击系统桌面上 SAS 9.3 软件的快捷方式，启动 SAS 软件。

（二）SAS 操作界面

在启动 SAS 软件后，系统将打开如图 1 - 1 所示的 SAS 操作主界面，其中包括菜单栏、工具栏、编辑器窗口、运行日志窗口、结果输出窗口、资源管理器窗口等。用户执行的所有 SAS 操作都需要在 SAS 操作界面中完成，因而熟悉 SAS 操作界面是用户学习 SAS 软件的第一步。

1. 主界面。9.3 版本 SAS 主界面的默认状态包括菜单栏、工具栏、命令窗口、状态栏、窗体条、窗体。

（1）菜单栏。9.3 版本 SAS 主窗口上部的第一行为菜单栏，菜单栏中包括"文件（F）"、"编辑（E）"、"视图（V）"、"工具（T）"、"运行（R）"、"解决方案（S）"、"窗口（W）"和"帮助（H）"菜单。

①"文件"菜单：菜单栏中的"文件"菜单主要用于文件管理，包括程序文件的新建、打开、保存和另存功能；数据文件的导入和导出功能；页面设置、打印设置和打

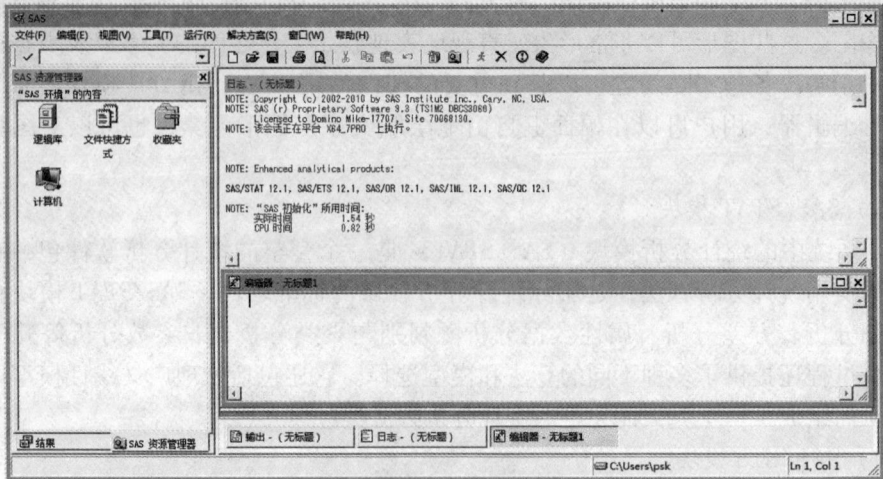

图1-1　SAS 9.3 的主界面

印、发送邮件等功能。

②"编辑"菜单：菜单栏中的"编辑"菜单主要用于对各个窗口的编辑操作，包括撤销、剪切、复制、粘贴、恢复、清除、查找、替换等操作。

③"视图"菜单：菜单栏中的"视图"菜单主要用于切换当前的窗体，可用于切换增强型编辑器、程序编辑器、日志、输出、图形、结果、SAS资源管理器、收藏夹等为当前活动窗口，单击"视图"菜单中各窗口的子菜单，就可以激活对应的窗口为活动窗口。

④"工具"菜单：菜单栏中的"工具"菜单提供了对SAS结果的编辑工具，包括表编辑器、图形编辑器、报表编辑器、图像编辑器、文本编辑器等；"工具"菜单还提供了新建逻辑库、新建文件快捷方式、宏操作等功能。

⑤"运行"菜单："运行"菜单用于提交执行程序，可以提交当前程序编辑器中的程序、重新提交上一次提交的程序，提交第一行程序、提交剪贴板程序、远程提交程序等。

⑥"解决方案"菜单：菜单栏中的"解决方案"菜单为用户提供了进入一些统计分析模块的入口，"解决方案"菜单中包括了"分析"、"开发与编程"、"报表"、"附件"等子菜单。

⑦"窗口"菜单：菜单栏中的"窗口"菜单可以提供对主界面窗口的一些编辑操作，包括最小化、层叠、垂直平铺、水平平铺、调整大小等基本的窗口操作。同时，用户还可以通过选择窗口菜单下半部分的对应菜单项来设置当前的活动窗口。

⑧"帮助"菜单：菜单栏中的"帮助"菜单向用户提供学习SAS的一些途径，包括SAS帮助文档、SAS软件入门、学习SAS程序、SAS网站、关于SAS系统的基本信息等。

（2）工具栏。9.3版本的SAS主界面中，菜单栏下方的十多个图标标签是系统提供的用于执行SAS的一些常规操作的工具栏。在图1-1中，从左到右，单击这些常规工具的标签，可以执行的操作有：编辑窗口的新建（新建）、打开文件（打开）、编辑窗口内文件的保存（保存）、编辑窗口内文件的打印（打印）、当前窗口内容的打印预览（打印预览）、选定内容的剪切（剪切）、选定内容的复制（复制）、选定内容的粘贴（粘贴）、撤销操作（撤销）、新建逻辑库（增加新逻辑库）、编程窗口、资源管理器的打开（SAS 资源管理器）、程序提交（提交）、程序中断（中断）、快速打开帮助文档（帮助）。

（3）命令窗口。9.3 版本的 SAS 主界面中，工具栏左侧的小窗口是 SAS 的命令窗口，在这个窗口中直接输入相应的 SAS 命令，再单击窗口左方的 ✓ 按钮，可以使系统执行对应的操作。命令窗口的操作方式对于熟悉 SAS 命令的用户来说是十分方便的。对于使用过的命令，用户可以在命令窗口的下拉列表框中进行选择。

（4）状态栏。9.3 版本的 SAS 主界面的最下方为系统的状态栏，状态栏显示当前系统的状况、默认的路径和光标位置等。

（5）窗体条。SAS 9.3 版本提供了窗体条，位于图 1 - 1 中状态栏的上面。如图 1 - 1 中的输出 -（无标题）、日志 -（无标题）、编辑器 - 无标题 1 等窗体条。借助于这些窗体条，用户可以进行当前窗口的快速切换。单击窗体条上相应窗口的标签，就可以恢复原先最小化的窗口，激活对应的窗口为当前窗口。

（6）窗体。9.3 版本的 SAS 主界面中包含了几个常用窗口，可以执行 SAS 的相关功能。在默认状况下，打开的主界面中包括了程序编辑窗口、资源管理器窗口、运行日志窗口。此外，当系统运行用户提供的 SAS 程序并获得计算结果后，SAS 将打开结果窗口。对于这些窗体在 SAS 主界面中的位置，用户可以按照个人需要进行设置。在操作过程中，系统具有当前窗口的概念，用户的操作只能在当前窗口中进行。当前窗口的激活方式有三种：单击窗口条、桌面菜单选择、直接单击窗体。

2. SAS 主界面的常用窗口。

（1）程序编辑窗口。程序编辑窗口是用户编辑 SAS 源程序、存储或调入文件、提交 SAS 程序给系统执行的场所，它是用户使用 SAS 的主要窗口，用户可以通过这个窗口编写各种 SAS 程序，或通过这个窗口调入事先编好的 SAS 程序提交系统运行。程序编辑窗口的主要功能包括以下方面：

①程序书写时常用的复制、粘贴、剪切、清除、选定等文本编辑功能。

②程序中不同内容的颜色区分，例如用蓝色表示程序中的 SAS 关键词。

③程序输入时的自动缩进。

④程序块的收缩和扩展。

⑤程序文件的保存、打开、打印等基本操作。

（2）运行日志窗口。运行日志窗口用于显示在 SAS 程序运行过程中所记录的基本情况。SAS 系统通过这个窗口与用户进行信息交流，并用不同的颜色来区分不同的内容。

①黑色语句：显示程序的执行情况，SAS 在日志文件中将真实记录下每条执行的语句，并在语句前显示序号。

②蓝色语句：显示以 NOTE 开始的程序提示语句、显示程序执行过程中的一些提示信息。

③红色语句：显示程序运行过程中的错误信息，以 ERROR 开始。日志窗口中的错误信息提示语句可以帮助用户查找可能存在的程序错误。

④绿色语句：以 WARNING 开始的警告语句。

（3）输出窗口。输出窗口在 SAS 程序提交执行后才会显示出来，输出窗口将显示程序执行的详细结果，当需要输出的结果较多时，输出结果将以分页的形式展现。

（4）结果窗口。结果窗口在 SAS 主界面的资源管理器窗口的位置，默认状态下显示资源管理器窗口，而隐藏了结果窗口。单击窗体下方的窗体条中的"结果窗口"标签，可以显示隐藏了的结果窗口。在结果窗口中，用户程序的执行结果将以目录树的形式展现，单击相应的结果目录，用户可在输出窗口打开相应的结果。

（5）资源管理器窗口。9.3 版本的 SAS 提供了类似于 Windows 文件管理的资源管理器窗口，用户在该窗口下可以方便地浏览与管理文件，同时，用户还可以在该窗口下新建 SAS 文件，执行文件的常用操作。

①文件的浏览：用户可以在资源管理器中方便地浏览 SAS 文件和逻辑库，通过鼠标操作可以浏览各层次的文件，最高一级为逻辑库、收藏夹、计算机、文件快捷方式。用户可以依次浏览其中包括的文件，并打开相应的下一级的子目录，用户也可以通过工具栏中的"🔼"按钮返回上一级目录。

②文件的常用操作：在 SAS 的资源管理器窗口，用户可以进行如下内容的文件操作。

新建文件：在 SAS 资源管理器窗口的第一层目录窗口下，单击鼠标右键弹出式窗口中的"新建"菜单项，将打开如图 1 - 2 所示的窗口。在资源管理器的主目录下可用于新建的文件包括收藏夹、文件快捷方式、逻辑库、元数据服务器连接、源程序。

数据文件的操作：双击资源管理器窗口下的各级目录，打开至低层的文件层，可以执行的具体文件操作功能主要通过右键弹出式菜单来实现。这些功能包括：数据文件的打开、列数据查看、数据的打印、数据的查询、数据的导出、将数据文件复制到粘贴板上、另存为网页格式、在 Excel 中查看数据等。

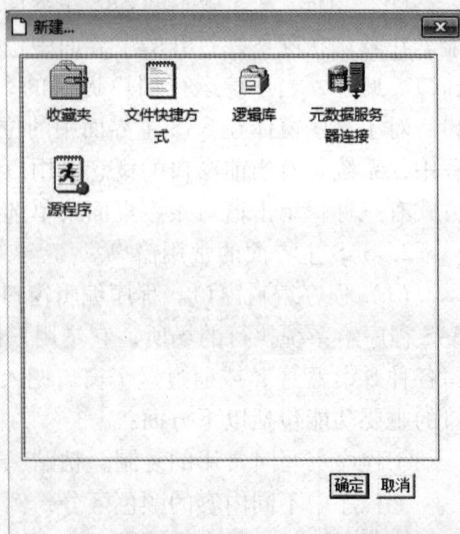

图 1 - 2　资源管理器窗口的文件新建窗口

（6）帮助窗口。9.3 版本的 SAS 还为用户提供了专门的帮助窗口，单击 SAS 主界面菜单栏中的"帮助"子菜单栏下的相应菜单项，可以打开对应的 SAS 帮助窗口。如单击"帮助"子菜单栏下的"学习 SAS 入门"，可以显示如图 1 - 3 所示的帮助窗口。用户可以通过单击这个窗口左侧子窗口中 SAS 9.3 的新功能、学习使用 SAS、在不同操作环境下使用 SAS 软件、SAS 产品等目录，来选择所需要的各种帮助。

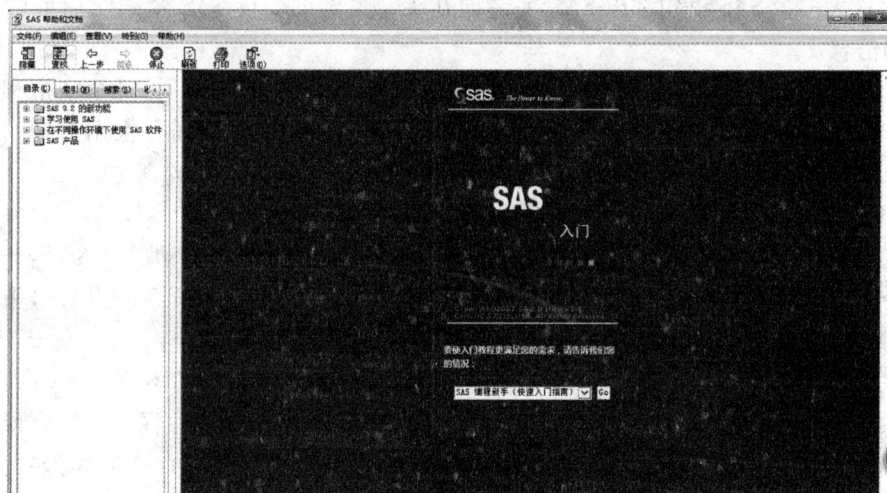

图 1 - 3　SAS 帮助窗口

1.1.4　退出 SAS

当数据分析任务完成后，用户可以采用以下两种方法之一退出 SAS。

方法 1：在主界面的命令窗口中用 BYE 命令，或者在程序编辑窗口中提交 ENDSAS，都可以退出 SAS，并返回到 Windows 的桌面系统。

方法 2：在 Windows 环境下退出 SAS 可以采用从主界面的"文件"子菜单中选择退出，或者用 Windows 关闭窗口的标准方法关闭 SAS 的主窗口也可以退出 SAS。

1.2　SAS 语句和 SAS 程序

SAS 具有强大的统计分析功能，为了很好地发挥系统的功能，与其他程序设计语言一样，SAS 也有自己的编程语言——SAS 语句。SAS 语句是 SAS 系统的基础，是用户与 SAS 系统对话的语言。在应用 SAS 时，用户使用 SAS 语言所编写的 SAS 程序来定义数据、来指定要对数据进行怎样的分析。SAS 语言的特点是用户不必告诉 SAS"怎么做"，而只要告诉 SAS"做什么"就行了。当然，SAS 语言也有自己的词汇和句法——SAS 关键词与连接关键词和其他辅助信息的规则。用户要发挥 SAS 系统的强大功能，就必须掌握 SAS 软件的编程知识，必须学习 SAS 语言、必须懂得分析过程中各种参数和函数的意义。

1.2.1　SAS 语句

一个 SAS 语句通常是由 SAS 关键词、SAS 名字、特殊字符和运算符组成的一个文本，以 SAS 关键词开头，以分号作为结尾，它要求 SAS 执行一种操作，或者给 SAS 提供某种信息。与其他程序设计语言一样，SAS 语句也有自己的编写规则，编写规则如下：

（1）大多数 SAS 语句都以 SAS 关键词开头，关键词告诉 SAS 紧跟它后面的是一些指令和信息。

（2）一个 SAS 语句的各个项之间通常用一个或多个空格分隔开，几个空格和一个空格的作用是等价的。在某些情况下，一个 SAS 语句的有些项之间需要根据语句的要求采用特殊字符分隔开。

（3）每个 SAS 语句都要用一个分号作为语句结束符。

（4）用户可以采用大写字母、小写字母或者两者混用的方式来编写 SAS 语句，可以把一个 SAS 语句写成几行，也可以在一行中写几个 SAS 语句，SAS 系统以分号来识别一个语句的结束。

除了常规的 SAS 语句外，SAS 中还有一种注释语句，这种语句不要求 SAS 执行一种操作，其作用是对 SAS 程序进行注释。用户为 SAS 程序适当地加注释，可以方便程序的阅读，或者方便他人使用程序。用户在进行程序调试时，也可以为一些不需要马上执行的语句加注释符号，使其成为注释语句。

在 SAS 中，可以采用以下两种方法之一来添加注释语句：

（1）在一般的 SAS 语句后面，通过"/∗注释语句∗/"的方式来进行注释，一个注释语句可以占多行。

（2）单独使用一行来添加注释语句，以"∗"开头，用于标识注释。

【例 1–1】　SAS 语句的使用

proc logistic descending data = msbank;
　　model k = x1 – x20 / selection = stepwise;

在这两个 SAS 语句中，PROC 是 SAS 关键词，LOGISTIC 是 SAS 过程名，msbank 是 SAS 数据集名，x1 – x20 是 SAS 变量名。data =、selection = 是选项的关键词，等号后面的 msbank 和 stepwise 是用户给 SAS 系统提供的信息。通过后面章节的学习读者将会知道，这两个 SAS 语句的作用是要求 SAS 对数据集 msbank 建立 logistic 回归模型，模型的应变量为 k，模型的备选解释变量为 x1 – x20，用户选择的模型构建方法为逐步回归法。

如果添加注释语句，这两个 SAS 语句可以写成：

proc logistic descending data = msbank; /∗对数据集 msbank 建立 logistic 模型∗/
　　model k = x1 – x20 / selection = stepwise;　　　/∗采用逐步回归法构建模型∗/

1.2.2　SAS 程序

一个 SAS 程序是用户提交给 SAS 执行的一系列程序段（称为步），SAS 程序通过 SAS 语句与 SAS 进行通信。一个 SAS 程序通常由一个或多个步组成，每个步包含若干个 SAS 语句。组成 SAS 程序的步可以分成两大类：DATA 步（数据步）和 PROC 步（过程步），这两种类型的步是构建所有 SAS 程序的基本模块。一个 SAS 程序可以由一个 DA-TA 步或一个 PROC 步组成，或由一个 DATA 步和一个 PROC 步两部分组成，也可以由多个 DATA 步和多个 PROC 步组成。

用户通常用 DATA 步创建和编辑 SAS 数据集，用 PROC 步对 SAS 数据集内的数据进行分析处理并输出结果。每个 SAS 程序需要用一个 RUN 语句作为结束。在编写 SAS 程序时，用户通常需要按照所要完成任务的顺序来安排各个步的顺序。一般情况下，SAS 将按照程序中各个步的先后顺序独立地处理各个步。

（一）DATA 步

DATA 步程序主要用于创建和编辑 SAS 数据集。利用 DATA 步程序，用户可以实现的操作包括：将输入数据集转换为 SAS 数据集，检查数据集中的错误并修改它们、生成新变量，按照用户设计的格式输出报表并存储为外部文件，从已存在的数据集中通过取子集、合并和更新原数据集的方法来生成新数据集。每个 DATA 步以 DATA 语句开始，以 RUN 结束。一个 DATA 步中可以包含任意多个 SAS 语句。

（二）PROC 步

PROC 步要求 SAS 从过程库中调出一个过程并执行，执行的对象是用户指定的 SAS 数据集。PROC 步以 PROC 语句开始，以 RUN 结束。在 PROC 步中，用户可以使用各种过程步语句指定 SAS 执行相应的操作，以及向系统提供必要的说明。可以用在 PROC 步中的语句，依赖于用户调用的特定过程。

1.2.3　SAS 的结构化语句

为了满足用户编程需要，与许多其他编程语言一样，SAS 也提供了顺序、条件和循环三种结构化语句。

顺序语句比较简单，用户只要把 SAS 语句按照程序执行的顺序排列即可。下面介绍条件语句和循环语句。

（一）条件语句

条件语句使系统在执行 SAS 语句时，可以根据一定的判断条件来选择应该进行哪种操作。根据需要的判断条件和执行程序的不同，SAS 条件语句有以下几种格式。

1. IF – THEN 语句。这种条件语句的语句格式为

IF 条件 THEN 语句；

系统执行这个条件语句时，如果 IF 条件为真，则执行 THEN 后面的语句；如果 IF 条件不真，则不执行 THEN 后面的语句。

【例 1 – 2】　IF – THEN 语句的使用

```
data a;
    modify a;
    if int（_n_/2）= _n_/2 then remove;
run;
```

在这个 SAS 程序中，int（_n_/2）= _n_/2 是序号为偶数的观测所满足的条件，系统执行这个程序时，将数据集 a 中满足这个条件的观测删除掉，即将序号为偶数的观测删除掉，只留下序号为奇数的观测。

2. IF – THEN DO：– END 语句块。这种条件语句的语句格式为

```
IF 条件 THEN DO;
    若干个 SAS 语句;
    END;
```

系统执行这个条件语句时，如果 IF 条件为真，则执行介于 DO 和 END 之间的语句块；如果 IF 条件不真，则不执行这个语句块。

【例 1-3】 IF - THEN DO：- END 语句块的使用

```
data a;
    set b;
    if x >0 then do;
        y1 = log (x);
        y2 = sqrt (x);
    end;
 run;
```

SAS 执行这个程序时，系统将数据集 b 中的变量和观测复制到数据集 a 中，同时在 a 中生成两个新变量 y1 和 y2。对于满足条件 x >0 的观测，这些新变量的取值为：y1 = lnx，y2 = $\sqrt{x}$；对于不满足这个条件的观测，y1 和 y2 这两个变量的值缺失。

3. IF - THEN - ELSE 语句。这种条件语句的语句格式为

    IF 条件 THEN 语句；

    ELSE 语句；

系统执行这个条件语句时，如果 IF 条件为真，则执行 THEN 后面的语句或程序块；如果 IF 条件不真，则执行 ELSE 后面的语句或程序块。

【例 1-4】 IF - THEN - ELSE 语句的使用

```
data a;
    set b;
    if x > =0 then y = log (1 + x);
    else y =0;
 run;
```

SAS 执行这个程序时，系统将数据集 b 中的变量和观测复制到数据集 a 中，同时在 a 中生成新变量 y，对于满足条件 x≥0 的观测，y = ln (1 + x)，对于不满足这个条件的观测，y =0。

4. SELECT 语句。在 SAS 中可以通过 SELECT 语句来进行多个选择条件的判断。这种语句的语句格式为

    Select（条件表达式）；

    when（值列表 1）语句 1；

    when（值列表 2）语句 2；

    ......

    otherwise 语句；

    end；

系统执行这个语句时，对 SELECT 后面的条件表达式进行判断，如果其值在某个值列表 k 中，则执行语句 k，然后退出 SELECT 语句；如果可供选择的条件都不满足，即其值不在任何一个值列表中，则执行 OTHERWISE 语句，然后退出 SELECT 语句。

SELECT 语句的语句格式还可以写成

```
Select;
    when（条件 1）语句 1；
    when（条件 2）语句 2；
    ……
    otherwise 语句；
end;
```

系统执行这个语句时，直接对 WHEN 后面的条件进行判断，如果条件 k 得到满足，则执行语句 k，然后退出 SELECT 语句；如果所列出的条件都不满足，则执行 OTHER-WISE 语句，然后退出 SELECT 语句。

【例 1 - 5】　SELECT 语句的使用

```
data new;
    set old;
    select (a);
    when (1)  x = x * 10;
    when (2);
    when (3, 4, 5) x = x * 100;
    otherwise x = 1;
    end;
run;
```

数据集 old 中已经存在变量 a 和 x。SAS 执行这个程序时，系统将数据集 old 中的变量和观测复制到数据集 new 中，并且根据变量 a 的值（假设 a = 1，2，3，…），在 new 中重新生成变量 x 的值，即对 old 数据集中的变量 x 的取值进行变更。当 a 的值为 1 时 x = 10x，即当 a = 1 时，new 数据集中 x 的值为 old 数据集中对应位置上的 x 值的 10 倍；当 a = 2 时 x 的值不改变（执行一个空语句）；当 a 的值 = 3，4 或 5 时 x = 100x；而当 a 取其他值时 x = 1。

5. WHERE 语句。在 SAS 中，用户还可以通过 WHERE 语句，要求系统根据所判断的条件来选择应该进行哪种操作。WHERE 语句通常用在从已经存在的 SAS 数据集中读取数据，以生成新的 SAS 数据集的操作中。这种语句的语句格式为

WHERE 条件；

【例 1 - 6】　WHERE 语句的使用

```
data a;
    set b;
    where x > 0;
    y = log (x);
run;
```

SAS 在执行这个程序时，系统将数据集 b 中满足 WHERE 条件（x > 0）的观测复制到数据集 a 中，同时生成新变量 y = lnx，对于数据集 b 中不满足 WHERE 条件的观测，

系统既不将其复制到 a 中，也不生成新变量。

（二）循环语句

在 SAS 中，通过循环语句可以使 SAS 程序中的某些语句被重复执行。在 SAS 中，循环可以分为 DO、DO – WHILE 和 DO – UNTIL 三种不同的循环语句。

1. 循环 DO 语句。循环 DO 语句的语句格式为

    DO 下标变量 = 初始值 to 终值 by 步长；
        构成 DO 组的若干个 SAS 语句；
    END；

【例 1 – 7】 循环 DO 语句的使用

```
data a;
   do k = 1 to 100 by 1; (或者写成：do k = 1 to 100;)
     x = k;
     output;
   end;
 run;
```

在这个 SAS 程序中，x = k；output；两个 SAS 语句构成一个 DO 组，这个 DO 组语句的作用是生成新变量 x，取值等于 k，并将变量 k 和 x 的值输出到正在创建的数据集 a 中。SAS 在执行这个程序时，首先为下标变量 k 赋初值 1，然后执行 DO 组语句。系统每执行一次 DO 组语句，下标变量的值都会增加一个步长。只要下标变量的值没有超过终值 100，系统就循环执行 DO 组语句。当下标变量的值超过终值后，系统退出循环。在这个程序中，DO 组语句共被循环执行了 100 次。

2. DO – WHILE 语句。这种循环语句的语句格式为

    DO WHILE 继续循环的条件；
        DO 组语句；
    END；

在 SAS 中，DO – WHILE 循环语句通过继续循环的条件来控制是否需要继续循环执行 DO 组语句。当继续循环的条件满足时，系统循环执行 DO 组语句，当继续循环的条件不满足时，系统退出循环。

【例 1 – 8】 DO – WHILE 循环语句的使用

```
data a;
   n = 0;
   do while (n < = 5);
      put n;
      n = n + 1;
   end;
run;
```

SAS 在执行这个程序时，变量 n 的初值为 0，只要循环条件 $n \leqslant 5$ 满足，系统就循环运行这样的操作：在运行日志窗口输出 n，再让 n 的值增加 1。当循环条件不满足时系统

退出循环。

3. DO – UNTIL 语句。这种循环语句的语句格式为

DO UNTIL 停止循环的条件；

DO 组语句；

END；

在 SAS 中，DO UNTIL 循环语句通过停止循环的条件来控制是否要停止循环：如果停止循环的条件不满足，则继续循环；如果停止循环的条件满足，则退出循环。

【例1 – 9】 DO – UNTIL 循环语句的使用

data a；

 n = 0；

 do until（n > 5）；

  put n；

  n = n + 1；

 end；

run；

这个程序的执行结果与【例1 – 8】同。

1.2.4 SAS 程序的执行

一般情况下，SAS 程序可以在 SAS 的程序编辑窗口采用全屏幕编辑方式输入，程序编写并检查完毕后，可以按 F3 键，或按工具栏中的"★"键，或在命令栏中直接输入命令 Submit 提交给 SAS 执行。系统在执行过程中，运行日志窗口会显示出以下信息：

（1）系统执行的语句。

（2）数据集中生成的变量与观测个数。

（3）系统执行程序所花费的时间。

（4）可能的出错信息。

SAS 程序执行后，用户只要点击输出窗口，就可以看到系统显示的程序执行的详细结果，当需要输出的内容较多时，系统的输出结果将以分页的形式展现。

1.3 SAS 数据集的创建

1.3.1 SAS 数据集的结构

在 SAS 中，只有 SAS 数据集才能被 SAS 过程直接调用。一个 SAS 数据集的结构分为两部分：描述部分和数据部分。描述部分包含了一些关于数据属性的信息，数据部分包含数据值。SAS 数据集的数据值被安排在一个矩阵式的表状结构中，如图1 – 4 所示。数据集的列称为变量（Variable），数据集的行称为各个变量的观测（Observation）或记录。

图1-4　SAS数据集的结构

SAS 数据集中，变量的类型有两种：数值型变量（Numeric）和字符型变量（Character），其中字符型变量为字符、数字和一些特殊字符的组合，其存储长度为 1~32767 个字节，系统默认情况下存储长度为 8 个字节，字符型变量定义后需要在其名字后加上 "＄"符号以给出标识；数值型变量由数字组成，可以定义的数值范围为 $\pm 10^{-307}$ ~ $\pm 10^{308}$，数值型变量的存储长度为 2~8 个字节，在系统默认情况下存储长度为 8 个字节。

在如图 1-4 所示的打开的 SAS 数据集中，单击数据集上方的列属性按钮 "▦"，就会弹出如图 1-5 所示的列属性窗口，这个窗口显示了有关变量的属性信息。同样在这个窗口中，用户可以根据数据分析的需要，对变量进行变量名变更、变量类型变更等相关操作。如果单击数据集上方的表属性按钮 "▦"，就会弹出如图 1-6 所示的表属性窗口，这个窗口显示数据集的相关信息，如图 1-6 显示，数据集 work. bank 中有 21 列（21 个变量）、598 行（598 个观测）。

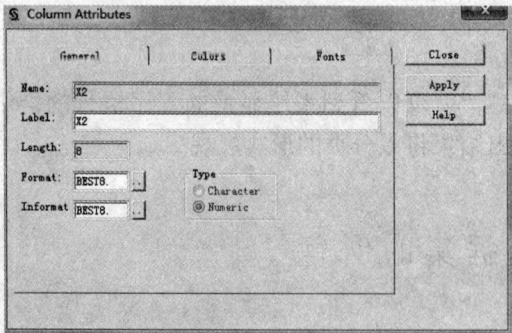

图1-5　列属性窗口

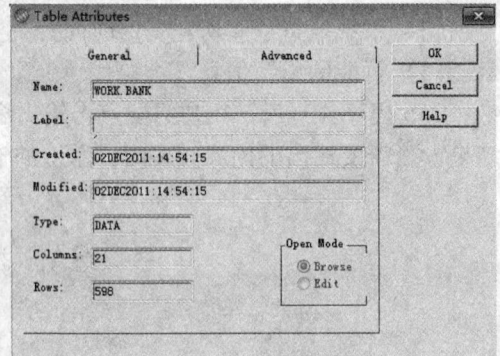

图1-6　表属性窗口

在 SAS 中，除了可以赋予变量具体的值外，还可以赋予变量其他的属性，包括Name（名字）、Types（变量类型）、Length（变量长度）、Informat（变量输入格式）、Format（变量输出格式）、Label（变量标签），用户可以通过变量定义时对列属性的设置，来完成对这些属性的赋值。

SAS 数据集的矩阵式结构要求每个变量的观测值都必须存放，如果某个数据值缺失，系统会自动补上一个缺失值。对于数值型变量，这个值显示为一个点"．"，而对于字符型变量，这个值显示为一个空格。

对于用户来说，一个 SAS 数据集的名字通常由两个部分所组成：

①库标记——存放 SAS 数据集的逻辑库名字。

②数据集名——SAS 数据集的名字。

例如，用户可以用 sasuser. return 给图 1 - 4 中的 SAS 数据集命名，这样命名的 SAS 数据集的库标记为 sasuser，数据集名为 return。如果一个 SAS 数据集只有数据集名而没有库标记名，系统就会默认这个数据集的库标记为 work，如将数据集 return 默认为 work. return。

SAS 数据集的命名需要遵循以下规则：

①首字母必须为英文字母或下划线。

②数据集名只能由英文字母、数字和下划线组成，名字中不能包含特殊字符。

③名字的长度在 1 ~ 32 个字符之间。

一个 SAS 数据集的名字是在创建时被命名的。例如，用 DATA 步创建的 SAS 数据集是在 DATA 语句中给出数据集名字的，或由系统指定一个缺省的名字（如 data1、data2，并存放在逻辑库 work 中）。一个 SAS 数据集一旦被创建，用户就可以通过它的名字，在以后的 SAS 程序中直接调用这个数据集。

一个 SAS 数据集是临时的（只在当前 SAS 会话和作业期间存在，退出 SAS 后这个数据集会消失）还是永久的（退出 SAS 后这个数据集依然存在，下次启动系统后可以继续调用这个数据集），取决于这个数据集的库标记。例如，如果 SAS 数据集的库标记为 sasuser，该数据集就是永久数据集；如果 SAS 数据集只有数据集名而没有库标记，或者库标记为 work，这个 SAS 数据集就是一个临时数据集。

1.3.2　SAS 数据集的创建

在 SAS 中，用户可以采用多种方法创建 SAS 数据集，如通过单击主界面上的菜单"工具"｜"表编辑器"，或通过在资源管理器的逻辑库文件夹中的子目录下单击"新建"菜单、选择新建表选项，或者通过 DATA 步来创建 SAS 数据集。下面介绍两种比较常用的创建 SAS 数据集的方法。

（一）用 DATA 步语句创建 SAS 数据集

典型地，用户可以采用 DATA 步语句编程来创建 SAS 数据集。采用这种方法创建 SAS 数据集时，所需要的原始数据既可以从已有的 SAS 数据集中读取，也可以通过读输入数据的方式得到。这里给出一个通过读输入数据方式创建 SAS 数据集的例子。

【例 1 - 10】　下列 DATA 步语句创建一个名为 yhxx 的临时数据集，并打印输出这个数据集的前四个观测。程序运行结果见表 1 - 1。

程序 cx1 - 1

```
data yhxx;
    input yhmc $ gpjg syl jzc @ @ ;
    label yhmc = '银行名称' gpjg = '股票价格' syl = '市盈率'
jzc = '净资产';
```

```
        cards;
工商银行  3.50  4.15  3.85    建设银行  4.08  3.90  4.55
农业银行  2.47  3.87  2.79    中国银行  2.68  4.17  3.45
浦发银行  9.83  4.05  11.70   兴业银行  10.27  3.83  11.57
        ;
    run;
    proc print data = yhxx (obs = 4) label;
        var yhmc gpjg syl jzc;
        title '四大银行的相关信息';
    run;
```

句法说明①：

（1）DATA data – set – name——DATA 步的开始，创建名为 data – set – name 的 SAS 数据集。本例中，所创建的 SAS 数据集为 yhxx。

（2）INPUT variables——创建并命名 SAS 数据集的变量，指定变量的数据类型，并读取数据。本例中，INPUT 语句按照顺序依次读入银行名称、股票价格、市盈率、净资产，分别创建对应的变量 yhmc、gpjg、syl、jzc，指定变量类型为：yhmc 是字符型变量（在变量名后加美元符号"＄"），其余三个变量是数值型变量。

在这个语句中，双尾符@@表示每个数据行包含有多个观测，这样系统对一个数据行会读取多个观测。如果没有双尾符@@，系统对一个数据行只读取一个观测。本例中，如果没有双尾符@@，表 1 –1 中将只有工商银行、农业银行和浦发银行的相关数据。

（3）LABEL——给变量加上标签，给变量加标签的方法是：变量名 = "标签内容"，一个 LABEL 语句可以同时给多个变量加标签。

（4）CARDS——表示以下为数据行，数据行后面的分号"；"使 DATA 步的 SAS 语句得以执行。在数据行中如果输入的数据有缺失，需要用符号"．"表示；如果 CARDS 下面的数据行为空白（没有数据行），SAS 将创建一个只有变量名，没有具体观测的空数据集。

（5）PROC PRINT——调用 PRINT 过程，即输出打印（显示）过程。以下是 PRINT 语句中的一些选项：

DATA = data – set – name：指定打印（显示）的数据集名字，本例中为 yhxx。

OBS = 4：指定只打印数据集的前四个观测。

LABEL：规定打印变量的标签。

（6）VAR variables——指定需要打印的变量。

（7）TITLE——为打印输出的数据集加上标题，标题内容需要放在引号中。本例中，数据集的标题为：四大银行的相关信息。

（8）RUN——该语句告诉 SAS 系统执行上述语句，它标志着一个 DATA 步的结束。

---

① 为了帮助读者理解教材中的 SAS 程序，对首次出现在教材中的一些 SAS 语句，将通过程序后面的句法说明给予简要的解释。在每章最后一节，会对这些语句的作用和语句格式做进一步介绍。

表 1 - 1　　　　　　　　　　SAS 数据集 yhxx 的输出结果

四大银行的相关信息				
OBS	银行名称	股票价格	市盈率	净资产
1	工商银行	3.50	4.15	3.85
2	建设银行	4.08	3.90	4.55
3	农业银行	2.47	3.87	2.79
4	中国银行	2.68	4.17	3.45

其他说明：在 SAS 数据集中，变量取名的一般规则如下：

①变量名必须以字母开始，其他字符可以是字母也可以是数字。

②变量名的长度不超过 32 个字符（一些较低版本的 SAS 要求，变量名的长度不超过 8 个字符）。

③变量名中不能有空格。

④给新变量命名时，若变量类型为字符型变量，对应的变量名后需加上美元符号"$"，如本例中的 yhmc $。

（二）导入外部数据文件创建 SAS 数据集

很多时候，用户可以通过导入外部数据文件来创建 SAS 数据集，这是因为计算机技术在金融领域的广泛应用，使金融系统中已经积累了大量的数据文件，用户可以通过直接导入这些外部数据文件来创建 SAS 数据集。下面介绍如何以菜单方式，将外部的以 Excel 形式保存的数据文件引入转化为 SAS 数据集。在现实中，有许多金融机构都是以 Excel 文件的形式来存储数据。

通过菜单方式将外部的 Excel 数据文件转换为 SAS 数据集的步骤如下：

（1）单击主界面的菜单栏中的"文件"丨"导入数据（I）"，在弹出的窗口中选择对应的数据类型（对应的外部数据文件的保存类型），如图 1 - 7 所示。

（2）在如图 1 - 7 所示的窗口中单击"Next"，指定外部文件存储路径，再单击"OK"丨"Next"，在弹出的窗口中指定数据集的逻辑库和数据集名字，如图 1 - 8 所示。

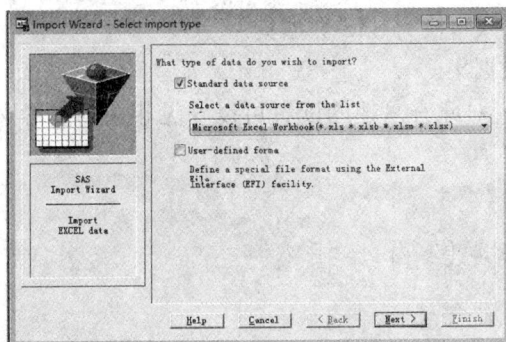

图 1 - 7　SAS 的弹出窗口 1　　　　　　图 1 - 8　SAS 的弹出窗口 2

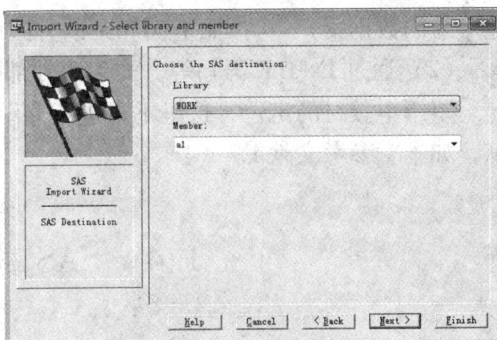

（3）单击"Finish"后，运行日志窗口将显示数据集已成功创建的信息。

完成以上操作后，在系统中就创建了一个临时性的或永久性的 SAS 数据集。在图 1-8 中，由于选择的逻辑库为 work，选择的数据集名为 a1，完成以上操作后，就创建了一个临时的 SAS 数据集 work. a1。创建 SAS 数据集后，用户在资源管理器窗口双击"逻辑库"｜"Work"｜"a1"，就可以展现这个数据集。

SAS 不仅可以导入外部数据集，也可以将 SAS 数据集导出为外部数据集。将 SAS 数据集导出为外部的 Excel 数据集的菜单操作方式如下：

（1）单击主界面的菜单栏中的"文件"｜"导出数据"，SAS 弹出如图 1-8 所示的窗口，在这个窗口中选择需要输出数据集的逻辑库和数据集名字后，单击"Next"，SAS 弹出窗口如图 1-7 所示。

（2）单击"Next"，指定输出文件的存储路径和外部数据集名字，单击"OK"｜"Finish"，运行日志窗口将显示指定数据集已输出成功的信息。

将外部的 Excel 数据集转换为 SAS 数据集时需要注意如下事项：

（1）如果外部 Excel 数据集的构造为：第一行为变量名，第二行起为数据，则按以上操作后，所创建 SAS 数据集的结构为：以原变量名为 SAS 数据集的各变量名，从第一行起为数据。如果外部 Excel 数据集的变量名为中文名，则 SAS 数据集的各变量名也为相同的中文名，但用户在数据分析时，在编写 SAS 程序时，不能直接以中文名来调用这些变量，而要用 var0、var1、var2 调用这些变量。

（2）如果外部 Excel 数据集的构造为：第一行空白，第二行起为数据，则按以上操作后，所创建的 SAS 数据集的结构为：以 var0、var1、var2 等依次作为 SAS 数据集中各个变量的变量名，从第一行起为各变量的数据。

（3）如果外部 Excel 数据集的构造为第一行起就是数据，按以上操作后，所创建的 SAS 数据集的结构为：以 var0、var1、var2 等依次作为 SAS 数据集中各变量的变量名，从第一行起为各变量的数据，但 SAS 数据集中第一行的数据为原 Excel 数据集中第二行的数据，以此类推，而原来 Excel 数据集中的第一行数据在新建立的 SAS 数据集中被丢失。

如果外部数据集不是以 Excel 形式（或者以如图 1-7 的窗口中包括的其他形式）的文件存放的，那么可以采用以下两种方式之一来创建 SAS 数据集：

（1）首先将外部数据集转换为 Excel 数据集（或者转换为图 1-7 的窗口中包括的其他形式的数据集）、再按照上面介绍的方式引入转换为 SAS 数据集。

（2）通过 INFILE 语句等方式引入外部数据集。

鉴于本教材的定位，这里不再进行介绍，对此有兴趣的读者可以参见相关的参考文献，如本章参考文献 1。

1.4 SAS 数据集的编辑

将外部数据文件转换为 SAS 数据集后，用户通常还需要对这些数据集进行必要的编辑整理或者生成新的数据集，才能满足数据分析的需要。

1.4.1　在数据集中生成新变量

SAS 可以通过赋值语句和包括操作符的表达式，给所要创建的新变量赋值。SAS 表达式中可以包含数学运算函数、概率运算函数、分位数函数、样本统计函数、随机抽样函数、财政金融函数等 SAS 函数。这里给出一个用表达式给新变量赋值的例子。

【例 1 - 11】　在【例 1 - 10】已经建立的 SAS 数据集 yhxx 中，增加一个新变量 sjl（市净率），其数值等于股票价格/净资产，生成一个新的临时数据集 yhxx1，并且输出这个新数据集的前四个观测数据。

下列 SAS 语句可以生成包含这个新变量 sjl 的新数据集 yhxx1，程序运行后这个数据集的输出结果见表 1 - 2。

程序 cx1 - 2

```
data yhxx1;
   set yhxx;
   sjl = gpjg/jzc;
   label sjl = '市净率';
proc print data = yhxx1 (obs = 4) label;
   var yhmc gpjg syl jzc sjl;
run;
```

句法说明：

（1）SET data - set - name——调入指定的 SAS 数据集，并将这个数据集的变量和观测拷贝给正在创建的数据集。本例中，调入的数据集为 yhxx，并将其变量和观测拷贝给正在创建的数据集 yhxx1。

（2）sjl = gpjg/jzc——利用赋值语句生成新变量。在 SAS 中，赋值语句的一般形式为

变量名 = 给变量赋值的 SAS 表达式

其中，等式左边的变量可以是一个 SAS 中已经存在的变量或者是用户新建的变量，而等式右边 SAS 表达式中出现的变量必须为已经存在并赋值的变量。

表 1 - 2　　　　　　　　　　SAS 数据集 yhxx1 的输出结果

OBS	银行名称	股票价格	市盈率	净资产	市净率
1	工商银行	3.50	4.15	3.85	0.90909
2	建设银行	4.08	3.90	4.55	0.89670
3	农业银行	2.47	3.87	2.79	0.88530
4	中国银行	2.68	4.17	3.45	0.77681

1.4.2　SAS 表达式与 SAS 算术算符

在 SAS 中，利用赋值语句生成新变量时，用户通常需要采用 SAS 表达式来给新变量赋值。SAS 表达式是由一系列 SAS 运算符和运算对象所形成的一个指令集，它被执行后

产生一个目标值，通过这个目标值给需要生成的新变量赋值。表 1 – 3 给出了 SAS 系统的算术运算符，SAS 对这些算术运算符的运算优先顺序为：先乘方、再乘除、再加减。需要注意的是，在 SAS 表达式中，表示乘法运算的符号 $*$，通常并不能省略，例如，SAS 表达式 $2*x+y$ 不能写成 $2x+y$。

表 1 – 3   SAS 系统的算术算符

算符	含义	举例
$**$	乘方	$X**2.5 = x^{2.5}$
$*$	乘	$2*a*b = 2ab$
$/$	除	a/b
$+$	加	$a+b$
$-$	减	$a-b$

1.4.3　SAS 数据集的连接

SAS 数据集的连接就是将两个或两个以上的 SAS 数据集的变量或观测连接成一个新的 SAS 数据集。连接的方式有两种：拼接（set）与合并（merge）。

（一）SAS 数据集的拼接

拼接就是将两个或两个以上具有相同变量的数据集纵向连接成一个新数据集。例如，数据集 A、B、C 的构造都与图 1 – 4 中的数据集结构相同，但 A、B、C 分别给出100 个、200 个、300 个不同的观测，即三个数据集分别给出不同客户的财务指标数据，则拼接数据集 A、B、C 后，就可建立一个新数据集 D，新数据集的结构与图 1 – 4 相同，观测数据有 600 个。

在 SAS 中，使用数据步的 SET 语句可以拼接两个或多个数据集。如下列 SAS 语句通过拼接数据集 A、B、C 生成新数据集 D。

```
data D;
  set A B C;
run;
```

这个程序提交后，系统会将数据集 A、B、C 中的观测依次拷贝给新创建的数据集D，这样数据集 D 中包含了数据集 A、B、C 中的全部观测。

（二）SAS 数据集的合并

SAS 数据集的合并就是将两个或两个以上具有不同变量名（或有一个相同变量名）的数据集横向连接成一个新数据集，合并后的新数据集中包括了被合并的几个数据集中的全部变量。

【例 1 – 12】　Excel 数据集 sjk1 – 1a 和 sjk1 – 1b 均为某银行的贷款企业资料数据集，其中 sjk1 – 1a 中的变量名为企业代码 DM、企业的财务指标 $x_1, x_2, \ldots, x_5$；sjk1 – 1b中的变量名为企业代码 DM、企业的信用等级 xydj，两个数据集中均含有相同的 300 多家企业的观测数据。试建立一个新数据集 sjk1 _ 1c，该数据集中的变量为企业代码 DM、企业的财务指标 $x_1, x_2, \ldots, x_5$ 以及企业的信用等级 xydj。

在 SAS 系统中，使用 MERGE 语句可以合并两个或多个数据集。将这两个外部数据集引入转换为 SAS 数据集，并分别命名为 sjk1＿1a[①]，sjk1＿1b，运行如下 SAS 程序后，可以生成所要求的新数据集 sjk1＿1c。

程序 cx1－3

```
proc sort data＝sjk1＿1a;
   by dm;
proc sort data＝sjk1＿1b;
   by dm;
data sjk1＿1c;
   merge sjk1＿1a sjk1＿1b;
   by dm;
run;
```

句法说明：

（1）PROC SORT sjk1＿1a——对数据集 sjk1＿1a 中的观测进行排序。

（2）BY dm——按照变量 dm 取值从小到大的顺序排序。

（3）MERGE sjk1＿1a sjk1＿1b；By dm——合并数据集 sjk1＿1a 与 sjk1＿1b，在合并时，将 sjk1＿1a 与 sjk1＿1b 中变量 dm 取值相同的观测，在 sjk1＿1c 中合并为同一个观测。

SAS 要求，在使用 BY dm 合并 sjk1＿1a 与 sjk1＿1b 中 dm 取值相同的观测前，必须先对 sjk1＿1a 与 sjk1＿1b 的观测按照 dm 的取值大小进行排序。

其他说明：

（1）在使用 MERGE 语句合并几个数据集时，如果这些数据集中存在着同名变量，且该变量没有出现在 BY 语句中，那么在合并后的新数据集中，这个变量名下的观测只有排在最后面的那个数据集中同名变量下非缺失的观测，前面几个数据集中同名变量下的观测被系统自动删除。如果排在最后面的那个数据集中同名变量下的观测数据缺失，则在新数据集中，同名变量下的观测将用前一个数据集中同名变量下的非缺失数据替代。

（2）如果用 MERGE 语句合并几个数据集时没有使用 BY 语句，系统将按照序号相同的方式合并几个数据集中的观测，即 sjk1＿1a 中的第一个观测与 sjk1＿1b 中的第一个观测合并，第二个观测与第二个观测合并，依此类推。

1.4.4　创建子数据集

创建子数据集，就是通过选取已有的 SAS 数据集中的部分变量或部分观测来建立一个新的 SAS 数据集。

（一）选取部分变量创建子数据集

在 SAS 中，用户可以使用 DATA 语句中的 KEEP 选项或 DROP 选项，来控制从已有

---

① 按照 SAS 数据集的命名规则，sjk1－1a 不能作为 SAS 数据集的名字，因此将其命名为 sjk1＿1a，后面同。

的数据集中读取的变量是否要被写入将要创建的新数据集。

【例1－13】 从【例1－12】创建的数据集 yhxx1 中选取 yhdm、syl、sjl 三个变量和对应的观测创建一个新数据集 yhxx2。

执行下列两个 SAS 程序中的任何一个，都可以创建满足要求的数据集 yhxx2。

程序 cx1－4a

```
data yhxx2;
    set yhxx1;
    keep yhdm syl sjl;
run;
```

程序 cx1－4b

```
data yhxx2;
    set yhxx1;
    drop gpjg jzc;
run;
```

句法说明：

（1）KEEP variables——规定输出数据集中要保留的变量，跟在 KEEP 语句后面的是要保留的变量名列表。本例中，要保留的变量为 yhdm syl sjl。

（2）DROP variables——规定输出数据集中要删除的变量，跟在 DROP 语句后面的是要删除的变量名列表。本例中，要删除的变量为 gpjg jzc。

（3）KEEP 和 DROP 的使用规则——在同一个 DATA 步中，不能同时使用 KEEP 语句和 DROP 语句。

（二）选择部分观测创建子数据集

在 SAS 中，可以通过 IF 语句或 WHERE 语句，从已有的数据集中，选取某些满足指定条件的观测来创建一个新数据集。

IF 语句有两种类型：

①条件 IF 语句——含有一个 THEN 子句或 ELSE 子句。

②子集 IF 语句，没有 THEN 子句或 ELSE 子句。

下面分别采用两种类型的 IF 语句和 WHERE 语句来创建子数据集。

【例1－14】 Excel 数据集 sjk1－2 中包含有 x1、x2、x3、x4 四个变量，500 个观测数据，选取 sjk1－2 中的序号为奇数的观测创建一个新的数据集 sjk1＿2a。

将外部数据集 sjk1－2 引入转化为 SAS 数据集，并命名为 sjk1＿2 后，利用下面几个 SAS 程序中的任意一个，都可以创建所需的新数据集 sjk1＿2a。

程序 cx1－5a

```
data sjk1_2a;
    set sjk1_2;
data sjk1_2a;
    modify sjk1_2a;
    if int (_n_/2) - _n_/2 =0 then remove;  /* 如果序号为偶数则删除该
```

观测 * /

    run;

程序 1 – 5b

```
data sjk1 _2a;
   set sjk1 _2;
   if int (_ n _/2) -_ n _/2^=0;        /* 如果序号为奇数则拷贝该观测* /
run;
```

程序 1 – 5c

```
data sjk1 _2b;
   set sjk1 _2;
   t =_ n _/2;
data sjk1 _2a;
   set sjk1 _2b;
   where int (t) ^ =t;      /* 如果观测满足指定条件则拷贝该观测* /
   drop t;
run;
```

句法说明：

（1） MODIFY data – set – name——对指定名称的数据集进行修改，它可以替代、删除或者添加观测到一个已存在的 SAS 数据集上。

（2） _ n _——在 SAS 数据集中，表示观测所在行的序号的变量名。

1.4.5 SAS 的比较算符与逻辑算符

在创建子数据集和分析其他问题的 SAS 编程中，经常需要用到 SAS 的比较算符或逻辑算符。表 1 – 4 和表 1 – 5 分别介绍了 SAS 的比较算符、逻辑算符和这些算符的具体含义。下面通过一个例子来说明如何在 SAS 程序中运用这些算符。

表 1 – 4　SAS 系统中的比较算符

SAS 比较算符	具体含义
LT 或 <	小于
LE 或 < =	小于等于
GT 或 >	大于
GE 或 > =	大于等于
EQ 或 =	等于
NE 或 ^ =	不等于
in	等于列举中的一个

表 1 – 5　SAS 系统中的逻辑算符

SAS 逻辑算符	具体含义
and	两个条件同时得到满足
or	两个条件至少一个得到满足
not	非，在一个条件前加 not，表示该条件不满足

【例 1 – 15】　Excel 数据集 sjk1 – 3 中有三个变量 date、p、r，其中 date 表示交易日期，p 为各交易日上证指数的收盘价，r 为上证指数的日收益率，各个变量的观测数据均为从 1986 年 1 月 1 日起至 2004 年 12 月 31 日。试创建数据集 sjk1 _3a 和 sjk1 _3b，使两个数据集分别包含这些变量在 2000—2003 年度的观测数据，以及这些变量在除 2000—2003 年度之外其他年度的观测数据。

将这个 Excel 数据集引入转换为 SAS 数据集，并命名为 sjk1 _ 3 后，创建数据集 sjk1 _ 3a和数据集 sjk1 – 3b 的 SAS 程序如下。

程序 cx1 – 6a：创建 sjk1 – 3a

```
data sjk1 _3a;
   set sjk1 _3;
data sjk1 _3a;
   modify sjk1 _3a;
   if date <20000101 or date >20031231 then remove;
run;
```

程序 cx1 – 6b：创建 sjk1 – 3a

```
data sjk1 _3a;
   set sjk1 _3;
   where 19991231 <date <20040101;
run;
```

程序 cx1 – 6c：创建 sjk1 – 3b

```
data sjk1 _3b;
   set sjk1 _3;
data sjk1 _3b;
   modify sjk1 _3b;
   if date >19991231 and date <20040101 then remove;
run;
```

句法说明：

（1）IF 条件 1 OR 条件 2 THEN REMOVE——删除满足条件 1 或条件 2 的观测。本例中，条件 1 为交易日期在 2000 年之前，条件 2 为交易日期在 2003 年之后。

（2）IF 条件 1 AND 条件 2 THEN REMOVE——删除同时满足条件 1 和条件 2 的观测。本例中，条件 1 为交易日期在 2000 年后，条件 2 为交易日期在 2004 年前。同时满足这两个条件的观测为 2001—2003 年的交易数据。

1.5　SAS 函数

SAS 表达式中可以包含 SAS 函数。SAS 系统所提供的 SAS 函数是一般高级语言所提供的标准函数的好几倍，丰富的 SAS 函数，为用户编写 SAS 程序、进行统计分析提供了很大的方便。SAS 函数包括：算术函数、数组函数、截取函数、数学函数、三角与双曲函数、概率函数、分位数函数、非中心函数、样本统计函数、随机数函数、财政金融函数、日期和时间函数，等等。

1.5.1　SAS 函数的定义和表达方式

一个 SAS 函数实际上是一个 SAS 子程序，它在计算给定的自变量的值后，返回一个结果值。每个 SAS 函数都用一个关键词作为函数名字。在 SAS 程序中，要引用 SAS 函数就要写出这个函数的关键词，然后写出一个或几个自变量，自变量需要用括号括起来，自变量之间要用逗号隔开，SAS 函数对自变量进行某种计算以得到结果值。

在 SAS 中，SAS 函数的表达方式为：

　　　　函数名字（自变量 1，自变量 2，…，自变量 n）

或者：

　　　　函数名字（of 自变量 1～自变量 n）

例如，INT（cash），这个函数得到自变量 cash 的整数值。又如，SUM（of x1 – x10），这个函数得到 10 个自变量 x1 – x10 的和。

下面是几类在金融领域数据分析中时常用到的 SAS 函数。

1.5.2　算术、数学函数与截取函数

* ABS（x）：取 x 的绝对值。

* MAX（of x1 – xn）或 MAX（x，y，…，z）：求指定变量的最大值。

* MIN（of x1 – xn）或 MIN（x，y，…，z）：求指定变量的最小值。

* SIGN（x）：符号函数，$x > 0$ 时取值 1，$x < 0$ 时取值 −1，$x = 0$ 时取值 0。

* SQRT（x）：计算 x 的算术平方根。

* ERF（x）：计算误差函数，即 $Erf(x) = \dfrac{2}{\sqrt{\pi}}\int_0^x e^{-t^2}\mathrm{d}t$。

* LOG（x）：以 e 为底的自然对数函数。

* LOG10（x）：以 10 为底的常用对数函数。

* EXP（x）：指数函数 e^x。

* INT（x）：取 x 的整数部分，如，INT（4.5）=4，INT（−2.4）=−2。

* FLOOR（x）：取不大于 x 的最大整数部分，如，FLOOR（4.5）=4，FLOOR（−2.4）=−3。

* CEIL（x）：取不小于 x 的最小整数部分，如，CEIL（4.5）=5，CEIL（−2.4）=−2。

* LAGn（x）：滞后函数，如：P – Lag2（P）$= P_t – P_{t-2}$。

* DIFn（x）：求 x 的 n 阶差分，如：$DIFn(x) = x_t – x_{t-n}$。

* ROUND（x，n）：规定自变量 x 按照 n 的小数点位数取四舍五入值，如：

　　　　$round(3.14159,0.001) = 3.142$

n 缺省值为 1，此时自变量 x 取最接近的整数值。

1.5.3　概率函数、分位数函数与随机数函数

概率函数的作用是计算随机变量的分布函数值，分位数函数的作用是计算随机变量的 P

分位数，随机数函数的作用是由SAS自动生成满足指定条件的随机变量的随机抽样。

＊PROBNORM（x）：标准正态分布的分布函数，即PROBNORM（x）＝P（z＜x），其中z服从标准正态分布。

＊PROBCHI（x，df，nc）：χ^2分布的分布函数，其中df表示χ^2分布的自由度、nc表示χ^2分布的非中心参数，对一般的中心χ^2分布nc＝0。

＊PROBF（x，ndf，ddf，nc）：F分布的分布函数，其中ndf、ddf分别表示F分布中分子与分母的自由度。

＊PROBT（x，df，nc）：t分布的分布函数。

＊PROBBNML（p，n，m）：二项分布的分布函数，其中p、n为二项分布的两个参数，$0 \leqslant p \leqslant 1$，$n \geqslant 1$，$0 \leqslant m \leqslant n$。如果P1＝Probbnml（p，n，m），那么就有

$$P1 = \sum_{k=0}^{m} C_n^k P^k (1-P)^{n-k}$$

＊POISSON（λ，n）：普阿松分布的分布函数，其中$\lambda \geqslant 0$为普阿松分布参数（数学期望），$n \geqslant 0$。如果P＝POISSON（λ，n），那么就有

$$P = \sum_{k=0}^{n} e^{-\lambda} \frac{\lambda^k}{K!}$$

＊PROBIT（p）：标准正态分布的P分位数。

＊CINV（p，df，nc）：χ^2分布的P分位数。

＊FINV（p，ndf，ddf，nc）：F分布的P分位数。

＊TINV（p，df，nc）：t分布的P分位数。

＊UNIFORM（seed）：这个函数生成满足［0，1］上的均匀分布的随机数，其中seed为随机种子数，随机数函数使用seed来选择随机数的初始种子值，由这个值开始产生随机数流。seed必须为常数，在Uniform（seed）中，seed可以取0，或者其他值。表1－6给出seed的取值与初始化类型的联系。

＊NORMAL（seed）：生成满足标准正态分布的随机数。

＊RANPOI（seed，λ）：生成满足普阿松分布的随机数。

表1－6   seed取值与初始化类型

seed	初始化状态
0	等价于用计算机日期时间值作为初始种子值来初始化随机数流
＞0	用seed的值作为当前的初始种子值来初始化随机数流

1.5.4　样本统计函数

＊MEAN（of x1－xn）或MEAN（x，y，…，z）：计算指定变量的算术平均值，各变量至少有一个非缺失值。

＊SUM（of x1－xn）或SUM（x，y，…，z）：计算指定变量的和，要求至少有两个变量。

＊VAR（of x1－xn）或VAR（x，y，…，z）：计算指定变量的方差，要求至少有

两个变量。

　　＊STD（of x1 - xn）或 STD（x，y，…，z）：计算指定变量的标准差，要求至少有两个变量。

　　＊RANGE（of x1 - xn）或 RANGE（x，y，…，z）：计算指定变量的极差，即最大值与最小值之间的差，要求至少有两个变量。

　　＊SKEMNESS（of x1 - xn）或 SKEWNESS（x，y，…，z）：计算指定变量的偏斜度，要求至少有三个非缺失变量。偏斜度的计算公式为

$$Skewness(of\ x1 - xn) = \frac{n}{(n-1)(n-2)} \frac{\sum_{i=1}^{n}(x_i - \bar{x})^3}{s^3}$$

其中

$$s = \sqrt{\frac{\sum_{i=1}^{n}(x_i - \bar{x})^2}{n-1}}$$

　　＊KURTOSIS（of x1 - xn）或 KURTOSIS（x，y，…，z）：计算指定变量的峰度，要求至少有四个非缺失变量。峰度的计算公式为

$$kurtosis(of\ x1 - xn) = \frac{n(n+1)}{(n-1)(n-2)(n-3)} \frac{\sum_{i=1}^{n}(x_1 - \bar{x})^4}{s^4} - \frac{3(n-1)^2}{(n-2)(n-3)}$$

1.5.5　日期函数

　　＊DAY（date）：计算 date 变量为某月某日，如：DAY（01/22/1985）＝22。

　　＊WEEKDAY（date）：计算 date 变量为星期几，如：WEEKDAY（05/31/1980）＝6。

　　＊YEAR（date）：计算 date 变量的年份数，如：YEAR（01/22/1985）＝1985。

　　＊MONTH（date）：计算 date 变量的月份数，如：MOUTH（01/22/1985）＝1。

　　＊QTR（date）：计算 date 变量的季节数，如：QTR（07/23/1990）＝3。

1.5.6　财政金融函数

　　＊COMPOUND：计算复利公式 $F = A(1 + R)^n$ 的参数值。利用这个函数，只要给出复利表达式 COMPOUND（A，F，r，n）中的任意三个参数值，就可求出第四个参数值。

　　例如，计算满足 $100 = 80(1 + r)^5$ 中的 r，可以写成 $r = $ COMPOUND（80，0.06，.10），结果显示 $r = 0.04564$。

　　求 $F = 80(1 + 0.06)^{10}$ 中的 F，可以写成 $F = $ COMPOUND（80，.，0.06，10），结果显示 $F = 143.27$。其余类推。

　　＊INTRR：计算用小数表示的内含报酬率，$r = Intrr(freq, c_0, c_1, \ldots, c_n)$。

　　内含报酬率法是评价投资项目的一种方法，这种方法通过比较不同投资项目的内含报酬率来对项目进行选择。假设一个项目的初期投资为 c_0，投资收益在此后 n 年内取得，其中第 k 年的投资报酬为 $c_k(k = 1,2,\ldots,n)$，则该项目的内含报酬率 r 为

$$c_0 = \frac{c_1}{(1+r)} + \frac{c_2}{(1+r)^2} + \ldots + \frac{c_n}{(1+r)^n}$$

SAS 函数 INTRR 计算投资项目的用小数表示的内含报酬率，其中 freq 为支付频率，一般取 1。例如，某投资项目初期投资 1000 万元，项目收益在此后三年中获得，三年收益分别为 400 万元、500 万元、600 万元，那么该投资项目的内含报酬率为

$r = Intrr(1, -1000, 400, 500, 600) = 0.21648$

*IRR：计算用百分数表示的内含报酬率，即 $r = Irr(freq, c_0, c_1, \ldots, c_n)$。

*NETPV：计算用小数表示折现率的净现值，$P = Netpv(r, freq, c_0, c_1, \ldots, c_n)$。

净现值法是评价投资项目的又一种方法，这种方法通过计算投资项目的净现值来对项目进行评估或选择。如果项目的初期投资为 c_0，项目未来各期收益为 $c_1, \ldots, c_n$，折现率为 r，那么该项目的净现值为

$$P = \left[\frac{c_1}{(1+r)} + \frac{c_2}{(1+r)^2} + \ldots + \frac{c_n}{(1+r)^n} \right] - c_0$$

SAS 函数 NETPV 计算投资项目的用小数表示折现率的净现值，其中 freq 为支付频率，一般取 1。例如，某项目初期投资 1000 万元，项目收益在此后三年中获得，三年收益分别为 400 万元、500 万元、600 万元，假设所要求的折现率为 10%（$r = 0.1$），那么该投资项目的净现值为

$P = Netpv(0.1, 1, -1000, 400, 500, 600) = 227.65$（万元）

*NPV：计算用百分数表示折现率的净现值，$P = Npv(r, freq, c_0, c_1, \ldots, c_n)$。

【例 1-16】 项目 A 与项目 B 的初期投资均为 500 万元，项目收益均在此后四年中获得，其中，项目 A 的四年收益为 100 万元、150 万元、200 万元、400 万元，项目 B 的四年收益为 50 万元、200 万元、300 万元、300 万元。试分别利用净现值法和内含报酬率法对两个项目进行比较。假设所用的折现率为 10%。

对于两个项目的比较，可以利用以下 SAS 程序来完成。

程序 cx1-7

```
data a;
  pa = npv (10, 1, -500, 100, 150, 200, 400);
  pb = npv (10, 1, -500, 50, 200, 300, 300);
  ra = intrr (1, -500, 100, 150, 200, 400);
  rb = intrr (1, -500, 50, 200, 300, 300);
proc print data = a;
run;
```

这个程序运行后，系统输出见表 1-7。结果显示，无论按照净现值法还是按照内含报酬率法，项目 B 都略优于项目 A。

表 1-7 对两个项目的评价结果

The SAS System				
OBS	PA	PB	RA	RB
1	138. 344	141. 042	0. 19674	0. 19902

*SAVING：计算复利零存整取储蓄公式中的参数值，即在函数 $saving(f,p,r,n)$ 中给出任意三个参数，即可计算第四个参数值。

复利零存整取的含义为：定期定额多次在银行存款，如每年初向银行存款 P 元，连续 n 年，银行对每笔存款按照利率 r 进行连续复利计息，那么在第 $n+1$ 年初，这笔存款的本息和 f 为

$$f = P(1+r)^n + P(1+r)^{n-1} + \ldots + P(1+r)$$

或者可以写成

$$f = \frac{P(1+r)\left[(1+r)^n - 1\right]}{r}$$

在这个表达式中有四个参数 f,P,r,n，给出其中任意三个参数，利用 SAS 函数 SAVING 就可以求出第四个参数。

例如，每年初存入银行 1 万元，连续 10 年，如果银行的存款利率为 5%，那么到第 11 年初的到期本息和为

$f = \text{Saving}(.,10000,0.05,10) = 132067.87(元)$

如果要求第 11 年初的本息和能够达到 20 万元，每年初需要存入银行的钱为

$P = \text{Saving}(200000,.,0.05,10) = 15143.73(元)$

*MORT：计算抵押贷款中的参数值，即给出函数 $mort(a,p,r,n)$ 中的任意三个参数，就可以计算第四个参数值。

一种住房抵押贷款的特点是：银行最初向购房者发放住房贷款 a 元，在今后的若干年中，购房者需每期偿还银行 P 元，如果银行要求的贷款利率为 r，购房者总共需要还款 n 个月，那么四个参数之间的相互关系为

$$a = \frac{p}{(1+r)} + \frac{p}{(1+r)^2} + \ldots + \frac{p}{(1+r)^n}$$

这个关系式也可以写成

$$p = \frac{ar(1+r)^n}{(1+r)^n - 1}$$

在这两个表达式中有四个参数 a,p,r,n，SAS 函数 MORT 的作用是，给出任意三个参数值，利用这个函数就可以求出第四个参数值。

例如，某购房者向银行申请一笔 50 万元的住房抵押贷款，分 30 年还清，银行要求的贷款年利率为 7.2%，那么该购房者在今后 30 年中每月需向银行还多少钱？

现在 $a = 500000$，$n = 30 \times 12 = 360$，$r = 0.072/12 = 0.006$（折算成月利率），每月需要偿还的钱为

$p = mort(500000,.,0.006,360) = 3393.94$ 元

在这个例子中，如果贷款分 25 年还清，购房者每月还款 4000 元，那么银行实际收取的贷款利率为

$r = mort(500000,4000,.,300) = 0.007$

即银行这笔住房抵押贷款的年利率为 $0.007 \times 12 \times 100\% = 8.4\%$。

1.6 本章有关的 SAS 基础知识

1.6.1 DATA 语句

DATA 语句（数据步语句）表示一个数据步的开始，并且给正在创建的 SAS 数据集命名。

DATA 语句的格式可以写成

　　DATA data – set – name < （data – set – option） >；

语句格式说明：

（1）data – set – name——给出正在创建的 SAS 数据集的名字。例如，data a；又如，data sasuser. bank；

前者给出 SAS 数据集名字为 a，SAS 默认这个数据集的名字为 work. a，这是一个临时数据集。后者给出 SAS 数据集名字为 sasuser. bank，这是一个永久数据集。在 DATA 语句中，用户如果没有给出正在创建的 SAS 数据集的名字，系统将用默认的 DATA1、DATA2 来给新建的 SAS 数据集命名。

（2）data – set – option——数据集选项。用户通过指定数据集选项，告诉 SAS 关于正在创建的这个数据集的更多信息。例如：

　　data new（drop = y）；　　／＊创建的数据集 new 中不包含变量 y＊／

　　data new（keep = x1 x2）　／＊创建的数据集 new 中只包含变量 x1 与 x2＊／

　　data new（rename =（x1 = u x2 = v））　／＊创建数据集 new 时将变量 x1，x2 改名为 u，v＊／

　　data new（label = "health club data"）

　　　　　　　／＊给数据集 new 一个附加标签，标签为 health club data＊／

在 DATA 语句的语句格式中，data – set – option 是一个可选项，即在 DATA 语句中可以包含这项，也可以不包含这项。在此后的 SAS 语句格式介绍中，凡是放在括号 " < >"内的项都是可选项，以后不再另行说明。

1.6.2 INPUT 语句

INPUT 语句（输入语句）可以用来读取存在外部文件中的数值，或者读取跟在 CARDS 语句之后的数值。在本章【例 1 – 10】中，INPUT 语句被用来读取跟在 CARDS 语句后的数值。

INPUT 语句的语句格式可以写成

　　　　INPUT variable – list < $ > < @ | @@ >；

语句格式说明：

（1）variable – list——列出 INPUT 语句要读取的变量列表。在本章的【例 1 – 10】中，要读取的变量列表中共有四个变量：yhmc $ gpjg syl jzc。

（2）＜＄＞——若变量列表中某个变量为字符型变量，需要在该变量名后加上"＄"。

（3）＜＠｜＠＠＞——＠：要求一条记录必须对应于一个数据行，系统在执行下一个 INPUT 语句时指针移动到下一个数据行。＠＠：不要求一条记录对应一个数据行，系统在执行下一个 INPUT 语句时指针保持在当前记录行。

1.6.3　LABEL 语句

LABEL 语句（标签语句）用于为变量加标签。变量标签是对变量的进一步说明，用户看到标签就能理解变量的含义。这个标签在 SAS 数据集中同变量名一起被存储，并且可以通过许多 SAS 过程被打印输出。

LABEL 语句的语句格式可以写成

　　　　LABEL variable1 ＝'label1'... ＜variablen ＝'labeln'＞；

语句格式说明：

（1）variable——指定需要加标签的变量名，一个标签语句可以同时给多个变量加标签。在本章【例 1 - 10】中，一个标签语句同时给四个变量加上标签。

（2）'label'——标签名，一个标签名可以最多包含 40 个字符，标签名需要放在单引号或双引号内，如果标签名中本身含有引号，则标签名必须放在双引号中。

1.6.4　CARDS 语句

CARDS 语句告诉 SAS 跟随其后面的是数据行。即在用 IUPUT 语句输入数据时，数据行前需要用 CARDS 语句。

CARDS 语句的语句格式可以写成

　　　　CARDS；

　　　［数据行］

　　　；

语句格式说明：

（1）用 CARDS 语句时，数据行中本身不能包含分号"；"，如果数据行中包含有分号"；"，则需要使用其他语句。

（2）在使用 CARDS 时，数据行后需要加上分号"；"。

1.6.5　PROC PRINT 语句

利用 PROC PRINT 语句（打印列表过程语句）可以打印列表以展现一个 SAS 数据集的详细信息。在 SAS 中对一个数据集进行展现有多种方法，采用 PROC PRINT 语句展现数据集是一种比较简便的方法。

PROC PRINT 语句的格式可以写成

　　PROC PRINT ＜options＞；

语句格式说明：

options——PROC PRINT 语句中的选择项。本章【例 1 - 10】中的选择项为

　　data ＝：规定要打印列表的数据集；

obs =：规定打印前面多少个观测数据；

label：规定在打印时用变量标签替代变量名。

此外，在 PROC PRINT 语句中的可选项还可以包括：

double：规定输出时隔行打印；

noobs：规定不输出观测数据的序号；

rows：规定一页的打印行数；

width：规定一页的列宽；等等。

1. 6. 6　TITLE 语句

TITLE 语句（标题语句）可以给 SAS 输出文件和其他 SAS 输出加上标题。每一个 TITLE 语句规定一级标题，最多可以规定 10 级标题。

TITLE 语句的语句格式可以写成

TITLE < n > < 'text' | "text" > ;

语句格式说明：

（1）n 为跟在词 TITLE 后面的数字，用来规定标题的级数。

（2）text 为规定的标题内容，标题内容可以放在双引号内，也可以放在单引号内，但如果标题内容中本身含有引号，则必须放在双引号内。

1. 6. 7　PUT 语句

PUT 语句（输出语句）可以将用户指定的变量输出到 SAS 的运行日志窗口，或到 SAS 过程中的输出文件，PUT 语句可以输出变量值或字符串。

PUT 语句的语句格式可以写成

PUT < specification – 1 <... specification – n > > ;

语句格式说明：

Specification——PUT 语句的说明项，用户利用说明项告诉系统要输出什么、如何被输出、输出到什么地方。以下内容都可以出现在说明项中。

变量名：列出要输出的变量名；

'字符串'：指明要输出的文本字符串，字符串需要放在单引号内；

n∗：规定一个字符串被反复输出 n 次，如执行 SAS 语句 put 20 ∗ ' + '后，加号" + "将被反复输出 20 次。

1. 6. 8　OUTPUT 语句

使用 OUTPUT 语句（输出到数据集语句）可以将当前观测输出到正在创建的 SAS 数据集中。

OUTPUT 语句的语句格式可以写成

OUTPUT < data – set – name – 1 > <... data – set – name – n > ;

语句格式说明：

Data – set – name：指定存放输出观测的 SAS 数据集名字，可以同时给出几个数据集的名字，这些数据集的名字必须在 DATA 步中出现过。

　　用户在简单的 DATA 步中通常不需要使用 OUTPUT 语句，因为在 SAS 返回到这一步的开头去处理其他数据前，这些观测已被自动输出到数据集了。但是当用户需要在以下两种情况下控制观测值的正常输出时，OUTPUT 语句就很有用。

　　(1) 用户想从输入的每个数据行中，创建两个或者更多个观测。

　　【例 1 – 17】　数据集 a 中有四个变量，year（年份）、GDPC（中国的 GDP）、GDPH（韩国的 GDP）、GDPJ（日本的 GDP），a 中包括四个变量从 2000—2014 年的 15 个观测，利用以下 SAS 程序，可以创建包含 45 个观测的数据集 b，其中的变量 GDP 分别表示对应年度中国、韩国和日本的 GDP。

```
data b;
    set a;
    gdp = gdpc;
    output;
    gdp = gdph;
    output;
    gdp = gdpj;
    output;
run;
```

　　(2) 用户想从一个输入的数据文件中，创建几个 SAS 数据集。

　　【例 1 – 18】　数据集 a 为银行所有客户的数据集，其中的变量 k 代表客户是否违约（k = 1 违约，k = 0 不违约），以下 SAS 程序可创建只包括违约客户的数据集合 b1，以及只包括不违约客户的数据集 b0。

```
data b1 b0;
    set a;
    if k = 1 then output b1;
    else output b0;
run;
```

1.6.9　SORT 语句

　　利用 SORT 语句（排序语句），可以对 SAS 数据集中的观测按照某个或某些变量的取值大小进行排序（升序排序）。在 SAS 的一些和 BY 配合使用的语句中，如对数据集进行合并的语句等，使用前都必须对 BY 变量进行排序。

　　SORT 语句的语句格式可以写成

```
PROC SORT  < options > ;
    BY variable1... < variable2 > ;
```

　　语句格式说明：

　　(1) option——SORT 语句的选项。本章例 1 – 12 中，选项为 data = ，即规定被排序的数据集。如果没有此选项，系统默认被排序的数据集为最新创建的数据集。除了这个选项外，经常采用的选项还有：

$out = data - set - name$：创建排序后的输出数据集，没有这个选项时，系统默认用排序后的数据集替代原数据集。

$noduprec$：在排序以后，检查和删除相邻的重复观测。

$nodupkey$：检查和删除 by 变量值相同的观测，在使用这个选项后，系统在将一个观测输出到数据集前，首先检查这个数据集中是否已有相同 by 变量值的观测，若有，这个观测就不会被输出，若没有，这个观测就会被输出。

（2）BY variable——规定需要排序的变量名。在 BY 后可以指定多个变量。如果指定了多个变量，则 SORT 语句首先对第一个变量进行排序，对第一个变量取值相同的那些观测，再按照第二个变量进行排序，依此类推。

【复习思考题】

1. 了解 SAS 系统的主要操作界面，查看其各菜单项，了解各菜单项的主要功能。

2. 了解并学习使用 SAS 系统的帮助文档。

3. 采用 DATA 步语句和读输入数据的方式，建立一个有关学生档案的 SAS 数据集，该数据集中的变量包括学生姓名、性别、数学成绩、英语成绩和计算机成绩，该数据集包括 10 位学生的观测数据，试给出创建并打印这个数据集的 SAS 程序。

4. Excel 数据集 sjk1 - 4a、sjk1 - 4b 和 sjk1 - 4c 中分别包括青岛啤酒（股票代码 600600）、方正科技（股票代码 600601）和强生控股（股票代码 600662）股票的每日交易数据。利用这三个数据集创建一个新 SAS 数据集 sjk1 _ 4，该数据集包含七个变量：交易日期 date、青岛啤酒的每日收盘价 c600600、每日对数收益率 r600600、方正科技的每日收盘价 c600601、每日对数收益率 r600601、强生控股的每日收盘价 c600662、每日对数收益率 r600662。要求所创建的 sjk1 _ 4 中只包括这些变量在 2005 年度的观测，给出创建该数据集的 SAS 程序，其中，若某股票在第 t 日的收盘价为 p_t，对数收益率的计算公式为 $r_t = \ln(p_t/p_{t-1})$。

5. 投资项目 A 和项目 B 的初始投资均为 1000 万元，项目 A 的投资收益期为 6 年，从第一年末到第六年末的收益分别为 100 万元、100 万元、300 万元、300 万元、400 万元和 400 万元，项目 B 的收益期为 5 年，从第一年末到第五年末的收益分别为 250 万元、300 万元、300 万元、300 万元和 400 万元，分别利用内涵报酬率法和净现值法对两个项目进行比较，在计算净现值时取折现率为 8%，写出需要的 SAS 程序。

【主要参考文献】

[1] 高惠璇等编译. SAS 系统——BASE SAS 软件使用手册 [M]. 1 版. 北京：中国统计出版社，1997.

[2] 朱世武著. SAS 编程技术与金融数据处理 [M]. 1 版. 北京：清华大学出版社，2003.

第 2 章

SAS 与银行贷款分析

【本章学习目标】

1. 了解银行业几种主要的贷款类型
2. 了解不同类型的贷款中各参数之间的相互关系和计算公式
3. 掌握贷款计算的 SAS 方法
4. 理解贷款比较的经济准则、掌握贷款比较的 SAS 方法
5. 掌握本章有关的 SAS 基础知识

贷款业务是商业银行最重要的业务之一。银行贷款的种类很多,包括等额还款固定利率贷款、不等额还款固定利率贷款、可调利率贷款等。确定一笔贷款需要确定许多参数,如贷款本金,贷款期限、贷款复利计算方法、贷款名义利率和实际利率,贷款利率调整条款、贷款偿还频率和每期需要的偿还额等。由于存在着各种不同类型的贷款,银行以及借贷者通常还要依据适当的经济准则来进行不同贷款之间的比较,以选出最符合自身偏好的贷款方式。本章介绍银行各种不同类型的贷款,贷款的各参数之间的相互关系,各类贷款的计算方法,以及如何运用适当的经济准则来进行不同贷款的比较。

2.1 贷款的分类

2.1.1 等额还款固定利率贷款

等额还款固定利率贷款是一种比较常见的贷款类型,这类贷款的具体方式为:银行在期初贷出本金,借贷者在贷款期内以定期还款的方式,如每月一次或每年一次,向银行偿还贷款的本金和利息,整个贷款期内贷款利率不变,每期还款的数额不变。

一般来说,确定一笔等额还款固定利率贷款需要确定以下参数:贷款本金、贷款期限、贷款利率、贷款偿还频率和每期还款数额。其中,贷款利率可以分为名义年利率 r_a、期间利率 r(将每期还款额折现时所用的折现率)与实际年利率 r_e。

如果一笔等额还款固定利率贷款的本金为 a 元、贷款分 n 期偿还、每期还款 p 元、

期间利率为 r，由于贷款期内每笔定期还款的折现值之和，应该等于贷款的本金，因此

$$a = \sum_{t=1}^{n} \frac{p}{(1+r)^t}$$

根据这个关系式，对于确定一笔等额还款固定利率贷款的四个参数 a, r, n, p，只要知道其中任何三个参数，就能计算第四个参数。

等额还款固定利率贷款的还款频率通常为每年一次（按年还款）或每月一次（按月还款）。如果贷款需要按年还款，贷款复利计算的时间间隔通常为年，即复利计算每年一次，这种情况下，期间利率、名义年利率和实际年利率的关系

$$r = r_a = r_e$$

如果贷款需要按月还款，贷款复利计算的时间间隔可能为年，也可能为月，即复利计算可能是每年一次（按年复利），也可能是每月一次（按月复利）。如果按月复利，期间利率、名义年利率和实际年利率的关系为

$$r = \frac{r_a}{12}, r_e = (1+r)^{12} - 1$$

很显然，按月还款、按月复利的等额还款固定利率贷款的实际年利率要高于名义年利率。如果按年复利，期间利率、名义年利率和实际年利率的关系为

$$r = (1 + r_a)^{1/12} - 1, r_e = r_a$$

在 SAS 中，用户在贷款计算时，可以通过适当的选项来选择还款时间间隔和复利计算方法。还款时间间隔的选项为 Interval = ，这个选项指定贷款是按年还是按月还款，Interval = year，表示按年还款，Interval = month，表示按月还款。复利时间间隔的选项为 Compound = ，Compound = month，复利计算每月一次，Compound = year，复利计算每年一次。在 SAS 中，系统默认贷款是按月还款、按月复利，因此在贷款计算中，如果缺省 Interval = 和 Compound = 两个选项，SAS 将其默认为 Interval = month，Compound = month。

在 SAS 中，还款时间间隔 Interval 除了可取 year、month 外，还可以取 semimonth（按半月还款）、quarter（按季还款）和 semiyear（按半年还款）。复利计算的时间间隔 Compound 除了可取 year、month 外，还可以取 continuous（连续复利）、day（按日复利）、semimonth（按半月复利）、quarter（按季复利）和 semiyear（按半年复利）。

2.1.2 不等额还款固定利率贷款

（一）大额尾付贷款

固定利率贷款除了可以定期等额偿还外，还可以定期不等额还款。不等额还款的方式有多种，其中一种还款方式为：在贷款期内的某些特定时期，借贷者进行事先指定数额的大额还款，而在余下的各期内等额还款。例如，本金为 10 万元的固定利率贷款，在贷款期的 15 年内按月共分 180 期偿还，由于借贷者估计在最近 3 年内会有大笔年终奖进账，因此与银行约定在贷款前 3 年的每年 12 月份，每期还款 20000 元，在余下的 177 期内等额还款。类似这种形式的不等额还款固定利率贷款称为大额尾付贷款。大额尾付贷款的大额偿还期和还款数额需要在贷款初始就确定下来。

在大额尾付贷款中，如果贷款本金为 a 元，期间利率为 r，贷款分 n 期偿还，其中

第 t_1 期大额还款 p_1 元，第 t_2 期大额还款 p_2 元，余下各期等额还款 p 元，由于贷款期间每笔还款的折现值之和，应该等于贷款的本金，因此有

$$a = \sum_{t=1, t \neq t_1, t \neq t_2}^{n} \frac{p}{(1+r)^t} + \frac{p_1}{(1+r)^{t_1}} + \frac{p_2}{(1+r)^{t_2}}$$

同样，这个等式确定了大额尾付贷款的几个参数间的相互关系。利用这个关系式，在给定其中几个参数后，可以计算出余下那个参数的值。

（二）固定利率等本还款贷款

不等额还款固定利率贷款的另外一种形式是等本还款固定利率贷款。这类贷款在还款时，每期需要偿还的本金数量保持不变。贷款需要还本付息，而每期需要支付的利息数与未偿还的贷款本金密切相关。在固定利率等本还款贷款中，随着还款期数的增加，即随着未偿还本金数量的减少，每期需要付息的数量逐步减少，因此每期的还款额逐步减少。

假设一笔固定利率等本还款贷款的本金为 a 元，期间利率为 r，贷款分 n 期偿还，其中第 t 期的还款额为 p_t 元，那么在期初，由于贷款本金 a 应该等于未来各期还款额按照期间利率的折现值之和，因此有

$$a = \sum_{t=1}^{n} \frac{p_t}{(1+r)^t}$$

在固定利率等本还款贷款中，每期需要偿还的本金数量为 $\frac{a}{n}$ 元，在第一期末，未偿还的贷款本金为 $\frac{a(n-1)}{n}$，因此有

$$\frac{a(n-1)}{n} = \sum_{t=2}^{n} \frac{p_t}{(1+r)^{t-1}}$$

这样可以得到

$$\frac{p_1}{1+r} = \sum_{t=1}^{n} \frac{p_t}{(1+r)^t} - \sum_{t=2}^{n} \frac{p_t}{(1+r)^t} = a - \frac{a(n-1)}{n(1+r)}$$

因此有

$$p_1 = a(1+r) - \frac{a(n-1)}{n} = a\frac{nr+1}{n}$$

在第二期末，未偿还的贷款本金为 $\frac{a(n-2)}{n}$，因此有

$$\frac{a(n-2)}{n} = \sum_{t=3}^{n} \frac{p_t}{(1+r)^{t-2}}$$

这样可以得到

$$\frac{p_2}{(1+r)} = \sum_{t=2}^{n} \frac{p_t}{(1+r)^{t-1}} - \sum_{t=3}^{n} \frac{p_t}{(1+r)^{t-1}} = \frac{a(n-1)}{n} - \frac{a(n-2)}{n(1+r)}$$

因此有

$$p_2 = \frac{a(n-1)(1+r)}{n} - \frac{a(n-2)}{n} = a\frac{(n-1)r+1}{n}$$

依次类推，在给定贷款本金 a，期间利率 r，在第 t 期，固定利率等本还款贷款需要还款的数额 p_t 就可以由以下公式给出

$$p_t = a\frac{(n-t+1)r+1}{n}$$

2.1.3 可调利率贷款

可调利率贷款又称浮动利率贷款，这种贷款在贷款期内，贷款利率可以按照借贷双方事先约定的利率调整条款进行调整。在确定贷款本金和贷款偿还频率后，由于每期需要还款的数额与贷款利率密切相关，因此在可调利率贷款中，随着贷款利率的调整，借贷者每期需要还款的数额也会改变。在现实中，为了规避利率风险，许多中长期贷款都采取了可调利率贷款的形式。

一般来说，要确定一笔可调利率贷款，除了需要指定贷款本金、贷款期限、初始贷款利率、贷款偿还频率等基本参数外，还要确定贷款利率调整条款。贷款利率调整条款可能涉及多个参数，其中包括：

（1）利率调整的时间间隔（频率），例如，利率每年调整一次；又如，前 3 年实行固定利率，从第 4 年开始利率可以每年调整，等等。

（2）每次可以调整的年名义利率的最大幅度，或者在整个贷款期内可以调整的年名义利率的最大幅度，或者在利率调整后允许达到的最大年名义利率和最小年名义利率，等等。例如，贷款利率调整条款规定，每次可以调整的年名义利率不超过 0.5%，整个贷款期内可以调整的年名义利率不超过 3%，或者规定在贷款期内经调整后的最大年名义利率不得超过 12%、最小年名义利率不能低于 4%，等等。

在可调利率贷款中，由于利率的实际调整方案可以有多种，因此可调利率贷款的各个参数之间的相互关系也会变得比较复杂。这里仅举一个例子说明。

假设可调利率贷款的本金为 a 元，贷款初始的期间利率为 r，贷款分 n 期偿还，则在贷款初期利率未浮动前，每期需要还款数额 p 元的计算公式为

$$a = \sum_{t=1}^{n}\frac{p}{(1+r)^t} \Rightarrow p = \frac{ar}{1-1/(1+r)^n}$$

如果在第 k_1+1 期，贷款利率出现调整，期间利率从 r 调整为 r_1，由于在 k_1 期末时，借贷者在利率调整前的未偿还余额的现值应该等于利率调整后未偿还余额的现值，因此利率调整后，借贷者每期需要还款的数额 p_1 的计算公式为

$$\sum_{t=1}^{n-k_1}\frac{p_1}{(1+r_1)^t} = \sum_{t=1}^{n-k_1}\frac{p}{(1+r)^t} \Rightarrow p_1 = \sum_{t=1}^{n-k_1}\frac{p}{(1+r)^t}\bigg/\sum_{t=1}^{n-k_1}\frac{1}{(1+r_1)^t}$$

如果贷款利率分别在 k_1+1 期和 k_2+1 期出现调整，$k_1<k_2$，调整后新的期间利率分别为 r_1,r_2，利率调整后借贷者每期需要还款的数额为 p_1,p_2，则就有

$$p_1 = \sum_{t=1}^{n-k_1}\frac{p}{(1+r)^t}\bigg/\sum_{t=1}^{n-k_1}\frac{1}{(1+r_1)^t}, p_2 = \sum_{t=1}^{n-k_2}\frac{p_1}{(1+r_1)^t}\bigg/\sum_{t=1}^{n-k_2}\frac{1}{(1+r_2)^t}$$

2.1.4 首期付款贷款

首期付款贷款是一种特殊的可调利率贷款。一般可调利率贷款的利率将随着市场利

率而变化，贷款初始时，借贷双方只是约定未来的贷款利率调整条款，无法确切知道在整个贷款期内利率究竟会调几次、利率调整的最终结果是什么。这就是说，在签订浮动利率贷款合同时，贷款的实际利率对借贷双方来说都是不确定的。首期付款贷款则不同，借贷双方在贷款初始时就约定初始贷款利率在哪几期需要调整，调整的幅度为多少。也就是说，贷款的实际利率对借贷双方来说都是事先确定的。比如说，一笔本金为10 万元的首期付款贷款，期限为 15 年，每月还款一次，初始利率为 10%（名义年利率），双方约定分别从第 25 期和第 49 期起，贷款利率分别调整为 12% 和 15%。

首期付款贷款的各个参数之间的相互关系，特别是利率调整后每期需要还款数额的计算方法，与可调利率贷款相同。

2.2　贷款的计算

2.2.1　固定利率贷款的计算

通常情况下，计算等额还款固定利率贷款就是给定其中的几个参数，需要计算余下参数的值。在 SAS 中，LOAN 过程（贷款过程）可用于进行贷款计算和贷款比较。在LOAN 过程中，利用 Fixed（等额还款固定利率）选项，只要给定等额还款固定利率贷款的四个参数（贷款本金 Amount、贷款名义年利率 Rate、还款期数 Life、每期还款额 Payment）中的任意三个，SAS 就会计算出第四个参数的值。SAS 同时还会计算固定利率贷款的实际年利率，这笔贷款的利息总额等相关数据，并且可以以分析报告的形式给出这笔贷款的详细信息。在 LOAN 过程中，如果利用 BALLOON（大额尾付贷款）选项，可以计算大额尾付贷款的有关参数，这里通过几个例子来说明如何利用 SAS 程序来实现这种计算。

【例 2 - 1】　一笔等额还款固定利率贷款的本金为 100 万元，贷款期限 15 年，贷款的名义年利率 10%，如果贷款每年偿还一次，借贷者每次需要还款多少？如果贷款每月偿还一次，在按月复利和按年复利两种条件下，借贷者每次需要还款多少？

（1）如果借贷者每年还款一次，计算每次还款数额的 SAS 程序如下：

程序 cx2 - 1a

```
proc loan start =2015;
    fixed amount =1000000 rate =10 life =15 interval =year;
run;
```

（2）如果借贷者每月还款一次，复利按月计算，计算每次还款数额的 SAS 程序如下：

程序 cx2 - 1b

```
proc loan start =2015:03;
    fixed amount =1000000 rate =10 life =180;
run;
```

（3）如果借贷者每月还款一次，复利按年计算，计算每次还款数额的 SAS 程序如下：

程序 cx2 – 1c

```
proc loan start =2015 : 03;
   fixed amount =1000000 rate =10 life =180 compound = year;
run;
```

句法说明：

（1）PROC LOAN——调用贷款过程，这个语句的选项为 Start = date：指定贷款的起始年月，如果用户只指定贷款的起始年份而没有指定月份，则系统默认贷款的起始年月为用户指定年份的一月。如 Start = 2015 和 Start =2015 : 01 都表示贷款的起始时间为 2015 年 1 月。

（2）FIXED——指定固定利率和定期等额还款贷款选项。这个语句的选项包括：

amount =1000000：贷款本金 100 万元。

rate =10：贷款的名义年利率 10%。

life =15：分 15 期偿还贷款本金和利息。

interval = year：指定贷款偿还的频率为每年一次，如果缺省这个选项，系统默认贷款的偿还频率为每月一次，即默认 interval = month。

compound = year：指定复利计算方法是按年复利，如果缺省这个选项，在还款频率为每月一次时，系统默认的复利计算方法是按月复利，即默认 compound = month。

这些程序提交后，SAS 给出的计算结果显示，如果借贷者每年还款一次，每次需要还款 131473.78 元；如果每月还款一次，复利按月计算，每次需要还款 10746.05 元；如果每月还款一次，复利按年计算，每次需要还款 10483.90 元。

SAS 同时还会给出关于这个等额还款固定利率贷款的相关信息一览表，如表 2 –1 和表 2 –2 所示。表 2 –1 和表 2 –2 中结果显示，如果借贷者每月还款一次，按月计算复利，这笔贷款的实际年利率为 10.4713%，在 15 年中，除本金外，借贷者总共需要支付 934289.53 元利息；如果借贷者每月还款一次，按年计算复利，这笔贷款的实际利率为 10%，在 15 年中，除本金外，借贷者总共需要支付 887103.37 元利息；另外，这笔贷款的起始日期为 2015 年 3 月，这笔贷款到 2030 年 3 月可以结清。

表 2 –1　　　　　　　固定利率贷款信息一览表（按月复利）

固定利率贷款汇总			
首付款	0.00	本金金额（元）	1000000.00
贷款启动费	0.00	折扣点	0
总利息	934289.53	名义利率	10.0000%
还款总额	1934289.53	实际利率	10.4713%
还款间隔	MONTHLY	复利间隔	MONTHLY
还款期数	180	复利期数	180
开始日期	2015 年 3 月	结束日期	2030 年 3 月
利率和还款			
日期	名义利率	实际利率	偿还
MAR2015	10.0000%	10.4713%	10746.05

表 2 – 2　　　　　固定利率贷款信息一览表（按年复利）

固定利率贷款一览表			
首付款	0	本金金额（元）	1000000.00
贷款启动费	0	折扣点	0
总利息	887103.37	名义利率	10.0000%
还款总额	1887103.37	实际利率	10.0000%
还款间隔	MONTHLY	复利间隔	YEARLY
还款期数	180	复利期数	15
开始日期	MAR2015	结束日期	MAR2030
利率和还款			
日期	名义利率	实际利率	偿还
MAR2015	10.0000%	10.0000%	10483.90

【例 2 – 2】　　计算下列等额还款固定利率贷款中的参数：

（1）某人需要贷款 10 万元，银行等额还款固定利率贷款的名义年利率 8%，复利按月计算，如果他每月最多可以还款 2500 元，他应该选择期限为多长的贷款？

（2）某人希望申请一笔 15 年期的等额还款固定利率贷款，这种贷款的名义年利率 8.5%，复利按月计算，如果他每月最多可以还款 7500 元，他可以申请的最大贷款数量是多少？

（3）某人向银行申请 10 万元的等额还款固定利率贷款，贷款期限 15 年，如果他需要在今后 15 年中每月还款 1050 元，这笔贷款的实际年利率为多少，在 15 年内除偿还本金外，他总共支付了多少利息？

上面三个问题都涉及已知等额还款固定利率贷款的四个参数 amount、rate、life、payment 中的三个，要求计算第四个参数的值。

（1）计算贷款期限的 SAS 程序如下：

程序 cx2 – 2a

```
proc loan start =2015: 01;
   fixed amount =100000 rate =8 payment =2500 interval =month;
run;
```

（2）计算最大贷款申请数量的 SAS 程序如下：

程序 cx2 – 2b

```
proc loan start =2015: 01;
   fixed rate =8.5 life =180 payment =7500;
run;
```

（3）计算贷款的实际利率和需要付出的总利息的 SAS 程序如下：

程序 cx2 – 2c

```
proc loan start =2015: 01;
   fixed amount =100000 life =180 payment =1050;
run;
```

这些程序提交后，SAS 给出的计算结果为：

（1）贷款期限应该不少于 47 个月，或者说他应该申请期限为 4 年的固定利率贷款。

（2）他最多可以申请的贷款数额为 761622.70 元。

（3）这笔贷款的名义年利率为 9.5956%，实际年利率为 10.0290%，在 15 年中除了偿还 10 万元本金外，他总共支付了 89000 元利息。

需要注意的是，在计算等额还款固定利率贷款时，FIXED 语句中，四个选项 amount =、rate =、life =、payment = 中，用户只能指定三个，由 SAS 计算第四个参数值。如果用户同时指定了四个参数值，则 payment = 这个选项会被系统忽略，此时为了保持一致性，系统将重新计算每期需要还款的数额。

【例 2 - 3】　某人申请一笔 10 万元本金、期限 10 年的大额尾付贷款，贷款的名义年利率 10%，复利按月计算，贷款分 120 期偿还，其中第 48 期还款 1 万元，第 60 期还款 2 万元，其余的 118 期等额还款。那么这 118 期每期需要还款多少？

计算每期需要偿还数额的 SAS 程序如下：

程序 cx2 - 3

```
proc loan start =2015: 01;
    balloon amount = 100000 rate = 10 life = 120 balloonpayment =
(48 =10000 60 =20000);
    run;
```

句法说明：

BALLOON——指定大额尾付贷款，这个语句的选项有：

balloonpayment =（period1 = payment1　period2 = payment2…）：指定大额尾付贷款中的大额还款期数和大额还款数额的选项。本例中，大额还款的期数分别为 48 期和 60 期，两次大额还款的数额分别为 10000 元和 20000 元。

这个程序提交后，SAS 给出的计算结果见表 2 - 3，表 2 - 3 中结果显示，在余下的 118 期中，借贷者每期需要还款 1074.20 元。表 2 - 3 给出的信息还显示，该笔贷款的实际年利率为 10.4713%，借贷者需要支付的利息总和为 58137.69 元，借贷者分别需要在 2019 年 1 月和 2020 年 1 月进行 1 万元、2 万元的大额还款。

表 2 -3　　　　　　　　　　大额尾付贷款信息一览表

大额尾付贷款汇总			
首付款	0	本金金额（元）	100000.00
贷款启动费	0	折扣点	0
总利息	58137.69	名义利率	10.0000%
还款总额	158137.68	实际利率	10.4713%
还款间隔	MONTHLY	复利间隔	MONTHLY
偿还次数	120	复利计算次数	120
贷款起始时间	2015 年 1 月	贷款结清时间	2030 年 1 月

续表

贷款利率和每期还款额			
日期	名义利率	实际利率	每期还款额
2015 年 1 月	10.0000%	10.4713%	1074.20
大额偿还日期		大额还款额	
2019 年 1 月		10000.00	
2020 年 1 月		20000.00	

2.2.2　可调利率贷款的计算

我们通过例子来说明，如何在 SAS 中实现可调利率贷款的计算。

【例 2 - 4】　假设某人可以获得一笔本金 10 万元的 15 年期可调利率贷款，初始利率为 10%（名义年利率），复利按月计算，贷款利率调整条款规定，从第二年起，利率可以每年调整一次，每次调整的最大幅度不超过 0.5%，在整个贷款期内利率的总调整幅度最大不超过 2.5%。如果银行要求借贷者每月还款一次，计算在不同利率调整方案下借贷者每月需要还款的数额。

由于在本题假设的利率调整条款下，实际的利率调整结果可能有多种，如不同的利率调整次数，不同的利率调整方向（向上或向下），不同的利率调整时间等，因此下面针对几种不同的利率调整可能性，计算借贷者每月需要还款的数额。

（1）利率调整的乐观方案。这种方案假设，贷款利率在每一调整时段都达到最小值（利率往下调整 0.5%），在整个贷款期间利率调整到最低限（利率总共下调 2.5%），并且利率在最短时间内调整到最低限（从第 2 年开始，利率每年下调 0.5%，连续 5 年下调，此后贷款利率一直保持在最低限 7.5%）。对借贷者来说，这是一种最佳（最乐观）的利率调整结果。计算这种利率调整方案下借贷者每月需要还款数额的 SAS 程序如下：

程序 cx2 - 4a

```
proc loan start =2015：01；
    arm amount =100000 rate =10 life =180 bestcase caps = (0.5,
2.5)；
    run；
```

句法说明：

ARM——指定可调利率贷款选项，这个语句的选项包括：

Bestcase：指定利率调整方案为乐观方案。

Caps =（periodic - cap，life - cap）：指定贷款协议中允许的最大利率调整幅度（用百分比表示），其中 periodic - cap 指定每次可以调整的最大限度，life - cap 指定在整个贷款期内利率可以调整的最大限度。

需要注意的是，如果在 ARM 语句中使用了 Bestcase 选项，则在 ARM 语句中必须同时使用 Caps = 选项。

其他说明：

这个例子假设，可调利率贷款的利率可以每年（每12期）调整一次。在SAS系统中，利率调整频率的选项为Adjustfreq =，这个选项指定贷款利率可以多长时间（几期）调整一次。如果利率调整6期（半年）一次，则在ARM语句中需要指定Adjustfreq =6；如果利率调整12期（一年）一次，则在ARM语句中可以指定Adjustfreq =12。由于系统默认的状况是贷款利率调整12期一次，因此当ARM语句中缺省Adjustfreq =选项时，系统默认Adjustfreq =12。

这个程序提交后，SAS给出的利率调整乐观方案下贷款信息一览表见表2-4。从表2-4中结果可以看到，在利率调整的乐观方案下，借贷者第1年每月需要还款1074.61元，第2年至第5年每月分别需要还款1045.67元、1018.67元、993.62元、970.59元，而从第6年开始直至第15年，每月需要还款949.58元。整个贷款期内利息支付总额为75187.87元。

表2-4 利率调整乐观方案下的贷款信息一览表

可调利率贷款：乐观方案下的信息一览表			
首付款	0	本金数额（元）	100000.00
贷款启动费	0	折扣点	0
总利息	75187.87	名义利率	10.0000%
还款总额	175187.87	实际利率	10.4713%
还款间隔	MONTHLY	复利间隔	MONTHLY
还款期数	180	复利期数	180
开始日期	2015年1月	结束日期	2030年1月
贷款利率和每期还款额			
日期	名义利率（%）	实际利率（%）	每期还款额（元）
2015年1月	10.0000	10.4713	1074.61
2016年2月	9.5000	9.9248	1045.67
2017年2月	9.0000	9.3807	1018.67
2018年2月	8.5000	8.8391	993.62
2019年2月	8.0000	8.3000	970.59
2020年2月	7.5000	7.7633	949.58

（2）利率调整的悲观方案。与利率调整的乐观方案恰好相反，利率调整的悲观方案假设，利率在每一调整时段都达到最大值（每次往上调整0.5%），在整个贷款期间利率调整达到最高限（利率总共往上调整了2.5%），并且利率在最短时间内调整到最高限（从第2年开始，利率每年上调0.5%，连续5年上调，此后贷款利率一直保持在最高限12.5%），对借贷者来说，这是一种最坏（最悲观）的利率调整结果。计算这种方案下借贷者每月需要偿还数额的SAS程序如下：

程序 cx2-4b

```
proc loan start =2015;
```

```
arm amount =100000 rate =10 life =180 worstcase caps = (0.5,
2.5);
run;
```

这个程序提交后，SAS 给出的利率调整悲观方案下的贷款信息一览表见表 2-5。表 2-5 中结果显示，在利率调整的悲观方案下，从第 1 年至第 5 年，借贷者每月需要还款的数额分别为 1074.61 元、1103.92 元、1132.07 元、1158.94 元、1184.44 元，而从第 6 年开始，借贷者每月需要还款 1208.42 元，整个贷款期内利息支付总额为 112858.26 元。与利率调整的乐观方案相比，在利率调整的悲观方案下，利息多支付了 37670.39 元。

表 2-5 利率调整悲观方案下的贷款信息一览表

可调利率贷款：悲观方案下的信息一览表			
首付款	0	本金数额（元）	100000.00
贷款启动费	0	折扣点	0
总利息	112858.26	名义利率	10.0000%
还款总额	212858.26	实际利率	10.4713%
还款间隔	MONTHLY	复利间隔	MONTHLY
还款期数	180	复利期数	180
开始日期	2015 年 1 月	结束日期	2030 年 1 月
贷款利率和每期还款额			
日期	名义利率（%）	实际利率（%）	每期还款额（元）
2015 年 1 月	10.0000	10.4713	1074.61
2016 年 2 月	10.5000	11.0203	1103.92
2017 年 2 月	11.0000	11.5719	1132.07
2018 年 2 月	11.5000	12.1259	1158.94
2019 年 2 月	12.0000	12.6825	1184.44
2020 年 2 月	12.5000	13.2416	1208.42

（3）利率调整的预测方案。与利率调整的乐观方案和悲观方案不同，利率调整的预测方案假设借贷者可以预测利率的调整时期和调整幅度，因此可以根据这些预测来计算每月需要还款的数额。假设借贷者预测贷款发放后的第 2 年初（第 13 期）、第 5 年初（第 49 期）和第 6 年初（第 61 期）利率会各向上调整 0.5%，第 8 年初（第 85 期）利率会向下调整 0.5%，那么计算每月需要还款数额和贷款期间的总利息付出的 SAS 程序如下：

程序 cx2-4c

```
proc loan start =2015;
    arm amount =100000 rate =10 life =180 estimatedcase = (13 =
10.5 49 =11 61 =11.5 85 =11);
run;
```

句法说明：

Estimatedcase = （period1 = rate1 period2 = rate2...）：在 ARM 语句中，这个选项指定

用户预测的利率调整期数和用百分数表示的利率调整后的新利率，其中 periodn 表示第 n 次利率调整的期数，raten 表示第 n 次利率调整后的最新利率，调整后的利率取值最小不低于 0，最大不高于 120%。

这个程序提交后，SAS 给出的利率调整预测方案下的贷款信息一览表见表 2-6。从表 2-6 中结果可以看到，在各次利率调整后，实际年利率分别为：10.47%、11.02%、11.57%、12.13%、11.57%，在利率调整的各个阶段，借贷者每月需要还款的数额分别为：1074.61 元、1103.92 元、1128.74 元、1152.05 元和 1132.52 元。另外，在整个贷款期间，借贷者付出的利息总额为 102552.58 元。

表 2-6　　　　　　　　利率调整预测方案下的贷款信息一览表

可调利率贷款：预测方案下的贷款信息一览表			
首付款	0	本金数额（元）	100000.00
贷款启动费	0	折扣点	0
总利息	102552.58	名义利率	10.0000%
还款总额	202552.58	实际利率	10.4713%
还款间隔	MONTHLY	复利间隔	MONTHLY
还款期数	180	复利期数	180
贷款起始时间	2015 年 1 月	贷款结清时间	2030 年 1 月
贷款利率和每期偿还额			
日期	名义利率（%）	实际利率（%）	每期还款额
2015 年 1 月	10.0000	10.4713	1074.61
2016 年 2 月	10.5000	11.0203	1103.92
2019 年 2 月	11.0000	11.5719	1128.74
2020 年 2 月	11.5000	12.1259	1152.05
2022 年 2 月	11.0000	11.5719	1132.52

【例 2-5】　一笔可调利率贷款的本金 10 万元，贷款期限 5 年，贷款每年偿还一次，双方约定在贷款期间利率可以调整一次，调整幅度为 1%，如果借贷者预测贷款利率将从第三年起调整为 11%，试计算在利率调整前后，借贷者每年需要偿还的数额。

计算利率调整前后，借贷者需要偿还数额的 SAS 程序如下：

程序 cx2-5

```
proc loan start =2015;
    arm amount =100000 life =5 interval =year rate =10 adjustfreq =
1 estimatedc ase = (3 =11);
    run;
```

句法说明：

Adjustfreq =1：指定利率调整的频率为每年一次，由于 SAS 系统默认贷款偿还每月一次，默认利率调整频率 12 期（每年）一次，即默认 Adjustfreq =12，因此在贷款偿还每年一次时，如果缺失 Adjustfreq =这个选项，系统将默认利率调整 12 期一次，即利率调整 12 年一次。在本例中，如果缺失 adjustfreq =1 这个选项，后面的选项 estimatedcase = （3 =

11）将不起作用，即在整个贷款期贷款利率一直会保持在 10%。

这个程序提交后，SAS 给出的计算结果显示，在贷款利率调整前后，借贷者每年需要还款的数额分别为 26397.75 元和 26845.41 元。

2.2.3　首期付款贷款的计算

这里通过一个例子来说明，在 SAS 中如何实现首期付款贷款的计算。

【例 2 - 6】　一笔首期付款贷款的本金 10 万元，期限 10 年，贷款需要每月偿还一次，初始贷款利率 10%，复利按月计算，双方约定从第 48 期和第 60 期起，贷款利率分别调整为 11% 和 12%，计算在贷款期间每月需要还款的数额，打印这笔贷款每年偿还本息的明细信息。

计算每月需要还款数额并打印贷款的每年明细信息的 SAS 程序如下：

程序 cx2 - 6

```
proc loan start =2015：03;
    buydown amount =100000 rate =10 life =120
                buydownrates = (48 =11 60 =12)   sheldule =yearly;
run;
```

句法说明：

BUYDOWN——指定首期付款贷款选项，这个语句的选项包括：

Buydownrates =（period1 = rate1　period2 = rate2…）：指定首期付款贷款中的利率调整的期数及调整后的新利率，其中利率用百分数表示。

Schedule = yearly：打印分期偿还贷款每个日历年度的还款明细信息。如果用户需要打印某个还款年度之前（如第 n 个还款年度之前）各个月份的还款明细信息，则可使用选项 SCHEDULE = n。如表 2 - 8 为取 SCHEDULE = 1 时 SAS 给出的这笔贷款第一个还款年度中各个月份还款的明细信息。

这个程序提交后，SAS 的输出结果见表 2 - 7，从表 2 - 7 中可以看到，在 10%、11% 和 12% 的名义年利率下，实际年利率分别为：11.47%、11.57% 和 12.68%，借贷者每月需要还款的数额分别为：1321.51 元、1358.20 元和 1390.03 元。

表 2 - 7 的下半部分给出了分期偿还贷款时每年还本付息的详细信息。如表 2 - 7 显示，在 2021 年初，借贷者的未偿还余额为 55320.56 元，在这一年借贷者共需要偿还 16680.36 元，其中利息偿还 6067.35 元，本金偿还 10613.01 元，在 2021 年底，借贷者的未偿还余额为 44707.55 元。

而表 2 - 8 则给出了第一个还款年度每月还本付息的详细信息。

表 2 - 7　　　　　　　　首期付款利率贷款的信息一览表

贷款利率和每期还款额			
日期	名义利率（%）	实际利率（%）	每期偿还额（元）
2015 年 3 月	10.0000	10.4713	1321.51
2019 年 3 月	11.0000	11.5719	1358.20
2020 年 3 月	12.0000	12.6825	1390.03

贷款偿还明细表   单位：元

年份	期初未偿还余额	年还款额	利息偿还额	本金偿还额	期末未偿还余额
2015	100000.00	11893.59	7350.66	4542.93	95457.07
2016	95457.07	15858.12	9248.20	6609.92	88847.15
2017	88847.15	15858.12	8556.05	7302.07	81545.08
2018	81545.08	15858.12	7791.42	8066.70	73478.38
2019	73478.38	16225.02	7528.75	8696.27	64782.11
2020	60782.11	16616.70	7155.15	9461.55	55320.56
2021	55320.56	16680.36	6067.35	10613.01	44707.55
2022	44707.55	16680.36	4721.35	11959.01	32748.54
2023	32748.54	16680.36	3204.65	13475.71	19272.83
2024	19272.83	16680.36	1495.57	15184.79	4088.04
2025	4088.04	4170.07	82.03	4088.04	0

表2-8   首期付款贷款第一个还款年度各月份的贷款偿还明细表   单位：元

年月	月初未偿还余额	月还款额	利息偿还额	本金偿还额	月底未偿还余额
2015 年 4 月	100000.00	1321.51	833.33	488.18	99511.82
2015 年 5 月	99511.82	1321.51	829.27	492.24	99019.58
2015 年 6 月	99019.58	1321.51	825.61	496.35	98523.23
2015 年 7 月	98523.23	1321.51	821.03	500.48	98022.75
2015 年 8 月	98022.75	1321.51	816.86	504.65	97518.10
2015 年 9 月	97518.10	1321.51	812.65	508.86	97009.24
2015 年 10 月	97009.24	1321.51	808.41	513.10	96496.14
2015 年 11 月	96496.14	1321.51	804.13	517.38	95978.76
2015 年 12 月	95978.76	1321.51	799.82	521.69	95457.07
2016 年 1 月	95457.07	1321.51	795.48	526.03	94931.04
2016 年 2 月	94931.04	1321.51	791.09	530.42	94400.62
2016 年 3 月	94400.62	1321.51	786.67	534.84	93865.78

2.2.4 等本还款固定利率贷款的计算

这里通过一个例子来说明，在 SAS 中如何实现等本还款固定利率贷款的计算。

【例 2-7】 一笔固定利率贷款的本金 100 万元，贷款期限 10 年，贷款的名义年利率 10%，贷款需要按月等本偿还，按月复利，试计算每期需要的还款数额。

由于在 SAS 的 LOAN 过程中，没有固定利率等本还款的直接选项，因此计算每期还款数额的程序需要用户自己编写。假设第 t 期需要的还款数额为 p_t，那么计算 p_t 的 SAS 程序如下：

程序 cx2 -7

```
data a1;
    a =1000000;
    n =120;
    r =0.1/12;
    Array p (120) p1 -p120;
    do k =1 to 120;
        p (k) =a* ( (n-k +1) * r +1) /n;
    end;
run;
```

句法说明：

ARRAY p（120）p1 -p120——建立一个数组。数组语句的选项为：

ARRAY - name｛subscript｝：规定数组的名字和数组中的元素个数，本例中，数组的名字为 p，数组中的元素个数为 120，该数组中包括有 120 个变量。

ARRAY - elements：指定构成数组的元素名字，本例中，数组元素的名字分别为 p1 - p120。

这个程序提交后，SAS 给出的计算结果显示，在等本还款固定利率贷款中，随着时间的推移，每期需要还款的数额不断减少，如第一、第二期需要还款的数额分别为 16666.67 元和 16597.22 元，而最后两期需要还款的数额分别为 8472.22 元和 8402.78 元。

2.3 贷款的比较

2.3.1 贷款比较的经济准则

由于银行的贷款种类繁多，借贷者或者银行有时需要在不同种类的贷款之间进行比较，以选择出符合自身偏好的贷款。基于比较目标的不同，贷款比较的经济准则和比较结果也会有所不同。一般来说，贷款比较可以依据以下经济准则来进行：

（1）贷款回报率比较。贷款回报率指贷款的实际年利率，对于赚取利息的银行来说，实际年利率高的贷款意味着发放贷款的收益率高，银行偏好回报率高的贷款；对于付出利息的借贷者来说，实际年利率高意味着贷款的成本高，借贷者偏好回报率低的贷款。

（2）特定时刻未偿还余额的比较。假设某人申请一笔住房按揭贷款，他打算在按揭贷款到期前就出售住房，由于在卖出房子前需要还清住房按揭贷款，他对各类贷款进行比较时，偏好于在卖出房子时未偿还余额最小的贷款。

（3）贷的税后实际利率比较。在有些国家，按照税法，一些贷款的利息支付具有节税效应，如住房按揭贷款的利息支付可以抵扣个人所得税、企业贷款的利息支付可以作为成本在税前列支等，这种节税效应降低了贷款的实际利率。借贷者进行贷款比较的目的，是要选择税后实际利率最小的贷款。

（4）贷款的总利息比较。贷款的总利息是借贷者在整个贷款期间付出的贷款总成本，进行这种比较的目的，是要选择总利息最小的贷款。

（5）贷款的每期还款额比较。比较各类不同贷款的每期还款数额，进行这种贷款比较的目的，是要选择出最符合自身偿还能力的贷款。

在 SAS 中，贷款比较可以选择在不同的时段进行。比如要比较两种贷款的实际利率，假设两种贷款的期限均为 15 年，用户既可以比较两种贷款在整个贷款期（15 年）的实际利率，也可以比较在前 5 年（或其他时段）两种贷款的实际利率。

2.3.2　贷款比较的 SAS 实现

下面通过几个例子来说明，在 SAS 中如何实现各类贷款的比较，包括不同期限的贷款比较，固定利率贷款和可调利率贷款的比较以及不同贷款税后实际利率的比较。

【例 2-8】　借贷者希望申请本金 50 万元的 10 年期贷款，每月偿还一次，银行提供的 10 年期固定利率贷款的利率为 10%，复利按月计算；银行提供的 10 年期可调利率贷款的初始利率为 9%，复利按月计算，利率可以每年调整一次，每次调整幅度为 0.5%，在贷款期内利率总的调整幅度不能超过 2%。假设借贷者希望在整个贷款期内所付出的实际利率较小，对这两种贷款进行比较。

由于在利率调整的乐观方案下，对借贷者而言，可调利率贷款显然优于固定利率贷款，因此下面只考虑利率调整的悲观方案和预测方案与固定利率贷款的比较。

（1）比较固定利率与利率调整的悲观方案。实现这种比较的 SAS 程序如下：

程序 cx2-8a

```
proc loan start =2015：03；
    fixed amount =500000 life =120 rate =10 label ='固定利率贷款'；
    arm amount =500000 life =120 rate =9 worstcase caps = (0.5, 2)
                                    label ='可调利率悲观方案'；
    compare trueinterest；/* 比较两种贷款的实际利率* /
run；
```

句法说明：

COMPARE——指定进行多项贷款的比较，这个语句的选项 trueinterest 指定比较两种贷款的实际利率。

在使用 COMPARE 语句进行不同贷款比较时，用户通常需要指定比较类型（需要比较什么）和比较时段，如果用户没有指定比较时段，系统默认比较时段为整个贷款期。

这个程序提交后，SAS 给出的比较结果见表 2-9。比较结果显示，在整个贷款期，固定利率贷款的实际年利率为 10.47%；可调利率贷款的实际年利率为 10.54%，对借贷者来说，与可调利率贷款的悲观方案比较，固定利率贷款是一种较好的选择。

表 2 - 9　　　　　固定利率贷款与可调利率贷款的悲观方案比较

贷款比较报告（根据截至 2025 年 3 月底分析）		
贷款标签	期末未偿还余额（元）	实际利率（%）
固定利率贷款	0	10.47
可调利率的悲观方案	0	10.54

注释：根据截至 2025 年 3 月底对实际利率的分析，固定利率贷款是最好的选择。

（2）比较固定利率与可调利率贷款的预测方案，假设借贷者预期贷款利率将在贷款期的最后 4 年每年上升 0.5%。实现这种比较的 SAS 程序如下：

程序 cx2 - 8b

```
proc loan start =2015：03；
    fixed amount =500000 rate =10 life =120 label = '固定利率贷款'；
    arm amount =500000 rate =9 life =120
        estimatedcase = (73 =9.5 85 =10 97 =10.5 109 =11) label = '可
调利率预测方案'；
    compare trueinterest；
run；
```

这个程序提交后，SAS 给出的比较结果见表 2 - 10。比较结果显示，在整个贷款期，可调利率预测方案的贷款实际年利率为 9.51%，固定利率贷款的实际年利率为 10.47%，可调利率贷款预测方案的实际利率要小于固定利率贷款，因此借贷者应该选择可调利率贷款。

表 2 - 10　　　　　固定利率贷款和可调利率预测方案的比较结果

贷款比较报告（根据截至 2025 年 3 月底的分析）		
贷款标签	期末未偿还余额（元）	实际利率（%）
固定利率贷款	0	10.47
可调利率预测方案	0	9.51

注释：根据截至 2025 年 3 月底的实际利率分析，"可调利率预测方案"是最好的选择。

【例 2 - 9】　　某人希望申请 50 万元本金的住房按揭贷款，现有两种贷款可供选择，一是期限为 25 年的等额还款固定利率贷款，贷款利率 12.5%，复利按月计算；二是期限 30 年的等额还款固定利率贷款，贷款利率 13%，复利按月计算。两种贷款均需按月等额还款。如果此人希望每月还款的数额较小，他应选择哪种贷款。如果这人估计可能会在 15 年后或者在 20 年后出售这套住房，希望届时的未偿还余额更小，他应选择哪种贷款。

比较两种贷款在指定时期的未偿还余额的 SAS 程序如下：

程序 cx2 - 9

```
proc loan start =2015：03；
    fixed amount =500000 rate =12.5 life =300 label = "25 年固定利率
贷款"；
```

```
fixed amount =500000 rate =13 life =360 label = "30 年固定利率贷款";
compare at = (181 241);    /* 指出比较时期为15 年后和20 年后* /
run;
```

这个程序提交后，SAS 给出的比较结果如表 2 - 11 所示。比较结果显示，25 年期限和 30 年期限的等额还款固定利率贷款每月分别需要还款 5451.77 元和 5531.00 元，如果考虑每月还款数额较少这个目标，他应选择 25 年期限的固定利率贷款。

表 2 - 11 的比较结果还显示，在第 15 年后（2030 年 4 月）和第 20 年后（2035 年 4 月）这两个时间，25 年期限等额还款固定利率贷款的未偿还余额分别为 370877.80 元和 239396.59 元，30 年期限等额还款固定利率贷款的未偿还数额分别为 436352.61 元和 368914.32 元，从第 15 年后或第 20 年后未偿还余额较小这个目标考虑，他同样应该选择 25 年期限的固定利率贷款。

表 2 - 11　　　　　　　　**固定利率贷款的比较**　　　　　　　　单位：元,%

贷款比较报告（根据截至 2030 年 4 月底的分析）				
贷款标签	期末未偿还余额	每期还款	已付总利息	实际利率
25 年固定利率贷款	370877.80	5451.77	857648.17	13.24
30 年固定利率贷款	436352.61	5531.00	937463.61	13.80
注释：根据截至 2030 年 4 月底的未偿还余额和每期还款分析，25 年固定利率贷款是最好的选择。				
贷款比较报告（根据截至 2035 年 4 月底的分析）				
贷款标签	期末未偿还余额	每期还款额	已付总利息	实际利率
25 年固定利率贷款	239396.59	5451.77	1053273.16	13.24
30 年固定利率贷款	368914.32	5531.00	1201885.32	13.80
注释：根据截至 2035 年 4 月底的未偿还余额和每期偿还额分析，25 年固定利率贷款是最好的选择。				

【例 2 - 10】　　某企业准备申请一笔期限 30 年，本金 1000 万元的商业房产贷款，按照相关税法，贷款的利息支付可以作为成本在税前列支。假设该企业的所得税税率为 33%，现有两种贷款可供选择：固定利率贷款的年名义利率 13%，可调利率贷款的初始利率 11.5%，利率调整条款规定每次利率调整的最大幅度为 0.5%，在贷款期内的最大调整幅度为 2.5%，两种贷款均需要按月还款，复利都是按月计算，那么每种贷款分别需要每月还款多少？如果企业希望在前 5 年期间或者前 10 年期间，贷款的实际税后利率最小，那么应选择哪种贷款？

由于在乐观方案下，可调利率贷款显然优于固定利率贷款，下面只比较可调利率的悲观方案与固定利率贷款。进行这种比较的 SAS 程序如下：

程序 cx2 - 10

```
proc loan start =2015: 03 amount =10000000 life =360;
    fixed rate =13 label = '固定利率贷款';
    arm rate =11.5 worstcase caps = (0.5, 2.5) label = '可调利率贷款';
    compare taxrate =33 at = (60 120);
run;
```

句法说明：

taxrate = 33：在 COMPARE 语句中，这个选项要求比较两种贷款的税后实际利率，并指定税率为 33%。

at =（period1 period2…）：指定贷款比较的时段，即比较两种贷款到什么时期为止的税后实际利率。

这个程序提交后，SAS 给出的结果见表 2 - 12。从比较结果可以看到，固定利率贷款的每月还款额为 110619.95 元，可调利率贷款的每月还款额随着利率的变动而变动，如在 2020 年 3 月，每月的还款额为 114113.70 元，到 2025 年 3 月，每月的还款额为 117845.18 元。如果截至第 5 年末，可调利率贷款的税后实际利率要低于固定利率贷款；如果截至第 10 年末，固定利率贷款的税后实际利率要低于可调利率贷款。

表 2 - 12　　　　　　　　固定利率贷款与可调利率贷款的比较　　　　　　　单位：元,%

贷款比较报告（根据截至 2020 年 3 月末的分析）			
贷款标签	期末未偿还余额	每月还款额	已付利息额	税后实际利率
固定利率贷款	9808165.54	110619.95	6445362.54	9.07
可调利率贷款	9789748.48	114113.70	6184815.00	8.64

注释：根据截至 2020 年 3 月末的税后实际利率分析，可调利率贷款是最好的选择。

贷款分析报告（根据截至 2025 年 3 月末的分析）			
贷款标签	期末未偿还余额	每月还款额	已付利息额	税后实际利率
固定利率贷款	9441981.10	110619.95	12716375.10	9.07
可调利率贷款	9476735.36	117845.18	12942512.68	9.08

注释：根据截至 2025 年 3 月末的分析，固定利率贷款是最好的选择。

2.4　本章有关的 SAS 基础知识

2.4.1　LOAN 过程

在 SAS 中，LOAN 过程（贷款过程）可用于分析和比较固定利率贷款、可调利率贷款、首期付款贷款和大额尾付贷款。LOAN 过程可以计算各种贷款的相关参数，可以输出每种贷款的总览信息和明细信息。

利用 LOAN 过程，用户可以运用不同的经济准则来对多笔贷款进行比较，这些经济准则包括：税前或税后成本的当前价值、实际利率、定期偿还与所付利率中的盈亏平衡点以及不同阶段的未偿还余额等。LOAN 过程可以依照一定的经济准则，通过对不同贷款进行比较，来选择出最佳的贷款方案。不同贷款的比较可以在整个贷款期进行，也可以在用户指定的某个时段进行。

LOAN 过程的语句格式可以写成

PROC LOAN options；

        FIXED options；

        BALLOON options；

        ARM options；

        BUYDOWN options；

        COMPARE options；

语句格式说明：

（1）PROC LOAN——调用贷款过程。这个语句的选项可以包括：

Start = date：指定贷款的起始日期，即贷款的起始年月。

Sound = n：指定计算贷款数额舍入的小数位数，n 可以取 $0 \sim 6$ 之间的任一整数，缺省这个选项时的默认值为 $n = 2$。

Compound = time – unit：指定复利计算的时间单位，有效的时间单位可以取：Continuous（连续）、Day（日）、Semimonth（半月）、Month（月）、Quarter（季）、Semiyear（半年）和 Year（年）。

（2）FIXED——指定固定利率和定期偿还贷款。这个语句的选项包括必选项与可选项两类，其中必选项有：

Amount = ：指定贷款的本金。

Life = ：指定定期偿还贷款的次数。例如，如果一笔贷款期限为 10 年，贷款需要每月偿还，则 Life = 120。定期偿还贷款的偿还频率由 Interval = 选项指出，如贷款每月偿还一次表示为 Interval = month，贷款每年偿还一次表示 Interval = year。如果缺省 Interval = 选项，系统默认贷款需要每月偿还。

Payment = ：指定每期偿还的数额。

Rate = ：以百分比的形式给出贷款的名义年利率，名义年利率必须在 $0 \sim 120\%$ 之间。

需要说明的是，在上面四个选项中，用户只能指定其中三个选项，由 LOAN 过程计算第四个参数值。

这个语句的可选项有：

Compound = time – unit：指定复利计算的时间单位，若缺省，则默认 Compound = month。

Interval = time – unit：指定每期偿还的时间间隔，若缺省，则默认 Interval = month。

Label = "loan – label"：为某个贷款指定标签。

Schedule = n ｜ yearly：打印分期偿还的明细表，其中选择 n 要求打印前 n 个还款年度的还款明细表，选择 yearly 要求打印整个贷款期间分年度的还款明细表。

（3）BALLOON——指定大额尾付贷款，这个语句的选项有：

Balloonpayment = （period1 = payment1 period2 = payment2...）：指定大额偿还的期数和大额偿还额。

（4）ARM——指定浮动利率贷款，这个语句的可选项包括利率调整条款选项和利率调整方案选项，其中，关于利率调整条款选项有：

Caps = （periods – cap，life – cap）：指定贷款协议中许可的利率调整的最大幅度，其中 periods – cap 表示每次利率调整的最大幅度，life – cap 表示整个贷款期内调整的最大幅度，调整的幅度用百分数表示。

Adjustfreq = n：指定利率调整的时间间隔，以 Interval = 指定选项为单位，例如，如果 Interval = month，Adjustfreq = 6，则表示利率可以 6 个月调整一次，直至达到利率调整的最大幅度，这个选项的默认值为 Adjustfreq = 12。如果 Interval = year，Adjustfreq = 12（或缺省），则表示利率 12 年调整一次。

Maxrate = rate：指定贷款利率调整后可以达到的最大名义年利率，最大名义年利率应大于等于初始名义年利率。

Minrate = rate：指定贷款利率调整后可以达到的最小名义年利率，最小名义年利率应小于等于初始名义年利率。

Maxadjust = rate：指定每次利率调整可以允许的最大幅度，最大幅度用百分比表示。当这个选项与 Maxrate = 选项或 Minrate = 选项同时使用时，初始利率 + Maxadjust 不能高于 Maxrate，初始利率 – Maxadjust 不能低于 Minrate。

关于利率调整方案的选项有：

Bestcase：指定利率调整的乐观方案，即指定对借贷者最有利的利率调整方案，在使用这个选项时，需要使用 Caps = 选项或同时使用 Maxrate = rate 和 Minrate = rate 选项。

Worstcase：指定利率调整的悲观方案，即指定对借贷者最不利的利率调整方案，在使用这个选项时，需要使用 Caps = 选项或同时使用 Maxrate = rate 和 Minrate = rate 选项。

Estimatedcase = （period1 = rate1 period2 = rate2…）：指定利率调整的预测方案，即指定采用用户预测的利率调整方案来进行贷款计算或贷款比较，其中 period 表示用户预测的利率调整时期，rate 表示用户预测的调整后的新利率。

（5）COMPARE——指定进行贷款比较，这个语句的选项 options 可以包括：

Trueunterest：指定比较多个贷款的实际利率。

Taxrate：指定比较多个贷款的税后实际利率。

At = （period1 period2…）：指定贷款比较的时段。

2.4.2　ARRAY 语句

ARRAY 语句（数组语句）由一组变量所构成，其中的变量称为数组元素。当用户需要用相同的方法处理多个变量时，可以用数组来定义这些变量。在 SAS 编程时，利用数组语句可以简化复杂的数据处理过程。

在 SAS 中，数组语句可以分为显式下标数组语句和隐含下标数组语句。其中，显式下标数组语句由一个数组名字，在数组中元素个数的说明及元素的列表等组成。在编程时，用户通过数组名字来引用数组，通过数组元素的序号来引用数组中的对应元素。

1. 显式下标数组语句的语句格式。显式下标数组语句的格式可以表示为

ARRAY array – name ｛subscript｝　< $ > < length >

< < array – elments > < （initial – values） > >；

语句格式说明：

ARRAY array – name ｛subscript｝ ——定义一个数组，并且规定数组名字。数组名字

必须是有效的 SAS 名字，且不能和同一 DATA 步中的 SAS 变量重名。subscript 规定数组的元素个数，即数组中包含多少个变量。数组语句的选项有：

$：如果数组中的元素是字符变量，需要加上美元符号 $；

length：规定数组元素的长度；

array – elments：列出数组中的全部数组元素，每个数组元素为一个变量，它们必须或者全部是数值变量，或者全部是字符变量；

_ temporary _：建立一个临时数组元素列表，临时数组元素可以是数值或者字符，当用户定义一个数组的目的只是为了计算时，可以用临时数组元素列表，以减少占用内存和减少执行时间。

initial – values：规定数组中相应元素的初始值。数组元素和初始值通过对应的位置来确定。初始值需要放在括号内，如果初始值为字符，每个初始值需要用引号括起来。

例如：

array test（3）t1 t2 t3（90 80 70）

这个数组 test 中共有三个数组元素 t1、t2、t3，它们的初始值分别为 90、80、70。

又例如：

array varlable（4）$ v1 – v4（'bank' 'school' 'manager' 'student'）

这个数组 varlabel 中共有四个元素 v1、v2、v3、v4，它们的初始值分别为 bank、school、manager、student。

2. 数组语句的引用。凡是可以使用表达式的地方，都可以使用数据元素。用户还可以在函数的自变量中使用数组元素。一个数组的引用必须包含下标，下标需要用括号括起来。

在 DATA 步中，用于定义数组的 ARRAY 语句必须出现在这个数组被引用之前。一个数组的定义仅在这个 DATA 步有效，如果用户想在几个 DATA 步中引用同一个数组，必须在每个 DATA 步重新定义这个数组的元素。

【复习思考题】

1. 一笔按月等额还款固定利率贷款的本金 10 万元，贷款期限 15 年，贷款的名义年利率 8%，贷款复利按月计算。试通过 SAS 程序计算这笔贷款的总利息和贷款的实际年利率，并输出前两个还款年度每月还款的明细信息。

2. 一笔可调利率贷款的本金 50 万元，期限 15 年，贷款初始利率 8%，贷款需要按月还款、复利按月计算。贷款利率调整条款规定，从第 7 个月开始，贷款利率可以每 6 个月调整一次，每次调整幅度不超过 0.3%，在整个贷款期利率调整幅度不超过 3%，试分别计算在利率调整的悲观方案和乐观方案下，借款者每期需要还款的数额，比较在两种方案下借贷者需要支付的总利息。

3. 一笔可调利率贷款的本金 50 万元，贷款期限 8 年，贷款需要每年偿还一次，初始贷款利率 8%，双方约定从第三年起贷款利率可以每年调整一次，每次调整的幅度不超过 1%，在整个贷款期间，利率调整的总幅度不超过 3%，试分别计算在利率调整的乐观方案和悲观方案下（注意从第三年起利率才允许进行调整），借贷者每年需要的还款数量。

4. 某人的个人所得税税率为 20%，他希望贷款 100 万元购买一份投资房产，按照税法，投资房产的利息可以在税前列支。现有两笔贷款可供选择：30 年期固定利率贷款，贷款名义年利率 10%，贷款需要每月等额还款，复利按月计算；30 年期可调利率贷款，贷款需要每月还款，复利按月计算，初始贷款利率 8%，从第 5 年、第 10 年和第 20 年起，贷款利率分别调整为 9.5%、11% 和 11.5%。如果他希望在前 20 年中贷款的税后实际利率最小，应该选择哪种贷款？如果他希望在整个贷款期的税后实际利率最小，应该选择哪种贷款？

【主要参考文献】

［1］高惠璇等编译 . SAS 系统——SAS/ETS 软件使用手册［M］. 1 版 . 北京：中国统计出版社，1998.

第 3 章

SAS 与股票市场分析

【本章学习目标】

1. 了解股票收益率、期望收益率的定义和计算
2. 了解股市双侧风险和尾部风险的度量方法
3. 掌握单只股票或者资产组合的 CAPM 拟合与检验
4. 掌握股票的系统性风险和非系统性风险的分解方法
5. 掌握最优投资组合的构建方法
6. 掌握有效边界的绘制方法
7. 掌握本章有关的 SAS 基础知识

马柯维茨的均值—方差决策理论表明，股票市场上，理性投资者追求的最优投资组合是：收益率相同时，风险最小的投资组合；风险相同时，收益率最大的投资组合。收益率与风险的这个关系，不仅决定了投资者的最优投资组合的构成，而且决定了包括股票在内的风险资产的定价模型——资本资产定价模型（CAPM）。因此，对股票市场进行分析，首先需要对股票的收益率与风险进行分析。本章介绍在 SAS 中如何进行股票的收益率和风险分析，如何进行单只股票的 CAPM 拟合与检验，如何构建均值—方差决策理论框架下的最优投资组合。

3.1 股票的收益率与风险

3.1.1 股票的收益率与期望收益率

（一）股票的收益率

1. 单期收益率。度量单个时期的股票收益率，需要考虑两个部分：从股息（红利）中得到的收入，以及从股票的买卖价差中得到的资本收入或损失。如果直接采用复权后的股票价格数据，一只股票在时刻 t 的价格为 P_t，则该股票的百分比收益率和对数收益率的定义为

单期的百分比收益率

$$R_t = \frac{P_t - P_{t-1}}{P_{t-1}} = \frac{P_t}{P_{t-1}} - 1$$

单期的对数收益率，又称为单期的连续复利收益率

$$r_t = \ln(1 + R_t) = \ln\left(\frac{P_t}{P_{t-1}}\right) = \ln(P_t) - \ln(P_{t-1})$$

根据泰勒展开式

$$\ln(1 + R_t) = R_t - \frac{1}{2}R_t^2 + \frac{1}{3}R_t^3 - \ldots + (-1)^{n-1}\frac{1}{n}R_t^n + \ldots$$

因此，当 R_t 很小时有 $r_t \approx R_t$，即单期的对数收益率约等于单期的百分比收益率；当 R_t 较大时，两者的差异也会增大。

2. k 个时期的收益率。k 个时期的收益率是指，连续持有股票 k 个时期，按照每期复利方式计算所得的投资收益率。k 个时期的百分比收益率和对数收益率的定义为

k 个时期的百分比收益率

$$R_t(k) = (1 + R_t) \times (1 + R_{t-1}) \times \ldots \times (1 + R_{t-k+1}) - 1$$

$$= \frac{P_t}{P_{t-1}} \times \frac{P_{t-1}}{P_{t-2}} \times \ldots \times \frac{P_{t-k+1}}{P_{t-k}} - 1 = \frac{P_t}{P_{t-k}} - 1$$

k 个时期的对数收益率

$$r_t(k) = \ln[1 + R_t(k)]$$

$$= \ln[(1 + R_t) \times (1 + R_{t-1}) \times \ldots \times (1 + R_{t-k+1})]$$

$$= r_t + r_{t-1} + \ldots + r_{t-k+1}$$

从 k 个时期的对数收益率的计算公式可以看到，对数收益率具有一个优良性质：高频数据与低频数据之间有着简单的加总关系，即有

$$r_t(k) = \ln\frac{P_t}{P_{t-k}} = \ln\frac{P_t}{P_{t-1}} + \ldots + \ln\frac{P_{t-k+1}}{P_{t-k}} = r_t + \ldots + r_{t-k+1}$$

对数收益率的另外一个优良性质为：在有效市场中，通常假设股票的价格运动服从对数正态分布，那么股票的对数收益率就服从正态分布。

3. k 个时期的平均收益率。k 个时期的平均收益率的度量方法有两种：k 个时期的算术平均收益率和 k 个时期的几何平均收益率。k 个时期的算术平均收益率（AM）等于 k 个时期中各单期收益率之和除以时期数 k，即有

$$AM = \frac{1}{k}\sum_{t=1}^{k} R_t$$

k 个时期的几何平均收益率（GM）表示一只股票在 k 个时期内复合的、累计的收益率。一只股票在 k 个时期的几何平均收益率用以下公式表示：

$$GM = [(1 + R_1) \times (1 + R_2) \times \ldots \times (1 + R_k)]^{1/k} - 1$$

值得注意的是，尽管从一般意义上讲，AM 与 GM 都可以作为 k 个时期平均收益率的度量，但在有些情况下，其中的一种度量可能会比另一种度量更好地反映 k 个时期的实际收益率。例如，某只未分红股票在期初、第 1 期末和第 2 期末的股价分别为 10 元、5

元、10 元，那么这只股票在第 1 期和第 2 期的百分比收益率分别为 –50%、100%，两期的算术平均收益率为 25%，两期的几何平均收益率为 0。很显然，此时只有几何平均收益率才比较客观地反映了该股票在两期中的真实平均收益率。

4. 财富指数。财富指数（WEALTH）度量投资者在整个投资期所产生的收益或损失。如果投资者在期初投资 1 元，财富指数就代表期末时投资者的资本值。如果财富指数大于 1，投资者在这个时期获得了正的投资收益，如果财富指数小于 1，投资者在这个时期获得了负的投资收益，或者说投资者遭受到了损失。

k 个时期的财富指数等于投资者最终的资本值 W_k 与投资者最初投入的资本值 W_0 之比，即有

$$WEALTH = \frac{W_k}{W_0}$$

k 个时期的财富指数也可以按照以下公式计算：

$$WEALTH = (1 + R_1) \times (1 + R_2) \times ... \times (1 + R_k)$$

这样，k 个时期的几何平均收益率与 k 个时期的财富指数的关系为

$$GM = (WEALTH)^{1/k} - 1$$

（二）股票收益率计算的 SAS 实现

在 SAS 中，各种收益率的计算，可以通过 DATA 步语句编程来实现。这里通过一个例子来说明。

【例 3 – 1】　数据集 sjk3 – 1 给出了 1999—2008 年期间各个交易日的上证指数数据，其中变量 date、close 分别表示交易日期与上证指数的收盘价。试计算 1999—2008 年期间各年度上证指数的单期收益率，10 年平均收益率，以及 10 年的财富指数。

将 Excel 数据集 sjk3 – 1 引入转换为 SAS 数据集 sjk3 _ 1，所需要的收益率的计算结果，可以通过以下几个步骤和 SAS 程序得到。

1. 创建计算年度收益率的 SAS 数据集 sjk3 _ 1a。一个年度的单期收益率，就是 p_t 取本年度最后一个交易日的收盘价，p_{t-1} 取上个年度最后一个交易日的收盘价，计算得到的收益率。由于数据集 sjk3 _ 1 中变量 close 给出的是上证指数的每日收盘价数据，为了计算年度收益率，需要首先创建一个只包含每年最后一个交易日的上证指数收盘价的 SAS 数据集 sjk3 _ 1a。这个数据集的创建，可以通过以下 SAS 程序来实现。

程序 cx3 –1a

```
data a;
   set sjk3 _1;
   year = year (date);          /* 提取每个交易日的年度数据* /
   proc sort data =a;
   by year;
data sjk3 _1a;
   set a;
   by year;                /* 对所有观测按变量 year 分组* /
   if last.year =1;         /* 如果观测是一个 by 组的最后一个观测* /
```

```
run;
```
句法说明：

（1）SET a；BY year——对数据集 a 中的观测按变量 year 的不同值进行分组，即同一年度的观测分为同一个 BY 组。SAS 要求，在将观测按变量 year 分组前，必须先对这些观测按照变量 year 的取值大小进行排序。

（2）First. year 和 Last. year——SAS 对每个 BY 组会创建 First. variable 和 Last. variable 两个自动变量，用来识别每个 BY 组的第一个和最后一个观测。

对一个 BY 组的第一个观测，First. variable 取值 1，对该组的其余观测，First. variable 取值 0；对一个 BY 组的最后一个观测，Last. variable 取值 1，对该组的其余观测，Last. variable 取值 0。这两个自动变量不包含在新产生的数据集中。

本例中，每个 BY 组都是同一年度的观测，这样对每年最后一个交易日，Last. year 取值 1，对该年的其余交易日，Last. year 取值 0。

2. 计算各年度的单期百分比收益率和单期对数收益率，显示所得到的计算结果。对应的 SAS 程序如下。程序运行结果见表 3 - 1。

程序 cx3 - 1b
```
data sjk3 _1b;
   set sjk3 _1a;
   r _pct = dif (close) /lag (close);        /* 计算每个年度的百分比收
                                                 益率* /
   r _log = log (close) - log (lag (close)); /* 计算每个年度的对数收
                                                 益率* /

data sjk3 _1b;
   modify sjk3 _1b;
   if _n _ =1 then remove;      /* 删除数据集中的第一个观测* /
proc print data = sjk3 _1b;
   var year r _pct r _log;
   title '1999—2008 各年度上证指数的单期收益率';
run;
```

表 3 - 1　　　　　　　　　　　　　SAS 程序的输出结果

1999—2008 年各年度上证指数单期收益率			
OBS	YEAR	R _ PCT	R _ LOG
2	1999	0. 19043	0. 17432
3	2000	0. 51001	0. 41211
4	2001	- 0. 21887	- 0. 24701
5	2002	- 0. 17134	- 0. 18794
6	2003	0. 10571	0. 10048
7	2004	- 0. 15228	- 0. 16520

续表

OBS	YEAR	R _ PCT	R _ LOG
8	2005	− 0. 08214	− 0. 08571
9	2006	1. 30573	0. 83540
10	2007	0. 96136	0. 67364
11	2008	− 0. 65375	− 1. 06061

从表 3 - 1 显示的计算结果可以看到，在 1999—2008 年的 10 年中，有 5 年上证指数的年度收益率为正，5 年上证指数的年度收益率为负。2006 年、2007 年由于股市暴涨，上证指数获得了很高的年度收益率；而 2008 年由于股市暴跌，上证指数的年度损失很大。另外从表 3 - 1 还可以看到，百分比收益率与对数收益率的差异会随着百分比收益率的绝对值的增加而增大。一般情况下，当收益率为正时，百分比收益率大于对数收益率；当收益率为负时，百分比收益率的绝对值小于对数收益率的绝对值。这是因为百分比收益率只是对数收益率的泰勒展开式中的第一项，所以会出现这种现象。

3. 计算上证指数 10 年的算术平均收益率、几何平均收益率和财富指数。这项工作可以采用两种不同的编程方法来完成。

程序 cx3 -1c

```
data sjk3 _1c;
   set sjk3 _1b;
   retain am1;     /* 对每个观测计算 am1 时保持前面已经得到的 am1 值不
                     变* /
   if _n_ =1 then am1 =r _pct; /* 第一个 am1 的计算方法* /
   else am1 =am1 +r _pct;      /* 从第二个起 am1 的计算方法* /
   am =am1/10;
   retain gm1;
   if _n_ =1 then gm1 =1 +r _pct;
   else gm1 =gm1* (1 +r _pct);
   gm =gm1* * (1/10) -1;
   wealth =gm1;
proc print data =sjk3 _1c (firstobs =10); /* 只输出第 10 个观测，即
                                     10 年的平均值* /
   var am gm wealth;
run;
```

句法说明：

(1) RETAIN am1——运行 IF THEN /ELSE 语句对每个观测计算 am1 时，保持从前一个观测中计算得到的 am1 不变。本例中，使用 RETAIN am1 语句，可以使 am1 的第 k 个观测值等于 r _pct 的前 k 个观测值的累加。

(2) RETAIN gm1——作用与 RETAIN am1 同。本例中，使用 RETAIN gm1 语句，可

以使第 k 个 gm1 的观测值，等于前 k 个（1 + r _ pct）的观测值的乘积。

（3）Firstobs = 10：对指定数据集的第 10 个观测开始运行 PRINT 过程。

程序 cx3 – 1d

```
proc transpose data = sjk3 _ 1b out = sjk3 _ 1c;
/* 对数据集 sjk3 _ 1b 进行行列转置，转置后的输出数据集为 sjk3 _ 1c* /
    var r _ pct;    /* sjk3 _ 1c 中只包含变量 r _ pct 的转置后数据* /
data sjk3 _ 1d;
    set sjk3 _ 1c;
    am = sum (of col1 - col10) /10;    /* 计算算术平均收益率* /
    wealth = (1 + col1) * (1 + col2) * (1 + col3) * (1 + col4) *
(1 + col5) * (1 + col6) * (1 + col7) * (1 + col8) * (1 + col9) * (1 +
col10) * ;
                    /* 计算财富指数* /
    gm = wealth* * (1/10) - 1;    /* 计算几何平均收益率* /
proc print data = sjk3 _ 1d;
    var am gm wealth;
run;
```

句法说明：

（1）PROC TRANSPOSE——对指定的数据集进行转置，即将数据集的行变为列、列变为行。本例中，对 PROC TRANSPOSE 语句指定了下列选项：

data = data – set – name：指定需要转置的数据集名字，本例中为 sjk3 _ 1b。

out = data – set – name：输出转置后的数据集，指定输出数据集的名称。

（2）var r _ pct——指定对 sjk3 _ 1b 中的哪个（哪些）变量进行转置，本例中为 r _ pct。在转置后，sjk3 _ 1c 中只有一个数据行（一个观测），其中：第一个变量名为 _ name _，其观测值为 r _ pct，从第二个变量起，变量名依次为 col1、col2 等，其观测值依次为 sjk2 _ 1b 中变量 r _ pct 的第一个观测、第二个观测等。

（3）SUM（of col1 – col10）——求和函数，将 col1 – col10 这 10 个变量的值相加。

这两个程序提交后，系统给出的计算结果显示，在 1999—2008 年期间，上证指数的年度算术平均收益率为 0.17949，年度几何平均收益率为 0.04597，上证指数 10 年的财富指数为 1.5675。

（三）股票的期望收益率及 SAS 实现

投资者用过去的数据来计算股票的收益率，以评价一只股票的历史表现，为衡量该股票的未来收益提供参考。考虑到股票投资是面向未来的投资，股票的历史表现并不能完全代表其未来表现。因此在投资决策时，投资者还需要估计股票的未来表现——股票的期望收益率。

股票的期望收益率是面向未来的收益率，未来通常是不确定的，因此在估计股票的期望收益率时，投资者需要依据经验和判断，对股票的未来表现作出一定假设。例如，假设股票的收益率会保持不变；假设股票的收益率会以一定的趋势增长；假设股票的收益率受到几个重要因素的影响，股票的未来收益率会随这些因素而变化等。根据不同的假设条件，计算股票期望收益率的方法也有所不同。表3-2给出了三种比较常用的假设条件以及对应的期望收益率的计算方法。

表3-2 计算股票期望收益率的方法

方法	前提假设	使用的SAS方法
使用过去收益率的均值	收益率的分布不变，期望收益率与过去收益率的均值相似	PROC MEANS
计算增长率并预测未来收益率	过去的增长趋势将会保持下去，增长率可以用过去增长率的平均值估计	DATA步
拟合一个回归模型并用于预测收益率	收益率同一个或几个变量相关，并随这些变量而变化	PROC REG

1. 使用过去收益率的均值。假设条件：股票收益率的分布不会随时间改变，股票过去的表现可以代表其未来表现，或者说股票未来收益率的分布与股票历史收益率的分布相同。因此，可以用一只股票的过去各单期收益率的平均值来估计这只股票下一期的期望收益率。

在这种假设条下，期望收益率的计算公式为

$$Er = \frac{1}{K}\sum_{i=1}^{k} r_{t-i}$$

其中，Er为某只股票下一期的期望收益率，$r_{t-1}, r_{t-2}, \ldots, r_{t-K}$为该股票最近各期的单期收益率。在SAS中，这种期望收益率的计算可以通过PROC MEANS过程（均值过程）来实现。

【例3-2】 假设上证指数收益率的分布不会随时间变化，利用上证指数1999—2008年期间各年度的单期百分比收益率，估计该指数在2009年度的百分比收益率的期望值。

这个计算可以通过以下SAS程序来计算，运行这个程序后，SAS系统的输出结果见表3-3。估计结果显示，2009年度上证指数百分比收益率为0.1795。

程序cx3-2

```
proc means data = sjk3 _1b;
    output out = a mean (r _pct) = qiwang;
proc print data = a;
    var qiwang;
    title '2009年上证指数的期望收益率';
run;
```

句法说明：

（1）PROC MEANS——调用均值过程。调用这个过程后，SAS对指定数据集中的指定变量计算均值、标准差、最大值、最小值等。如缺省指定变量，则系统对指定数据集中的所有变量进行计算。本例中，指定数据集为sjk3 _1b。

（2）OUTPUT——输出到数据集语句，这个语句告诉 SAS 输出当前的观测到正在创建的数据集。本例中，这个语句的选项为：

OUT = 输出数据集的名字，本例中输出数据集的名字为 a；

Mean（r _ pct）= qiwang：输出数据集中包含哪些变量，给输出变量起什么名字。本例中，输出数据集中包含的变量为 r _ pct 的均值，这个变量的名字为 qiwang。

表 3 - 3　　　　　　　　　　　　　　SAS 程序的输出结果

2009 年上证指数的期望收益率	
OBS	QIWANG
1	0.17949

2. 计算增长率并预测期望收益率。假设条件：股票过去的收益有稳定增长率，预计股票收益的这种稳定增长趋势在下一期会保持下去。因此可以利用股票的历史数据来估算这个稳定增长率，进而估计股票的期望收益率。

在这种假设条件下，要估计股票的期望收益率，先要依据历史数据对股票收益的稳定增长率进行估计。估计增长率有多种方法，两种常用的方法为：一是用最近几期股票收益率的绝对增加量的算术平均值来估计股票未来收益率的绝对增加量；二是用最近几期股票收益的相对增长率的几何平均值来估计股票未来收益的相对增长率。

例如，某只股票最近四年的年度收益率分别为 3.5%、4%、5%、6.5%，如果采用第一种方法估计下一年度这只股票的期望收益率，由于这几年这只股票年度收益率的绝对增加量分别为 4% – 3.5% = 0.5%，5% – 4% = 1% 和 6.5% – 5% = 1.5%，三个年度绝对增加量的算术平均值为 1%，因此用第一种方法估计的这只股票下一年度的期望收益率为 6.5% + 1% = 7.5%。

如果采用第二种方法估计这只股票下一年度的期望收益率，由于这几年这只股票年度收益率的相对增长率分别为 $(4 – 3.5)/3.5 = 0.143$，$(5 – 4)/4 = 0.25$，$(6.5 – 5)/5 = 0.3$，相对增长率的几何平均值为 $[(1 + 0.143)(1 + 0.25)(1 + 0.3)]^{1/3} – 1 = 0.229$，因此用第二种方法估计这只股票下一年度的期望收益率为 $6.5\% \times (1 + 0.229) = 7.99\%$。

一般来说，计算增长率并估计期望收益率的方法，比较适用于估计那些具有稳定增长率的股票的下一期的期望收益率，不适用于估计那些按不同的增长率增长的股票，也不适用于估计一只股票的较远未来的期望收益率。

【例 3 - 3】　数据集 sjk3 - 2 给出 1970—1989 年期间各年度美国 S&P500 综合股票指数的数据，其中的变量为：年份 nian、年底指数收盘价 close（已经按照红利指数进行复权）。某位投资者根据 1987—1989 年的数据判断，投资 S&P500 综合股票指数的收益率在过去三年中有比较稳定的增长，他预期这种增长在 1990 年仍会继续保持。如果他分别以过去三年 S&P500 综合股票指数收益增长的数据和两种方法来估计增长率，那么他估计 1990 年投资 S&P500 综合股票指数的百分比收益率的期望值为多少？

将外部数据集 sjk3 - 2 引入转化为 SAS 数据，并命名为 sjk3 _ 2 后，按两种不同方法计算增长率，进而计算 S&P500 综合股票指数 1990 年的百分比收益率的期望值，可以通过以下 SAS 程序来实现。

程序 cx3 - 3

```
data sjk3 _2a;
  set sjk3 _2;
  r_pct =dif (close) /lag (close); /* 计算各年度的百分比收益率* /
  zc1 =r_pct -lag (r_pct); /* 计算各年度收益率的绝对增长值* /
  zc2 =dif (r_pct) /lag (r_pct);  /* 计算各年度收益率的相对增长率* /
  if nian >1986;        /* 只取1987—1989 年的观测数据* /
data sjk3 _2b;
  set sjk3 _2a;
  retain am;
  if _n_=1 then am =zc1;
  else am =am +zc1;
  amzc =am/3;   /* 按照算术平均值计算增长率* /
  retain gm;
  if _n_=1 then gm =1 +zc2;
  else gm =gm* (1 +zc2);
  gmzc =gm* * (1/3) -1; /* 按照几何平均值计算增长率* /
data sjk3 _2c;
  set sjk3 _2b;
  if _n_=3;          /* 只取序号为 3 的观测数据* /
  qiwang1 =r_pct* +amzc; /* 按照算术平均增长率计算期望值* /
  qiwang2 =r_pct* (1 +gmzc); /* 按照几何平均增长率计算期望值* /
proc print data =sjk3 _2c;
  var amzc gmzc qiwang1 qiwang2;
  title "1990 年 S&P500 综合指数的期望收益率";
run;
```

这个程序提交后，系统给出的结果见表 3 - 4。从计算结果看到，按照两种不同方法计算的期望收益率存在着一定差异，这是因为对增长率的估计方法不同而造成的。

表 3 - 4　　　　　　　　　　　　SAS 程序的输出结果

1990 年 S&P 综合指数期望收益率			
OBS	AMZC	GMZC	QIWANG1	QIWANG2
1	0.041735	0.23367	0.30961	0.33047

3. 拟合一个回归模型并预测期望收益率。假设条件：股票的期望收益率（或超额收益率）受到一个或多个因素的影响，股票的期望收益率会随着这些因素而变化。利用回归模型拟合期望收益率与这些因素之间的相互关系，根据这种关系得到期望收益率的估计值。

如资本资产定价模型表明，股票的超额收益率受到系统性风险的影响，而且股票的期望收益率与股票的系统性风险之间存在着线性关系。又如法玛认为，在美国的股票市场上，股票的超额收益率主要受到三个因素的影响：股票的系统性风险、公司规模以及公司的账面价值/公司的市场价值。法玛同时认为，股票的超额收益率与这三个因素之间存在着线性关系，可以利用回归模型来拟合这种关系，并根据这种关系计算股票的期望收益率。

在 SAS 中，可以通过 REG 过程（回归过程）来拟合及检验一个回归模型，并根据回归模型来估计股票的期望收益率。利用 REG 过程拟合回归模型并估计股票的期望收益率的方法，将在下一节中介绍。

3.1.2　股票市场的风险

马柯维茨认为，股票市场上理性投资者的决策方式为：在期望收益率既定时，考虑风险最小的投资组合；在投资风险既定时，考虑期望收益率最大的投资组合。因此在股票市场上，仅仅知道一只股票过去的收益率或未来的期望收益率是不够的，因为理性投资者在决策时，还要考虑投资风险。

股票市场的风险可以分为双侧风险（又称为波动）、尾部风险、系统性风险和非系统性风险等多种类型。之所以要对风险进行分类，是因为在解决不同类型的金融问题时，需要度量不同的风险，或者需要对不同类型的风险采取不同的管理方法。

例如，如果要对风险资产进行定价，那么通常需要度量这种风险资产的双侧风险；如果要考虑对持有某种风险资产的保险公司的偿付能力要求，或者考虑对持有风险资产的银行的监管资本要求，则需要考虑这种风险资产的尾部风险。

又例如，一种风险资产的双侧风险中包含了系统性风险和非系统性风险，其中系统性风险与市场的整体变化有关，投资者通常不可能通过多样化投资来化解这种风险，而只能通过某种做空方式来对冲或者缓解系统性风险；而对于非系统性风险，投资者通常可以通过多样化投资来进行化解。

不同类型的风险有着不同的衡量指标和度量方法，例如，股票的双侧风险通常采用标准差或方差来度量；尾部风险通常采用 VaR（Value at Risk，在险价值）来度量；股票的系统性风险可以通过资本资产定价模型和回归分析方法来估计；利用回归模型的分析结果，还可以对双侧风险中系统性风险与非系统性风险所占的比重进行分解。

下面介绍各种不同风险的度量方法，以及如何在 SAS 中对各类风险进行计算。

（一）双侧风险度量的 SAS 实现

股票投资的收益有不确定性，实际收益率与期望收益率之间通常存在一定差异。这种差异既可能表现为实际收益率高于期望收益率（存在正偏差），也可能表现为实际收益率低于期望收益率（存在负偏差）。衡量双侧风险时将这两种偏差均视为风险，即双侧风险将股票价格或收益率的波动视为风险，因此采用可以衡量这种波动大小的统计量——标准差或方差来度量这种风险。

标准差的计算公式为

$$\sigma = \sqrt{\frac{1}{n-1}\sum_{i=1}^{n}(R_{t-i}-\overline{R})^2}, 其中 \overline{R} = \frac{1}{n}\sum_{i=1}^{n}R_{t-i}$$

在 SAS 中，可以通过 PROC MEANS 过程（均值过程）或者利用 SAS 函数 STD（x）来计算标准差。这里通过一个例子来说明。

【例 3 - 4】 利用 SAS 数据集 sjk3 _ 1，计算上证指数的月收益率在 2000—2005 年期间的标准差，以及上证指数的日收益率在 2006—2008 年期间的标准差。

（1）计算 2006—2008 年期间上证指数日收益率的标准差的 SAS 程序如下。这个程序提交后，系统给出的计算结果见表 3 - 5，计算结果显示，在这个时期，上证指数日收益率的标准差（Std Dev）为 0.02263。

程序 cx3 - 4a

```
data sjk3 _1a;
    set sjk3 _1;
    r _ log = log (close) - log (lag (close));    /* 计算每日的对数收
                                                         益率*/
    year = year (date);
data sjk3 _1b;
    set sjk3 _1a;
    where 2005 < year < 2009;    /* 只保留 2006—2008 年的观测*/
proc means data = sjk3 _1b;
    var r _ log;
run;
```

表 3 - 5 　　　　　　　　　　　**SAS 的输出结果**

分析变量：R _ LOG				
N	均值	标准差	最小值	最大值
729	0.000615126	0.0226319	- 0.0926093	0.0903297

（2）计算 2000—2005 年期间上证指数月收益率的标准差的 SAS 程序如下。这个程序提交后，系统给出的计算结果见表 3 - 6，计算结果显示，在这个时期，上证指数月度收益率的标准差为 0.0576。

程序 cx3 - 4b

```
data sjk3 _1b;
    set sjk3 _1;
    year = year (date);
    month = month (date);
proc sort data = sjk3 _1b;
    by year month;
data sjk3 _1c;
    set sjk3 _1b;
```

```
   by year month;
   if last.month =1;
   r_log=log (close) -log (lag (close));
data sjk3_1d;
   set sjk3_1c;
   where 1999 <year <2006;
proc means data =sjk3_1d;
   var r_log;
run;
```

表 3-6　　　　　　　　　　　　　SAS 的输出结果

分析变量：R_LOG				
N	均值	标准差	最小值	最大值
72	-0.0024064	0.0575784	-0.1409360	0.1347287

（二）尾部风险度量的 SAS 实现

与双侧风险不同，尾部风险是指金融资产可能发生的极端损失风险。在许多实际金融问题中，投资者需要关注的不是金融资产的双侧风险或波动，而是尾部风险，因为这种风险有可能使投资者遭受重大损失，在一定的市场环境下，尾部风险还可能会引发金融危机。

对于金融资产的尾部风险，有多种不同的度量方法。到目前为止，VaR 是最流行的一种方法，这种方法不仅被许多金融机构所采用，而且也被金融监管机构所采纳。如巴塞尔新资本协议中，允许银行采用 VaR 来度量银行资产的信用风险、市场风险和操作风险，并依据其度量结果计量针对各类风险的监管资本要求。正是因为如此，最近这些年来，在金融领域中，VaR 已经被视为尾部风险度量的一种行业标准。

VaR 的定义为：VaR 是在正常的市场环境下，在一定的置信水平和评估期限内，衡量某个风险资产或风险资产组合最大预期损失的方法。假设随机变量 x 为某个风险资产或风险资产组合在评估期限内的损益度量，给定置信水平 $1-\alpha\%$，则该风险资产在评估期内的 VaR 的定义为

$$P(x < -\text{VaR}) = \alpha\%$$

例如，一只股票现在的价格为 p_0，在评估期的价格为随机变量 p_1，如果这只股票的损益度量用 $x = p_1 - p_0$ 表示，给定置信水平 99%，该股票在评估期的 VaR 为

$$P(p_1 - p_0 < -\text{VaR}) = 1\%$$

从上式计算得到的 VaR 的具体含义为：可以以 99% 的把握说，在评估期这只股票的价格不会低于 $p_0 - \text{VaR}$，或者说，在评估期这只股票的价格低于 $p_0 - \text{VaR}$ 的可能性只有 1%，即在评估期投资损失超过 VaR 的可能性只有 1%。

从 VaR 的定义可以看到，VaR 是对风险资产在评估期内可能遭受的尾部风险的一种预测。在给定置信水平后，对 VaR 的预测是否准确，很大程度上取决于对评估期内风险资产的损益度量 x 所服从的统计分布的描述是否合理。一般来说，描述损益度量 x 的统

计分布的常用方法有三种：历史模拟法、参数方法和蒙特卡罗模拟法。本章只介绍前两种方法，蒙特卡罗模拟法将在第 7 章中介绍。

1. 用历史模拟法估计 VaR。方法为：假设在评估期内，损益度量 x 服从的统计分布与评估期前 x 的统计分布相同，因此可采用以前的统计分布来描述在评估期内 x 的统计分布。由于在给定置信水平 $1 - \alpha\%$ 后，x 取值小于 $-$ VaR 的概率为 $\alpha\%$，即 $-$ VaR 为随机变量 x 的 $\alpha\%$ 的分位数，如果采用 x 的某时间段的历史数据作为样本来估计 VaR，那么在所有满足条件

$$P(x < x_n^*) \leq \alpha$$

的样本顺序统计量 x_n^* 中①，取值最大的顺序统计量的绝对值，就是所要估计的 VaR。因此，估计 VaR 就是寻找满足条件那个顺序统计量。

【例 3 - 5】　　sjk3 - 3 给出 1996—2008 年期间深圳成分指数的有关数据，其中 date 为交易日期、close 为指数收盘价。若用对数收益率 r_log 作为深圳成分指数的损益度量，给定置信水平为 99%，利用历史模拟法计算 2005 年 1 月前三个交易日的每日 VaR。

将 sjk3 - 3 引入转化为 SAS 数据集 sjk3_3 后，根据历史模拟法的基本原则，下面采用的计算方法为：在预测某个交易日的 VaR 时，用该交易日之前的 300 个交易日的 r_log 作为样本②，计算样本中对应位置上的顺序统计量——x_4^*，x_4^* 的绝对值即为所估计的该交易日的 VaR。由于需要计算三个交易日的 VaR，为减少编程时的文本输入量，这里引入一个宏。以下为对应的 SAS 程序：

程序 cx3 - 5

```
data sjk3_3a;
   set sjk3_3;
   r_log = log (close) - log (lag (close));
   if date > '13oct2003'd; /* 拷贝 10/13/2003 后的观测，2005 年 1 月
的第一个交易日从 2005 年 1 月 4 日开始，此前的 300 个交易日是从 2003 年 10 月 14
日开始*/
data jieguo;
   set sjk3_3a;
   var = abs (r_log);
   if _n_ < 1;
% macro lsmn;       /* 定义一个名为 lsmn 的宏*/
   data sjk3_3b;
   set sjk3_3a;
```

---

① 若 x_1，x_2，…，x_n 为随机变量 x 的一个抽样样本，将各个样本点按照从小到大的顺序排序后，排在第 k 个位置上的样本点记为 x_k^*，这样得到的 x_1^*，x_2^*，…，x_n^* 称为原样本的顺序统计量。

② 《巴塞尔协议》要求，在计算 VaR 时，历史数据的选取时间段不能少于一年，为便于计算，这里选取 300 个交易日的数据。

```
    if _ n _ < =300;
    var = abs (r _ log);
 proc sort data = sjk3 _ 3b;
    by r _ log;
 data sjk3 _ 3b;
    modify sjk3 _ 3b;
    if _ n _ ^ =4 then remove;
 data sjk3 _ 3c;
    set jieguo sjk3 _ 3b;
    data jieguo;
    set sjk3 _ 3c;
 data sjk3 _ 3a;
    modify sjk3 _ 3a;
    if _ n _ =1 then remove;
 run;
 % mend lsmn;     /* 结束宏 lsmn* /
 % lsmn
 % lsmn
 % lsmn
```

句法说明：

（1）% MACRO lsmn——定义一个宏，这个宏变量的名字为 lsmn，lsmn 中包含有计算一个交易日的 VaR 的完整 SAS 程序。

（2）% MEND lsmn——表明宏 lsmn 的结束。

（3）% lsmn——调用宏 lsmn，本例中共调用了 3 次宏 lsmn，每调用一次宏 SAS 都会计算出一个交易日的 VaR，同时将样本窗口往后移动一个交易日。

2. 用参数法计算 VaR。计算方法为：假设风险证券的损益度量 x 服从某种形式的统计分布，但其中的一些参数未知，利用损益度量 x 的历史数据对这些参数进行估计，进而计算出给定置信水平下的 VaR。

例如，假设损益度量 x 服从正态分布，即 $x \sim N(u, \sigma^2)$，但 u, σ^2 均未知。从 x 的历史数据中估计得到待定参数 u, σ^2，如果给定的置信水平为 99%，那么，由于 $\eta = (x - u)/\sigma$ 服从标准正态分布，并且

$$P(\frac{x - u}{\sigma} < -2.33) = P(\eta < -2.33) = 1\%$$

即有

$$P(x < -(2.33\sigma - u)) = 1\%$$

因此 VaR $= 2.33\sigma - u$。

【例 3 - 6】　假设深圳成分指数的对数收益率服从正态分布，给定置信水平为 99%，利用例 3 - 4 中建立的 SAS 数据集 sjk3 - 3a，采用参数法计算深圳成分指数的损益

度量 r _ log 在 2005 年 1 月前三个交易日的 VaR。

对应的 SAS 程序如下：

程序 cx3 - 6

```
proc means data = sjk3 _ 3a;
    output out = b mean (r _ log) = x std (r _ log) = y;
 data jieguo;
   set b;
   var = 2.33 * y - x;
   if _ n _ < 1;
% macro canshufa;
 data a;
   set sjk3 _ 3a;
   if _ n _ < = 300;
 proc means data = a;
   output out = b mean (r _ log) = x std (r _ log) = y;
 data c;
   set b;
   var = 2.33 * y - x;
 data d;
   set jieguo c;
 data jieguo;
   set d;
 data sjk3 _ 3a;
   modify sjk3 _ 3a;
   if  _ n _ = 1 then remove;
 run;
 % mend canshufa;
 % canshufa
 % canshufa
 % canshufa
```

上面介绍了双侧风险度量和尾部风险度量的 SAS 实现。关于系统性风险和非系统性风险的度量方法，以及如何在 SAS 中实现这些风险度量，将在下节中介绍。

3.2　股票市场的 CAPM

资本资产定价模型（CAPM）是关于均衡状态下风险资产价格决定的重要金融学理论。这个理论的建立有许多前提性的假设条件，主要包括对投资者的决策方式以及对市场的完善性和环境的无摩擦性的假设。读者可以通过阅读相关文献或其他教材，如金融经济学教材，来对这些假设的具体内容进行了解。

　　CAPM 表明在均衡的状态下，单个风险资产的期望收益率或风险资产组合的期望收益率是如何与市场组合的期望收益率相联系的。因此，CAPM 可用于预测风险资产的期望收益率，可以解决在均衡状态下风险资产的定价问题。

3.2.1　CAPM 的两种基本形式

　　CAPM 有两种基本的表达形式：Sharpe – Lintner 形式的 CAPM，以及 Black、Jensen 和 Scholes 形式的 CAPM。

　　（1）Sharpe – Lintner（1965）形式的 CAPM

$$Er_i = r_f + \beta_{iM}(Er_M - r_f), \beta_{iM} = \frac{\sigma_{iM}}{\sigma_M^2}$$

其中，Er_i 为第 i 个风险资产的期望收益率，r_f 为无风险证券的收益率，Er_M 为市场组合的期望收益率，σ_{iM} 为第 i 个风险资产与市场组合的协方差，σ_M^2 为市场组合的方差，β_{iM} 称为第 i 个风险资产的系统性风险。

　　（2）Black、Jensen 和 Scholes（1972）形式的基本时间序列 CAPM

$$r_{i,t} - r_{f,t} = \alpha_i + \beta_i \times (r_{M,t} - r_{f,t}) + \varepsilon_{i,t}$$

其中 α_i 为待估的截距参数，平均来说，α_i 的期望为 0；$r_{i,t}, r_{f,t}, r_{M,t}$ 分别为第 i 个风险资产、无风险资产、市场组合在 t 期的收益率，$r_{i,t} - r_{f,t}, r_{M,t} - r_{f,t}$ 分别为第 i 个风险资产和市场组合在 t 期的超额收益率；β_i 为待估的斜率参数，是第 i 个风险资产的系统性风险的度量；$\varepsilon_{i,t}$ 为第 i 个风险资产在第 t 期的随机误差项，可以解释为第 i 个风险资产的非系统性风险对这个风险资产的超额收益率的影响。

3.2.2　单只股票的 CAPM 拟合与检验

　　拟合与检验某只股票的 CAPM，就是利用股票市场的真实数据，通过实证方法来估计 CAPM 中的参数，以拟合该股票的 CAPM，并检验所得到的 CAPM 能否较好地解释该股票的超额收益率。

　　在利用 SAS 对一只股票进行 CAPM 的拟合与检验时，通常采用 Black、Jensen 和 Scholes 形式的基本时间序列 CAPM。在对某只股票进行 CAPM 拟合与检验前，需要完成的前期工作有：

　　（1）计算这只股票在样本期间各个单期的收益率。在对一只股票进行 CAPM 拟合和检验时，由于股票的日收益率数据通常会受到一些随机因素的干扰，为了消除这些随机波动的影响，一般需要采用月收益率或更长期间的收益率来作为各单期的收益率。

　　（2）计算无风险资产在样本期间各单期的收益率。在美国市场上，无风险资产的收益率通常用 30 天的美国国库券收益率来表示。目前中国的债券市场还不完善，没有像美国的 30 天国库券这样的现金等价物，比较可行的方法是选择银行一年期定期存款利率，或用银行间同业拆借市场利率或银行间回购利率来表示同期的无风险收益率。例如，如果采用月收益率作为某只股票的单期收益率，那么用银行一年期定期存款利率除以 12，就可以视作无风险证券的单期收益率。

（3）计算市场组合在样本期间各单期收益率。从理论上讲，市场组合中应该包括所有的风险资产，既包括股票市场、债券市场上的所有风险证券，也要包括外汇市场、金融衍生品市场和其他市场上的所有风险资产。然而实际上，这样的市场组合的数据很难获得，因此对一只股票进行 CAPM 拟合与检验时，通常采用某个股价指数，如上证指数或上证指数与深圳成分指数的某个加权平均值来代表市场组合。

下面介绍如何对一只股票进行 CAPM 拟合与检验。

【例 3 - 7】　数据集 sjk3 - 4a 中包含有 2000—2006 年度上证指数以及上海股票市场上三只股票的每日收盘价数据，其中变量 date、close、close612、close648、close839 分别表示交易日期、上证指数的收盘价、老凤祥股票（股票代码 600612）的收盘价、外高桥股票（股票代码 600648）的收盘价以及四川长虹股票（股票代码 600839）的收盘价。此外，数据集 sjk3 - 4b 中包含了同时期各个月的无风险收益率，这是按同期的一年期定期存款利率经折算后得到的，其中变量 year 表示所在年份、month 表示所在月份、rf 表示无风险收益率。试分别对这三只股票进行 CAPM 拟合与检验。

这样的拟合与检验可以按照以下顺序来进行：

（1）创建所需要的数据集。将 Excel 数据集 sjk3 - 4a 和 sjk3 - 4b 转化为 SAS 数据集，并命名为 sjk3 _ 4a 和 sjk3 _ 4b 后，计算 2000—2006 年度上证指数和三只股票在各个月份的单期收益率，并将其与 sjk3 _ 4b 横向合并后，创建可用于对每只股票进行 CAPM 拟合和检验的数据集 sjk3 _ 4c。sjk3 _ 4c 的创建可通过下列 SAS 程序来实现。

程序 cx3 - 7a

```
data a;
    set sjk3 _ 4a;
    year = year (date);
    month = month (date);    /* 提取交易日的月份数据* /
proc sort data = a;
    by year month;
data b;
    set a;
    by year month;
    if last. month = 1; /* 取每月的最后一个交易日* /
    r _ log = log (close) - log (lag (close));
    r _ log612 = log (close612) - log (lag (close612));
    r _ log639 = log (close639) - log (lag (close639));
    r _ log648 = log (close648) - log (lag (close648));
data c;
    merge sjk3 _ 4b b;
    by year month;
```

```
data sjk3 _ 4c;
    set c;
    rs = r _ log - rf;
    r612 = r _ log612 - rf;
    r639 = r _ log639 - rf;
    r648 = r _ log648 - rf;
run;
```

（2）股票的 CAPM 拟合与检验。利用 SAS 的 REG（回归分析）过程，可以对 sjk3 _ 4c 中每只股票进行 CAPM 的拟合与检验。这种拟合与检验通常需要包括以下内容：

①对一只股票进行 CAPM 拟合，即对截距与斜率进行估计；

②对参数进行显著性检验，即进行 t 检验；

③利用 Durbin – Watson 统计量进行残差的自相关检验；

④进行异方差检验；

⑤检验斜率参数是否为 1。

（一）对股票的 CAPM 拟合与检验

对数据集 sjk3 _ 4c 中的三只股票进行 CAPM 拟合，可以通过 SAS 程序来实现，其中对老凤祥股票的 CAPM 拟合与检验可以通过以下 SAS 程序来实现。对其他两只股票的 CAPM 拟合与检验，可以采用同样的方法来进行。

程序 cx3 – 7b

```
proc reg data = sjk3 _ 4c;
    model r612 = rs / dw spec;
    slope: test rs = 1;
run;
```

句法说明：

（1）PROC REG——激活 REG 过程，并指定有关选项。本例中的选项为：

data = 数据集名：指定输入数据集的名字，本例中为 sjk3 _ 4c。

（2）MODEL——规定需要进行拟合的回归模型的形式，本例中，回归模型的形式为：$r612$ 为被解释变量，rs 为解释变量。

MODEL 语句中的选项有：

dw：输出 Durbin – Watson 统计量，并打印一阶自相关系数。

spec：要求进行异方差检验。

（3）TEST——检验参数的线性假设。本例中，F 统计量用来检验斜率参数是否为 1。F 检验标签为 slope。

（二）参数估计与检验结果解释

这个程序提交后，系统给出的参数估计与检验结果见表 3 – 7。从回归分析可以得到，对老凤祥股票拟合的 CAPM 为

$$r612 = -0.004803 + 0.917212 \times rs$$

对回归模型的参数估计与检验结果的解释如下：

（1）回归模型的 R^2 为 0.4374，表明老凤祥股票的超额收益率中有 43.74% 可以由所拟合的回归模型来解释，或者说，老凤祥股票的超额收益率中有 43.74% 可以由其承担的系统性风险来解释。

（2）截距 α 的估计为 -0.004803，理论上 α 的值应该为 0。本例中，由于截距的 t 检验统计量的值为 -0.664，伴随概率 P 为 0.5087，因此不能拒绝 α 等于 0 的原假设，即可以认为 α 等于 0。如果某只股票的 CAPM 拟合中 α 显著地大于 0，表明对于任意水平的市场组合收益率，这只股票的期望收益率要高于 CAPM 模型估计的期望收益率；若回归模型中 α 显著地小于 0，则情况恰好相反。

（3）斜率 β 的估计为 0.917212，斜率的 t 检验统计量的值为 8.13，伴随概率为 0.0001，表明在回归模型中斜率显著地不等于 0。斜率参数的估计值为 0.917212，这表明老凤祥股票的超额收益率的变化可能要小于市场组合超额收益率的变化，或者说老凤祥股票的系统性风险可能要小于市场组合的系统性风险（市场组合的系统性风险等于 1），之所以只是说可能，是因为 0.917212 只是 β 的估计值，仅凭这个数值还不能判断老凤祥股票的真实 β 值是否小于 1（见表 3-7）。

表 3-7　　　　　　　　　　回归模型的估计与检验结果（老凤祥）

Source	DF	Sum of Squares	Mean Square	F Value	Prob > F
Model	1	0.29873	0.29873	66.092	0.0001
Error	85	0.38420	0.00452		
C Total	86	0.68293			
Root MSE	0.06723	R - square	0.4374		
Dep Mean	0.00047	Adj R - sq	0.4308		
C. V.	14419.43363				

Parameter Variable	DF	Parameter Estimate	Standard Error	T for H0: Parameter = 0	Prob > |T|
INTERCEP	1	-0.004803	0.00723696	-0.664	0.5087
RS	1	0.917212	0.11282224	8.130	0.0001

对四川长虹股票和外高桥股票拟合 CAPM 所得到的回归模型分别为
$$r639 = -0.017467 + 0.813662 \times rs$$
$$r648 = -0.012018 + 0.737814 \times rs$$

表 3-8、表 3-9 分别给出对四川长虹股票和外高桥股票拟合 CAPM 所得到的回归模型的估计与检验结果。回归结果显示，两个回归模型的斜率均显著地不等于 0，四川长虹的斜率估计值为 0.813662、外高桥的斜率估计值为 0.737814，这表明两只股票的系统性风险均有可能小于市场组合的系统性风险。此外，外高桥的截距估计值显著地不等

于 0（在 0.05 的显著水平下），而且截距估计值为负，因此外高桥股票的期望收益率要低于 CAPM 模型估计的期望收益率。在这两只股票中，回归模型的 R^2 均小于 0.5，这表明可以由系统性风险来解释的超额收益的方差，均不到 50%，或者说这两只股票的超额收益率的方差，主要应由非系统性风险来解释。

表 3-8　　　　　　　　回归模型的估计与检验结果（四川长虹）

Source	DF	Sum of Squares	Mean Square	F Value	Prob > F
Model	1	0.23509	0.23509	36.328	0.0001
Error	85	0.55005	0.00647		
C Total	86	0.78514			
Root MSE	0.08044	R-square	0.2994		
Dep Mean	-0.01279	Adj R-sq	0.2912		
C.V.	628.84236				

Parameter Estimates

Variable	DF	Parameter Estimate	Standard Error	T for H0: Parameter=0	Prob > | T |
INTERCEP	1	-0.017467	0.00865930	-2.017	0.0468
RS	1	0.813662	0.13499602	6.027	0.0001

表 3-9　　　　　　　　回归模型的估计与检验结果（外高桥）

Source	DF	Sum of Squares	Mean Square	F Value	Prob > F
Model	1	0.19330	0.19330	37.710	0.0001
Error	85	0.43571	0.00513		
C Total	86	0.62901			
Root MSE	0.07160	R-square	0.3073		
Dep Mean	0.00778	Adj R-sq	0.2992		
C.V.	-920.37119				

Parameter Estimates

Variable	DF	Parameter Estimate	Standard Error	T for H0: Parameter=0	Prob > | T |
INTERCEP	1	-0.012018	0.00770689	-1.559	0.1226
RS	1	0.737814	0.12014820	6.141	0.0001

（三）残差自相关和异方差检验结果解释

SAS 给出的对老凤祥股票的回归模型进行自相关检验和异方差检验的结果见表 3-10。对四川长虹股票和外高桥股票的回归模型的检验结果见表 3-11、表 3-12。

77

表 3 – 10   回归模型的残差自相关与异方差检验结果（老凤祥）

Test of First and Second Moment Specification		
DF	Chi – square Value	Prob > Chi – square
2	1. 8000	0. 4066
Durbin – Watson D	2. 056	
For Number of Obs	87	
1st Order Autocorrelation	– 0. 032	

表 3 – 11   回归模型的残差自相关与异方差检验结果（四川长虹）

Test of First and Second Moment Specification		
DF	Chi – square Value	Prob > Chi – square
2	6. 4810	0. 0391
Durbin – Watson D	2. 128	
For Number of Obs	87	
1st Order Autocorrelation	– 0. 084	

表 3 – 12   回归模型的残差自相关与异方差检验结果（外高桥）

Test of First and Second Moment Specification		
DF	Chi – square Value	Prob > Chi – square
2	2. 9967	0. 2235
Durbin – Watson D	2. 272	
For Number of Obs	87	
1st Order Autocorrelation	– 0. 197	

表 3 – 10 ~ 表 3 – 12 中结果显示：

（1）检验异方差性的 White 检验，标签为 "Test of First and Second Moment Specification"，得到的 χ^2 统计量的值分别为 1. 8000、6. 4810 和 2. 9967，对应的伴随概率分别为 0. 4066、0. 0391 和 0. 2235，这样在 0. 05 的显著水平下，不能拒绝老凤祥股票和外高桥股票的回归模型中不存在异方差的原假设，可以拒绝四川长虹股票的回归模型中不存在异方差的原假设。

（2）Durbin – Watson D 统计量的值分别为 2. 056、2. 128 和 2. 272。查 Durbin – Watson 检验表得出，对于具有一个自变量和 86 个观测的回归模型，对于 0. 05 的显著性水平，$d_u = 1. 671$ ，$4 - d_u = 2. 329$ ，由于三个模型的 Durbin – Watson D 统计量均位于区间 (1. 671, 2. 329) 内，因此可以认为三个回归模型中都不存在一阶自相关。

（四）对斜率参数为 1 的检验解释

表 3 – 13 ~ 表 3 – 15 给出对斜率参数为 1 的检验结果。对三个模型而言，F 检验统计量的值分别为 0. 5385、1. 9053 和 4. 7620，对应的伴随概率分别为 0. 4651、0. 1711 和 0. 0319，因此在 0. 05 的显著性水平下，不能拒绝老凤祥股票、四川长虹股票的斜率参数为 1 的原假设，但可以拒绝外高桥股票的斜率参数为 1 的原假设。因此，尽管老凤祥股

票的 β 的估计值为 0.917212，四川长虹股票的 β 的估计值为 0.813662，两者均小于 1，但不能直接得出这两只股票的系统性风险显著地小于市场组合的系统性风险的结论，但是可以得出外高桥股票的系统性风险显著地小于市场组合的系统性风险的结论。

表 3 - 13　　　　　　　　　对斜率参数为 1 的检验结果（老凤祥）

Test：SLOPE	Numerator：	0.0024	DF	1	F value：	0.5385
	Denominator：	0.00452	DF	85	Prob > F：	0.4651

表 3 - 14　　　　　　　　　对斜率参数为 1 的检验结果（四川长虹）

Test：SLOPE	Numerator：	0.0123	DF	1	F value：	1.9053
	Denominator：	0.00647	DF	85	Prob > F：	0.1711

表 3 - 15　　　　　　　　　对斜率参数为 1 的检验结果（外高桥）

Test：SLOPE	Numerator：	0.0244	DF	1	F value：	4.7620
	Denominator：	0.00513	DF	85	Prob > F：	0.0319

3.2.3　使用 CAPM 回归计算股票的期望收益率

3.2.2 节提到，计算一只股票的期望收益率的第三种方法是：拟合一个回归模型，并用这个模型来预测股票的期望收益率。这里以老凤祥股票为例来说明。

老凤祥股票的 CAPM 回归模型为

$$r612 = -0.004803 + 0.917212 \times rs$$

这个模型表明，在样本期间，市场组合的超额收益率是怎样影响老凤祥股票的超额收益率的。如果假设影响老凤祥股票的超额收益率的唯一因素是市场组合的超额收益率，并且假设依据历史数据得到的 $\alpha = -0.004803$，$\beta = 0.917212$ 在未来依然准确，那么只要对未来市场组合的收益率、无风险证券的收益率进行预测，就可以依据回归模型得到未来老凤祥股票的期望收益率。

例如，预计下个月市场组合的单期收益率为 1%，无风险证券的单期收益率为 0.25%，由于市场组合的超额收益率 rs = 1% - 0.25% = 0.75%，依据回归模型可以得到老凤祥股票下个月的超额收益率的期望值为

$$r612 = -0.004803 + 0.917212 \times 0.0075 = 0.00207609$$

或者说，下个月老凤祥股票超额收益率的期望值为 0.21%，因此下个月老凤祥股票的期望收益率为 0.21% + 0.25% = 0.46%。

如果假设某只股票的超额收益率受到多个因素的影响，假设股票的期望收益率会随着这些因素而变化，在拟合回归模型时，就需要构建多变量模型。完成模型构建后，可以采用同样的方法来计算这只股票的期望收益率。

3.2.4　股票的系统性风险和非系统性风险

股票的总风险中包含了系统性风险和非系统性风险。股票的系统性风险与市场的整体变化有关，这些变化往往是由宏观因素的变化，如国家某项经济政策或者货币政策的

变化，或者有关法律的制定等引起的，通常会对几乎所有的股票产生影响。因此，这种风险不可能通过多样化投资来化解，只能通过某种做空机制来对冲。非系统性风险是指某些因素对单只股票造成损失的可能性，如原油价格上升可能造成航空公司运营成本上升、盈利下降，造成航空公司的股票价格下跌。非系统性风险通常可以通过多样化投资来化解（例如，同时持有航空公司和石油公司的股票，可以对冲或减缓石油价格波动对这两种公司股票价格的影响）。利用对单只股票拟合的 CAPM 回归模型，可以将一只股票的总风险分解为系统性风险和非系统性风险。

Black、Jensen 和 Scholes（1972）形式的基本时间序列 CAPM 可以写成

$$R_{i,t} = \alpha_i + \beta_i \cdot R_{M,t} + \varepsilon_{i,t}$$

其中，$R_{i,t}$，$R_{M,t}$ 分别为第 i 只股票的超额收益率和市场组合的超额收益率。由于在回归模型中 $\varepsilon_{i,t}$ 与 $R_{M,t}$ 不相关，根据方差关系式可以得到

$$\sigma_i^2 = \beta_i^2 \sigma_M^2 + \sigma_\varepsilon^2$$

其中，σ_i^2 为第 i 只股票的总风险，σ_M^2 为市场组合的风险。这个式子表明，第 i 只股票的总风险可以分成两个部分：$\beta_i^2 \sigma_M^2$ 是该股票的系统性风险的度量，σ_i^2 则为与系统性风险无关的非系统性风险的度量。因此，系统性风险在总风险中所占比重为

$$\lambda_i = \frac{\beta_i^2 \sigma_M^2}{\sigma_i^2} = \left(\frac{\rho_{iM} \sigma_i \sigma_M}{\sigma_M^2}\right)^2 \frac{\sigma_M^2}{\sigma_i^2} = \rho_{iM}^2$$

其中，ρ_{iM} 是第 i 只股票与市场组合的线性相关系数。$1 - \lambda_i$ 则为非系统性风险在总风险中所占的比重。这里通过一个例子来说明如何在 SAS 中实现这些计算。

【例 3-8】 利用前面已经创建的 SAS 数据集 sjk3_4c，分别计算在 2000—2006 年期间老凤祥股票、四川长虹股票、外高桥股票的总风险，以及系统性风险和非系统性风险在总风险中所占的比重。

1. 计算股票的总风险的 SAS 程序如下。这个程序提交后，SAS 的输出结果见表 3-16。

程序 cx3-8a

```
proc means data =sjk3_4c;
    output out = b var (r612) = v612 var (r639) = v639 var
(648) =v648;
                    /* 计算三只股票的总风险，并将其输出到数据集b* /
data b1;
    set b;
 label v612 = '老凤祥的总风险' v639 = '四川长虹的总风险'
        v648 = '外高桥的总风险';
proc print data =b1 label;
    var v612 v639 v648;
run;
```

表 3 – 16　　　　　　　　　　　　　　SAS 的输出结果

OBS	老凤祥的总风险	四川长虹的总风险	外高桥的总风险
1	0. 0079140	0. 0091296	0. 0073141

2. 计算股票的系统性风险所占比重的 SAS 程序如下，这个程序提交后，SAS 给出的计算结果见表 3 – 17。计算结果显示，三只股票的总风险中，系统性风险的比重都不到 50%，三只股票的风险主要由非系统性风险所构成。

程序 cx3 – 8b

```
proc corr data = sjk3 _ 4c outp = b;
    var rs;
    with r612 r639 r648;    /* 计算每只股票与市场组合的相关系数* /
proc transpose data = b out = b1;
    var rs;
data b2;
    set b1;
    xt612 = r612* r612;
    xt639 = r639* r639;
    xt648 = r648* r648;
    label  xt612 = '老凤祥的系统性风险比重'
           xt639 = '四川长虹的系统性风险比重'
           xt648 = '外高桥的系统性风险比重';
proc print data = b2 label;
    var xt612 xt639 xt648;
run;
```

句法说明：

（1）PROC CORR——调用 CORR 过程（相关过程），这个语句的选项有：

data = 数据集名字，计算相关系数的数据集名字，本例中为 sjk3 _ 4c。

outp = 数据集名字，输出 Pearson 相关系数的数据集，本例中为 b。

（2）VAR rs；WITH r612 r639 r648；——计算 rs 与 $r612$、rs 与 $r639$ 以及 rs 与 $r648$ 的线性相关系数。

表 3 – 17　　　　　　　　　　　　　　SAS 的输出结果

OBS	老凤祥的系统性风险比重	四川长虹的系统性风险比重	外高桥的系统性风险比重
1	0. 43743	0. 29942	0. 30731

另外，从计量经济学的知识可知，在一元回归模型中，从数值上讲，相关系数的平方等于模型的拟合优度 R^2。因此，在对一个股票进行了 CAPM 拟合后，也可以直接根据回归模型的 R^2 得到该股票系统性风险占总风险的比重。如根据表 3 – 7 ~ 表 3 – 9 的分析结果，同样可以得到表 3 – 17 的结果。

3.3 最优投资组合与有效边界的 SAS 实现

3.3.1 最优投资组合的构成与 SAS 实现

金融市场上通常存在着高收益高风险的现象，因此风险与收益的权衡是投资决策的核心问题。一般来说，金融市场上的理性投资者偏好收益、厌恶风险。按照马柯维茨的均值—方差决策理论，如果两个投资组合具有相同的预期收益率而风险不同，对理性投资者而言，风险大的投资组合是一个无效组合；如果两个投资组合具有相同的风险而预期收益率不同，那么预期收益率低的投资组合是一个无效组合。于是，理性投资者的最优投资组合需要满足这样的条件：在风险相同的条件下期望收益率最大的投资组合，或者在期望收益率相同的条件下风险最小的投资组合。

假设市场上存在着 n 个有风险证券 $x_i, i = 1, 2, \ldots, n$，各个风险证券的期望收益率和标准差分别为 u_i, σ_i，它们的两两相关系数为 ρ_{ij}。如果投资组合中各个风险证券所占的权重（按市场价值计）分别为 $\lambda_1, \lambda_2, \ldots, \lambda_n$，即

$$z = \lambda_1 x_1 + \lambda_2 x_2 + \ldots + \lambda_n x_n$$

则该组合的期望收益率和风险（方差）分别可以表示为

$$u_z = \lambda_1 u_1 + \lambda_2 u_2 + \ldots + \lambda_n u_n$$

$$\sigma_z^2 = \sum_{i=1}^{n} \lambda_i^2 \sigma_i^2 + \sum_{i=1}^{n} \sum_{j \neq i} \lambda_i \lambda_j \rho_{ij} \sigma_i \sigma_j$$

如果投资者要求的期望收益率为 u，并且金融市场允许卖空，在投资者的最优投资组合（风险最小的投资组合）中，各风险证券所占的权重 $\lambda_1, \lambda_2, \ldots, \lambda_n$，可以从以下条件极值中求得

$$\min_{\lambda} (\sum_{i=1}^{n} \lambda_i^2 \sigma_i^2 + \sum_{i=1}^{n} \sum_{j \neq i} \lambda_i \lambda_j \rho_{ij} \sigma_i \sigma_j)$$

$$s. t. \ \sum_{i=1}^{n} \lambda_i u_i = u, \ \sum_{i=1}^{n} \lambda_i = 1$$

如果金融市场不允许卖空，在上面关系式中，还需要加上非负条件 $\lambda_i \geqslant 0$。

那么，在给定投资组合的期望收益率的条件下，如何利用 SAS 程序来构建风险最小的最优投资组合，下面通过一个例子来说明。

【例 3-9】 数据集 sjk3-5 中的六个变量 year、month、r823、r835、r837 和 r865 分别给出 2004—2007 年期间的各年份数和月份数，以及世茂股份（600823）、上海机电（600835）、海通证券（600837）和百大集团（600865）四只股票的每月对数收益率。某投资者希望利用这些股票来构建投资组合，要求的期望收益率为 4%，那么应该怎样选择每只股票的权重（假设金融市场不允许卖空），才能使投资组合的风险最小？

将 Excel 数据集 sjk3-5 引入转换为 SAS 数据集 sjk3_5 后，最优投资组合的构建可以通过以下几个步骤来实现：

（1）估计每只股票的期望收益率 u_i、标准差 σ_i，以及各股票之间的相关系数 ρ_{ij}。这里假设每只股票的月度收益率的概率分布以及各股票之间的线性相关关系，不会随时间而变化，因此，可以用 2004—2007 年度的历史数据来对四只股票的这些参数进行估计。

估计这些参数的 SAS 程序如下。这个程序提交后，SAS 给出的各个参数的估计结果为：$u_1 = 0.0377$（世茂股份），$u_2 = 0.0259$（上海机电），$u_3 = 0.0621$（海通证券），$u_4 = 0.0262$（百大股份），$\sigma_1 = 0.1664$，$\sigma_2 = 0.1390$，$\sigma_3 = 0.2330$，$\sigma_4 = 0.0857$，$\rho_{12} = 0.4913$，$\rho_{13} = 0.2483$，$\rho_{14} = 0.4106$，$\rho_{23} = 0.4216$，$\rho_{24} = 0.4372$，$\rho_{34} = 0.1377$。

程序 cx3－9a

```
proc means data = sjk3 _5;
   var r823 r835 r837 r865;
proc corr data = sjk3 _5;
    var r823 r835 r837 r865;
run;
```

（2）求解最优投资组合中各股票的权重。由于现在权重 λ_i 需要满足的约束条件有：

$$\lambda_1 + \lambda_2 + \lambda_3 + \lambda_4 = 1, \lambda_i \geq 0, i = 1, \ldots, 4$$
$$0.0377\lambda_1 + 0.0259\lambda_2 + 0.0621\lambda_3 + 0.0262\lambda_4 = 0.04$$

从中可以解得

$$\begin{cases} \lambda_3 = 0.3844 - 0.3203\lambda_1 + 0.0084\lambda_2 \\ \lambda_4 = 1 - \lambda_1 - \lambda_2 - \lambda_3 \end{cases}$$

这就是说，四个权重 $\lambda_1, \lambda_2, \lambda_3, \lambda_4$ 中只有两个自由未知量，因此可以通过以下 SAS 程序来求解这四个权重。

程序 cx3－9b

```
data a;
    sgm1 =0.1664;
    sgm2 =0.1390;
    sgm3 =0.2230;
    sgm4 =0.0857;
    p12 =0.4913;
    p13 =0.2483;
    p14 =0.4106;
    p23 =0.4216;
    p24 =0.4372;
    p34 =0.1377;
    do rmd1 =0 to 1 by 0.01;
        do rmd2 =0 to 1 - rmd1 by 0.01;
            x =0.3844 - 0.3203* rmd1 +0.0084* rmd2;
```

```
        if x > = 0 and 1 - rmd1 - rmd2 - x > = 0 then do; /* 这个语句的作
用是为了保证权重系数 λ₃, λ₄ 均为非负* /
            rdm3 = x;
            rmd4 = 1 - rmd1 - rmd2 - rmd3;
          sgmf = (rmd1 * * 2) * (sgm1 * * 2) + (rmd2 * * 2) *
(sgm2 * * 2) + (rmd3 * * 2) * (sgm3 * * 2) + (rmd4 * * 2) * (sgm4 * *
2) + 2 * rmd1 * rmd2 * p12 * sgm1 * sgm2 + 2 * rmd1 * rmd3 * p13 * sgm1 *
sgm3 + 2 * rmd1 * rmd4 * p14 * sgm1 * sgm4 + 2 * rmd2 * rmd3 * p23 * sgm2 *
sgm3 + 2 * rmd2 * rmd4 * p24 * sgm2 * sgm4 + 2 * rmd3 * rmd4 * p34 * sgm3
* sgm4;
                Sgm = sqrt (sgmf);
                output;
            end;
        end;
      end;
    proc sort data = a;
      by sgmf;
    proc print data = a (obs = 1);
      var sgm rmd1 rmd2 rmd3 rmd4;
  run;
```

这个程序提交后，SAS 给出的计算结果显示，最优投资组合中，四只股票所占的权重分别为 $\lambda_1 = 0.16$，$\lambda_2 = 0$，$\lambda_3 = 0.33$，$\lambda_4 = 0.51$，另外，这个最优投资组合的风险（标准差）为 $\sigma = 0.1074$。

3.3.2 有效边界绘制的 SAS 实现

假设市场上存在着 n 个风险证券 $x_i, i = 1, 2, \ldots, n$，如果投资者要求的投资组合的期望收益率为 u，那么最优投资组合可以由求解条件极值问题来获得。

$$\min_{\lambda}(\sum_{i=1}^{n} \lambda_i^2 \sigma_i^2 + \sum_{i=1}^{n} \sum_{j \neq i} \lambda_i \lambda_j \rho_{ij} \sigma_i \sigma_j)$$

$$s.t. \sum_{i=1}^{n} \lambda_i u_i = u, \sum_{i=1}^{n} \lambda_i = 1$$

很显然，当投资者要求的期望收益率不同时，所获得的最优投资组合的风险也会不同。通常情况下，随着投资者所要求的期望收益率的增加，最优投资组合中的风险也会增加。在金融经济学中，描述最优投资组合中收益与风险之间相互关系的曲线称为投资组合的有效边界。

在均值—标准差平面中，投资组合的有效边界为双曲线的一部分，由于理性投资者偏好收益（预期收益率）厌恶风险（标准差），由有效边界的定义可知，理性的均值—方差决策投资者必定会选择那些位于有效边界上的投资组合。因此有效边界的具体形态和有效边界图形的绘制就具有重要意义。

下面通过一个例子来说明，如何利用 SAS 程序来绘制投资组合的有效边界。

【例 3 - 10】　假设投资者只能通过购买世茂股份（600823）、上海机电（600835）、海通证券（600837）和百大集团（600865）这四种风险证券来构造最优投资组合，并且市场不允许卖空，试利用数据集 sjk3 - 5 绘制在均值—标准差平面上由这四种风险证券构成的有效边界。

由于市场不能卖空，这四种证券中，上海机电的期望收益率最低（0.0259），海通证券的期望收益率最高（0.0621），因此投资者所构建的投资组合时，所要求的期望收益率只能落在区间 [0.0259, 0.0621] 上。假设投资者要求投资组合的期望收益率为 $u \in [0.028, 0.062]$，最优投资组合中各个风险证券的权重分别为 $\lambda_1, \lambda_2, \lambda_3, \lambda_4$，那么 λ_i 需要满足的约束条件为

$$\lambda_1 + \lambda_2 + \lambda_3 + \lambda_4 = 1, \lambda_i \geq 0, i = 1, \ldots, 4$$
$$0.0377\lambda_1 + 0.0259\lambda_2 + 0.0621\lambda_3 + 0.0262\lambda_4 = u$$

从中可以解得

$$\begin{cases} \lambda_3 = (u - 0.0262)/0.0359 - 0.3203\lambda_1 + 0.0084\lambda_2 \\ \lambda_4 = 1 - \lambda_1 - \lambda_2 - \lambda_3 \end{cases}$$

这样，绘制这四种证券构成的有效边界的 SAS 程序如下。这个程序提交后，SAS 系统绘制的有效边界如图 3 - 1 所示。

程序 3 - 10

```
data a;
    sgm1 = 0.1664;
    sgm2 = 0.1390;
    sgm3 = 0.2230;
    sgm4 = 0.0857;
    p12 = 0.4913;
    p13 = 0.2483;
    p14 = 0.4106;
    p23 = 0.4216;
    p24 = 0.4372;
    p34 = 0.1377;
    do u = 0.028 to 0.062 by 0.002;
        do rmd1 = 0 to 1 by 0.01;
            do rmd2 = 0 to 1 - rmd1 by 0.01;
                x = (u - 0.0262) /0.0359 - 0.3203* rmd1 + 0.0084* rmd2;
                if x > = 0 and 1 - rmd1 - rmd2 - x > = 0 then do;
                    rdm3 = x;
                    rmd4 = 1 - rmd1 - rmd2 - rmd3;
```

```
              sgmf = (rmd1 * * 2) *  (sgm1 * * 2) +  (rmd2 * * 2) *
(sgm2 * * 2) +  (rmd3 * * 2) *  (sgm3 * * 2) +  (rmd4 * *
2) +2* rmd1* rmd2* p12* sgm1* sgm2 +2* rmd1* rmd3* p13* sgm1* sgm3
+2* rmd1* rmd4* p14* sgm1* sgm4 +2* rmd2* rmd3* p23* sgm2* sgm3 +2
* rmd2* rmd4* p24* sgm2* sgm4 +2* rmd3* rmd4* p34* sgm3* sgm4;
              sgm = sqrt (sgmf);
              output;
          end;
        end;
      end;
    end;
proc sort data =a;
  by u sgm;
data b;
  set a;
  by u;
  if first. u =1;
proc gplot data =b;
  plot u* sgm / vaxis =axis1 haxis =axis2;
  symbol v =. i =join l =1 h =1 font =swissb;
  axis1 label = ( 'u') order = (0. to 0.06 by 0.01);
  axis2 label = ( 'sgm') order = (0 to 0.3 by 0.03);
run;
```

句法说明：

（1）PROC GPLOT——激活 GPLOT 过程（绘图过程）。此语句中的选项为：

data = data – set – name：指定绘图过程所使用的数据集，本例中为 b。

（2）PLOT——说明垂直轴变量（放在前面）和水平轴变量（放在后面），下面是这个语句中的选项：

Haxis = ：规定图形的水平轴，本例中为 axis2。

Vaxis = ：规定图形的垂直轴，本例中为 axis1。

（3）Symbol——定义图形中显示的线和符号的特征。下面是这个语句中的选项：

V = ：规定数据点的符号特征。

H = ：规定图形符号的高度。

I = ：规定每点之间的插值方法。

Font = ：规定字体。

L = ：规定两点之间插值线的类型。

（4）Axis——说明图形的轴。下面是这个语句的选项：

Label = ：给轴加上标签。本例中纵轴的标签为 u，横轴的标签为 sgm。

Order =：说明坐标轴上大刻度的范围和每两个大刻度之间的间隔。本例中，纵轴上的大刻度从 0 ~ 0.06，每两个大刻度之间的间隔为 0.01；横轴上的大刻度从 0 ~ 0.3，每两个大刻度之间的间隔为 0.03。

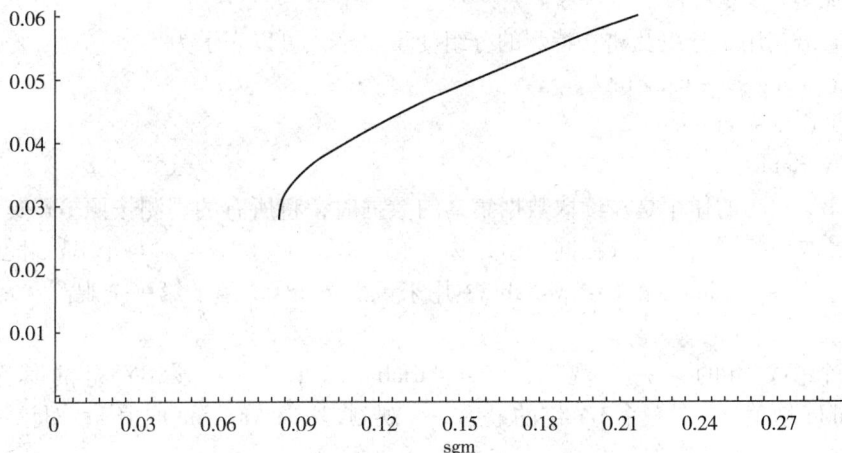

图 3 - 1　四种证券所构成的有效边界

3.4　本章有关的 SAS 基础知识

3.4.1　BY 语句

在 SAS 中，BY 语句既可以用在 DATA 步中，也可以用在 PROC 步中，因此这个语句可以起到多种作用。这里介绍在本教材中 BY 语句的三种用法。

1. 在 SORT 过程中的 BY 语句。格式可以表示为

PROC SORT DATA = data - set - name；

　　BY variable1　＜ variable2... variablen ＞；

这种 BY 语句的具体用法和作用见第 1 章 SORT 语句。

2. 在 MERGE 语句中的 BY 语句。格式可以表示为

MERGE data - set - name1　data - set - name2　＜ data - set - name3... data - set - namen ＞；

　　BY variable；

MERGE 语句的作用是将两个或两个以上的数据集横向合并为一个新数据集，合并后的新数据集中包含了被合并的几个数据集中的全部变量。

如果 MERGE 语句后面没有 BY 语句，几个数据集将按照观测序号一致的方式进行合并，即每个数据集中的第 k 个观测将被横向合并为新数据集中的第 k 个观测，如果几个数据集有重名变量，则新数据集中只读取最后一个数据集中变量的非缺失观测，前面

几个数据集中的重名变量和观测在新数据集中被自动删除。

如果 MERGE 语句后面有 BY 语句，SAS 将几个数据集中 BY 变量值相同的观测合并为新数据集中的同一观测。SAS 要求，在这样使用 BY 语句前，要求被合并的几个数据集已经按照 BY 变量的取值排好序。

3. BY 语句用于分组及建立特殊的分组变量。格式可以表示为

DATA data – set – name1；

　　SET data – set – name2；

　　By variable；

这个 BY 语句的作用是在读取数据集 2 的数据时，将所有的观测按照 BY 变量分组，即 BY 变量取值相同的观测分在同一组，称为同一 BY 组。SAS 会对每个 BY 组创建两个特殊的变量 First. variable 和 Last. variable，用来识别每个 BY 组的第一个观测和最后一个观测。

对一个 BY 组的第一个观测，First. variable 取值 1，对该 BY 组的其余观测，First. variable 取值 0；对一个 BY 组的最后一个观测，Last. variable 取值 1，对该 BY 组的其余观测，Last. variable 取值 0。

在按照这种方式使用 BY 语句前，SAS 要求已经对数据集 2 中的观测按照 BY 变量的取值排好序。

3.4.2　RETAIN 语句

RETAIN 语句（保留语句）的作用是，使 DATA 步中用赋值语句或 INPUT 语句指定的变量值，当程序从前一个观测运行到下一个观测时，原来得到的变量值依然被保留。RETAIN 语句不是可执行语句，它可以出现在 DATA 步程序的任何地方。

RETAIN 语句的语句格式可以表示为

　　RETAIN ＜ elment – list ＞ ＜ element – list（initial – value） ＞；

语句格式说明：

（1）element – list——元素（变量）列表，即这些变量的值用户是想保留的，本章例 3 – 1 中，要保留值的变量分别为 am1 和 gm1。

（2）initial – value——初始值列表，给用户想保留值的变量赋予初始值。初始值列表需要放在括号内，SAS 会对前面元素列表中各个变量依次分配数值或字符变量的初始值。例如，RETAIN x1 – x4（1 2 3 4）；或 RETAIN x1 – x4（1，2，3，4）；这样 SAS 会把初始值 1，2，3，4 分别赋予变量 x1，x2，x3 和 x4。

本章例 3 – 1 中，没有给要保留值的变量 am1、gm1 赋予初始值，这两个变量的初值是由下列两个 SAS 语句赋予的：

　　if _ n _ ＝1 then am1 ＝r _ pct；和　 if _ n _ ＝1 then gm1 ＝1 ＋r _ pct；

3.4.3　TRANSPOSE 过程

TRANSPOSE 过程（转置过程）的作用是，对一个 SAS 数据集进行转置，即将 SAS 数据集的行变为列、列变为行，或者说，将 SAS 数据集的观测转变为变量，将变量转变

为观测。

TRANSPOSE 过程的格式可以表示为

PROC TRANSPOSE ＜option – list＞;

VAR variable – list;

语句格式说明:

（1）option – list——选项列表。可以出现在 TRANSPOSE 过程语句中的选项有多种,其中包括:

data = data – set – name:给出要转换的数据集名字,若缺省,则使用最新创建的数据集;

out = data – set – name:规定转置后的 SAS 数据集名字;

prefix = name:规定一个词头用来构造新变量的名字。例如规定 prefix = x,则转置后的数据集中的新变量的名字依次为 x1、x2、...、xn。若缺省这个选项,则转置后的新变量名字依次为 COL1、COL2、...、COLn。本章例 3 – 1 中,缺省这个选项,因此转置后的数据集 d1 中,变量的名字为 COL1 – COL10。

（2）variable – list——VAR 语句列出需要转置的变量,这些变量可以是数值变量,也可以是字符变量。如果没有使用这个 VAR 语句,则输入数据集中没有列在其他语句中的所有数值变量都会被转置。字符变量若要转置必须列在 VAR 语句中。本章例 3 – 1 中,被转置的变量为 r _ pct。

3.4.4　MEANS 过程

MEANS 过程（均值过程）用来对数据集中的数值变量计算简单统计量。假设一个 SAS 数据集中有 m 个变量、n 个观测,该过程对数据集中数值变量的全部非丢失观测计算描述统计量。如果使用 BY 语句,可以把数据按照 BY 变量的取值不同分为不同的几个组,并对每个组的观测计算数值变量的描述统计量。另外,MEANS 过程可以有选择地建立一个或几个包含若干统计量的输出数据集,以便于用户在进一步分析时调用。

MEANS 过程的语句格式可以表示为

PROC MEANS ＜option – list＞;

VAR variable – list;

BY variable – list;

OUTPUT ＜out = data – set – name＞ ＜output – statistic – list＞;

语句格式说明:

（1）＜option – list＞ ＜statistic – keyword – list＞——MEANS 过程的选择项。在均值过程中的选项可以有多种,包括:

data = data – set – name:指定使用该过程处理的 SAS 数据集的名字,若缺省,则处理最新创建的 SAS 数据集。

（2）VAR variable – list——指定要求计算描述统计量的数值变量及次序,若缺省该语句,则输入数据集中除在 BY、CLASS 等语句中列出的变量外,所有的数值变量都会依次被分别计算。

（3）BY variable – list——指定 BY 变量，将观测按 BY 变量的取值不同分为不同的几个组，BY 变量相同的观测分在同一 BY 组，对每个 BY 组的数值变量分别计算描述统计量。当使用 BY 语句时，要求输入数据集已按 BY 变量的次序排序。

（4）OUTPUT——该语句要求 MEANS 过程把计算的描述性统计量输出到新的 SAS 数据集中，该语句的可选项有：

out = data – set – name：输出描述性统计量到新数据集，指定新数据集的名字；

output – statistic – list：输出到新数据集的统计量列表，并给新数据集中的输出统计量命名。在本章例 3 – 2 中，mean（r _ pct）= qiwang，例中指定输出的统计量为变量 r _ pct的均值，在新数据集中，这个均值的名字为 qiwang。

3.4.5　宏

在 SAS 中，宏是一个被存储的文本，用一个名字来识别它。SAS 宏功能是用于扩充 SAS 系统的工具。例如，在完成某些数据分析任务时，一些相同的 SAS 程序段需要在整个程序中反复调用，这种情况下，用户只要将这个 SAS 程序段定义为一个宏，就可以在后面的编程中反复调用它，这样用户就可以减少在编程时必须输入的文本量。

1. 宏的定义。在 SAS 中，宏的简单定义格式可以表示为

% MACRO macro – name；

〔组成宏的文本〕

% MEND < macro – name >；

语句格式说明：

（1）% MACRO 语句是每一个宏的开始，同时必须指定这个宏的名字，宏的名字的命名规则与 SAS 名字一样。

（2）% MEND 语句表示宏的结束。在% MACRO 语句和% MEND 语句之间的那些 SAS 语句，就是所定义的宏的具体内容。

下面是一个简单的例子：

% macro blpx；

　proc sort data = a；

　　by year；

　run；

% mend blpx；

在这个例子中，宏的名字为 blpx，宏的内容是一个将数据集 a 中的观测按照变量 year 的取值进行排序的一个 PROC 步。

本章【例 3 –5】中，宏的定义为 lsmn（历史模拟），宏的内容是在一个 300 个交易日的窗口中按照历史模型法计算 VaR，并且将窗口往下移动一日的 SAS 程序段。

2. 宏的调用。定义好一个宏后，在 SAS 编程中如果要调用这个宏，只需要在被调用处写出宏的名字，并且在宏的名字前加上百分比符号（%）就可以。在 SAS 程序中，已经定义好的宏可以任意多次地被调用。

3.4.6　REG 过程

REG 过程（回归过程）是一个通用的回归分析过程，它采用最小二乘法拟合一元或多元线性回归模型。REG 过程还提供了多种选项来帮助用户筛选变量以寻找"最优的"回归模型。

REG 过程的一种简单语句格式可以表示为

PROC REG ＜ options ＞；

　　MODEL dependents = ＜ regressors ＞ ＜／options ＞；

　　＜ OUTPUT OUT = data－set－name keyword = names；＞

　　＜ label ＞：TEST equation ＜，…，equation ＞ ＜／option ＞；

语句格式说明：

（1）PROC REG——调用回归分析过程。这个语句中的选项可以包括：

data = data－set－name：指定进行回归分析的数据集的名字；

outset = data－set－name：要求把参数估计和所选择的统计量输出到由 outest = data－set－name 所命名的数据集。

（2）MODEL dependents = ＜ regressors ＞——在关键词 MODEL 后面的是线性回归模型的具体信息，其中 dependents 为模型的被解释变量，regressors 为模型的解释变量。这个语句的选项可以包括：

selection = name：规定选择模型变量的方法名称，即采用何种方法从一组解释变量中选择出部分（或全部）解释变量来构建一个"最优的"回归模型。在 MODEL 语句中如果没有这个选项，SAS 将采用列在 MODEL 语句中的全部变量来建立回归模型。SAS 中提供的可以选择变量的方法名称有：Forward（或 F）、Backward（或 B）、Stepwise、MaxR 等。下面是对这些方法的介绍。

Forward 称为向前法或逐步引入法。这种方法的初始模型中没有变量，对每个解释变量，SAS 计算如果将这个变量放在模型中，它对模型贡献大小的 F 统计量，并将这个 F 统计量与用户引入的或系统默认的显著性水平进行对比，如果所有自变量对应的 F 统计量的显著概率（伴随概率）均大于显著性水平（表示所有变量对被解释变量的贡献都不显著），向前选择过程结束。否则的话，就把具有最大 F 值的那个变量放入模型，然后再不断重复上述过程，直至没有变量可以再加入到模型中。在使用这种方法选择"最优"模型时，一个变量一旦进入模型，就不会被再剔除。

Backward 称为向后法或逐步剔除法。这种方法的初始模型中包括全部变量，然后计算 F 统计量并逐步剔除对模型贡献最小的变量，直至留在模型中的所有变量不能再被剔除为止。在使用这样方法选择"最优"模型时，一个变量一旦被剔除，就不会再被引入模型。

Stepwise 称为逐步筛选法。这种方法和向前法的区别在于，引入模型中的变量有可能再次被删除。像向前法一样，变量被逐个引入到模型中，而且被引入的变量的 F 统计量必须为显著的，将一个变量引入模型后，逐步筛选法还要检验所有已经包含在模型中的变量，并剔除 F 统计量不显著的变量，仅当经过检验并把所有不显著的变量剔除后，逐步筛选法再接着引入新变量。当模型外的任何一个变量的 F 统计量都不显著，而模型内所有变量的 F 统计量都显著时，或者当刚被剔除的变量又被重新引入模型时，逐步筛选过程停止。

MaxR 称为最大 R^2 增量法。这种方法首先寻找具有最大 R^2 的单变量模型，然后引入能够产生最大 R^2 增量的另一个变量。得到两个变量的模型后，把模型里的这些变量与不在模型里的变量进行比较。每次比较，MaxR 方法决定是否剔除一个变量并用其他变量替代来增加 R^2。在比较所有可能的替代以后，MaxR 方法进行替代使得 R^2 增加到最大。于是得到的两个变量的模型就被认为是"最优"二变量模型。然后再引入新变量到这个模型中，以寻找"最优"三变量模型，等等。

Include = n：指定列在 MODEL 语句中的前 n 个变量必须放在模型中，寻找"最优"模型时，筛选变量的方法仅对 MODEL 语句中的其他变量有效。

Noint：建立不包含截距项的回归模型，即过原点回归模型。

Slentry = value：对 Forward 方法和 Setpwise 方法规定变量入选回归模型的选择性水平，缺省时，系统默认的显著性水平对 Forward 方法是 0.50，对 Setpwise 方法是 0.15。

Slstay = value：对 Backward 方法和 Setpwise 方法规定变量保留在模型中的显著性水平，缺省时，系统默认的显著性水平对 Backward 方法是 0.10，对 Setpwise 方法是 0.15。

Stop = s：当找到"最优"的 s 个变量的模型时，就停止，不再寻找是否还有可以进入模型的新变量。

DW：计算 Durbin – Watson 统计量，检验是否存在一阶自相关（此检验仅运用于时间序列数据），输出残差的样本自相关系数。

Spec：进行异方差性的检验。

Collin：要求详细分析解释变量之间是否存在共线性。

（3）OUTPUT OUT = data – set – name——这个语句要求创建一个对每个观测计算某些特征量的新数据集，并给定新数据集的名字。keyword = names：规定要求输出的特征量，并且指定这些特征量在新数据集中的名字。在 SAS 中，可以输出的特征量包括（但不限于）：

Predicted（或 P）：模型的预测值；

Residual（或 R）：模型的残差；

L95：被解释变量的单个预测值的 95% 的置信区间下限；

L95M：被解释变量的期望值的 95% 的置信区间下限；

U95：被解释变量的单个预测值的 95% 的置信区间上限；

U95M：被解释变量的期望值的 95% 的置信区间上限。

（4）Test equation——检验语句，对参数估计的某些假设进行检验，需要检验的假设由检验方程 equation 表示。如本章的回归模型中，检验方程为：$rs = 1$，即检验 rs 前面的参数（斜率）等于 1 的这个假设是否为真。在检验语句中，可以包括多个检验方程，两个检验方程之间需要用逗号隔开。

3.4.7　CORR 过程

这个过程（相关分析过程）用于计算变量之间的相关系数，包括 Pearson 线性相关系数、Spearman 秩相关系数等。

CORR 过程的语句格式可以表示为

PROC CORR ＜option – list＞；

    VAR variable – list；

    WITH variable – list；

    BY variable – list；

语句格式说明：

（1）PROC CORR data = data – set – name——调用相关过程，并对指定数据集中的变量进行相关分析计算，这是 CORR 过程的语句格式中唯一不可缺少的语句。如果使用只有一个 PROC CORR 语句的相关分析过程，则 SAS 计算数据集中所有变量的 Pearson 线性相关系数，并且输出相关系数矩阵和显著性概率。这个语句的可选项包括（但不限于）：

OUTP = data – set – name：要求创建一个存放 Pearson 相关系数的新数据集，并规定新数据集的名字，新数据集中包含有均值、标准差、观测个数和相关系数；

Spearman：要求对数据集中的变量计算 Spearman 秩相关系数；

OUTS = data – set – name：要求创建一个存放 Spearman 秩相关系数的新数据集，并规定新数据集的名字。使用该选项时，要求同时使用选项 Spearman。

（2）VAR variable – list——该语句要求列出计算相关系数的变量，缺省这个语句，则 SAS 计算数据集中所有变量之间的两两相关系数。

（3）WITH variable – list——要求得到变量间特殊组合之间的相关系数，该语句需要和 VAR 语句联合使用，这样 SAS 计算 VAR 语句中的每个变量与 WITH 语句中的每个变量之间的两两相关系数。

（4）BY variable – list——BY 语句与 PROC CORR 语句同时使用，能够获得用 BY 变量定义的分组观测，即得到对各个 BY 组观测的独立相关分析结果。

【复习思考题】

1. 利用 Excel 数据集 sjk3 – 1 计算 2000—2005 年度期间各个月度的上证指数的单期收益率（百分比收益率和对数收益率）、2000—2005 年期间上证指数各月度收益率的几何平均值，给出相应的 SAS 程序。

2. 用对数收益率作为老凤祥股票的损益度量，给定置信水平为 95%、持有期 1 天，分别采用历史模拟法和参数方法（正态假设）建立 VaR 模型，并估计在 2004 年前三个交易日的每日 VaR，给出相应的 SAS 程序。

3. 如果在构建市场组合中，上证指数和深圳综合指数分别占 50% 的比率，利用 2000—2005 年度的月度数据，对四川长虹股票进行 CAPM 拟合，并计算在这只股票中系统性风险和非系统性风险所占的比重，给出相应的 SAS 程序。

4. 分别利用 sjk3 – 5 中的数据，绘制由世茂股份（600823）、上海机电（600835）、海通证券（600837）和百大集团（600865）这四种风险证券构成的有效边界，以及由世茂股份、海通证券和百大集团这三种风险证券构成的有效边界，将两个有效边界绘制在同一张图形中，通过比较这两个有效边界，你可以得出什么结论？给出相应的 SAS 程序。

【主要参考文献】

［1］高惠璇等编译. SAS 系统——SAS/STAT 软件使用手册［M］. 1 版. 北京：中国统计出版社，1998.

［2］高惠璇等编译. SAS 系统与股票市场分析［M］. 北京大学概率统计系内部出版物，1998.

第 4 章

SAS 与股票市场技术分析

【本章学习目标】

1. 掌握技术分析中各种图形的绘制方法
2. 掌握各种移动平均线的计算与绘制方法
3. 掌握利用移动平均线的交叉模式来捕捉股票的买卖信号
4. 掌握买卖信号的过滤与证实方法
5. 了解如何利用移动平均的带状约束来控制投资风险
6. 掌握利用波动序列的交叉模式来捕捉和证实买卖信号
7. 掌握本章有关的 SAS 基础知识

　　基本面分析和技术分析是常用的两种证券投资分析方法。基本面分析的研究对象是宏观经济环境、公司所处行业状况及发展前景、公司财务状况等。基本面分析者从这些影响公司价值的基本因素出发，采用适当的方法来估算公司股票的内在价值，以判断公司当前的股票价格是被高估还是被低估。技术分析的研究对象是市场行为。技术分析者通过对反映市场状况变化的股票成交价格和成交量的历史数据，以及由这些历史数据所绘制成的各种图形的分析来判断整个股市或者个股股价的未来变化趋势。

　　在股票市场上，不同的投资者会采用不同的方法来选择股票。一般而言，长期投资者偏好于采用基本面分析方法，如著名投资大师沃伦·巴菲特就是一个例子。巴菲特选择股票的方法是利用基本面分析法，选择那些股价被低估并且具有良好发展前景的公司，以进行长期投资。而许多中短期投资者偏好于采用技术分析方法来选择股票。当然，长期投资者也可以采用技术分析方法，通过对股市的长期趋势（主要趋势）的分析和把握来选择股票进行长期投资。本章介绍如何运用 SAS 来实现股票市场的技术分析。

4.1　股票市场的数据图形绘制

4.1.1　生成与检查 SAS 数据集

　　要利用 SAS 进行股票市场的技术分析，必须创建一个包含有合适数据的 SAS 数据集，并且利用 SAS 的图形绘制功能，将相关变量的数据绘制成能够适用于技术分析的各种数据图形。

在技术分析的各种要素中，价格是最重要的因素。股票市场的价格数据中，通常包含开盘价、收盘价、最高价和最低价等。技术分析者认为，与其他的价格数据相比，股票收盘价中包含更多的信息，这样在运用于技术分析的数据集中，应该包括股票或指数的收盘价数据。另外在技术分析中，成交量和成交日期同样也是重要的分析依据，因此在创建运用于技术分析的 SAS 数据集时，数据集中应该包括个股或指数收盘价、成交量以及交易日期等变量的观测数据。

一般情况下，我们可以从相关金融数据库中获得包括这些观测数据的外部数据集，因此可以采用第 1 章中所介绍的导入并转换外部数据集的方式，来创建对应的 SAS 数据集。例如，数据集 sjk4 -1 中包括了某只股票从 2004 年 1 月 2 日起，至 2004 年 11 月 15 日，每个交易日的相关数据，其中的 8 个变量分别为交易日期 date、收盘价 close、最高价 high、最低价 low、外盘买入成交量 volume1（单位万手，后同）、内盘卖出成交量 volume2、总成交量 volume、该股票的当日百分比收益率 percent。

将 sjk4 -1 导入转换为 SAS 数据集，并命名为 sjk4 _1 后，可以采用 PRINT 语句来打印输出这个数据集的前面几个观测数据，以检查数据集的变量或观测中是否存在错误。

【例 4 -1】 打印数据集 sjk4 _1 的前 10 个观测，并对这个数据集进行检查。

打印这个数据集的 SAS 程序如下，打印结果见表 4 -1。

程序 cx4 -1

```
proc print data = sjk4 _1 (obs =10);
    var date close high low volume1 volume2 volume percent;
    title "打印 sjk4 _1 的前 10 个观测";
  run;
```

表 4 -1　　　　　　　　　　　　数据集 sjk3 _1 的打印结果

打印 sjk4 _1 的前 10 个观测							
OBS	DATE	CLOSE	HIGH	LOW	VOLUME1	VOLUME2	VOLUME	PERCENT
1	01/02/04	43.79	43.79	43.57	7.66	6.83	14.48	-0.0011400
2	01/05/04	43.73	43.81	43.66	5.00	9.52	14.52	-0.0013702
3	01/06/04	43.64	43.73	43.61	5.79	13.95	19.75	-0.0020581
4	01/07/04	43.55	43.65	43.45	4.64	13.71	18.35	-0.0020623
5	01/08/04	43.63	43.63	43.47	6.14	4.92	11.06	0.0018370
6	01/09/04	43.88	43.94	43.63	10.44	6.09	16.53	0.0057300
7	01/12/04	43.91	43.92	43.82	5.35	10.35	15.70	0.0006837
8	01/13/04	43.89	43.98	43.83	6.26	8.91	15.16	-0.0004555
9	01/14/04	43.76	43.93	43.68	5.49	10.53	16.02	-0.0029620
10	01/15/04	43.91	43.91	43.76	10.58	5.39	15.97	0.0034278

4.1.2　绘制相关数据的图形

（一）散点图的绘制方法

生成并检查 SAS 数据集后，就可以准备对这些数据进行技术分析了。通常情况下，技术分析者首先需要画出相关变量的数据图形，利用这些变量的数据图形，技术分析者可以比较直观地分析股票价格的变化趋势、股票价格的转折点（股价最高点和股价最低点），以及股票价格的阻挡水平线、支撑水平线等。

在 SAS 中，PLOT 过程（图形过程）可以用来生成散点图及连线图。在进行技术分析时，可以利用这个语句所生成的散点图和连线图，直观地展现数据集中各个变量之间的相互关系。这里给出一个例子。

【例 4 - 2】　利用 PLOT 语句及 sjk4 _1 数据集，生成这只股票从 2004 年 1 月 2 日至 2004 年 11 月 15 日期间的每日收盘价 close 的走势图。

下面是绘制这个走势图的 SAS 程序。

程序 cx4 - 2

```
proc plot data = sjk4 _1a vpct =30 hpct =90;
    plot close* date;
run;
```

句法说明：

（1）PROC PLOT——调用 PLOT 过程。PROC PLOT 过程的选项有：

DATA =数据集名字：指定使用数据集的名字。若没有指定数据集，系统将调用最新创建的数据集。

VPCT =百分比，HPCT =百分比。规定散点图的显示在垂直方向和水平方向占 SAS 输出页的百分比，本例垂直方向为 30%、水平方向为 90%。

（2）PLOT var1 * var2——规定散点图的纵轴变量为 var1、横轴变量为 var2。本例中，散点图以收盘价 close 为纵轴，以交易日期 date 为横轴。

（3）散点图 4 - 1 中的英文字符表示数据集中有多少个观测在该字符处，其中 A 表示在该字符处有 1 个观测，B 表示在该字符处有 2 个观测，依此类推。当该字符处有 26 个或者 26 个以上的观测时，用字符 Z 表示。

这个程序提交后，SAS 绘制的散点图见图 4 - 1。然而，正如图 4 - 1 所显示的，用 PLOT 语句生成的散点图是一种低分辨率的图形，这种图形可以向用户直观地展现各个变量之间的相互关系，但是这种图形并不能很好地适用于股票市场的技术分析。因此，技术分析者还需要其他可以绘制更高分辨率的图形的方法。

在 SAS 中，除了用 PLOT 语句绘制只有较低分辨率的散点图外，还可以通过菜单方式以及通过 GPLOT 语句来绘制具有较高分辨率的图形。

（二）用 GPLOT 过程绘制高分辨率图形

如果要绘制更加复杂的高分辨率图形，就需要采用另一种方法，即采用 GPLOT 过程（绘图过程）来实现。下面几个例子是通过 GPLOT 语句编程，绘制股票价格的走势图和其他更加复杂的图形。

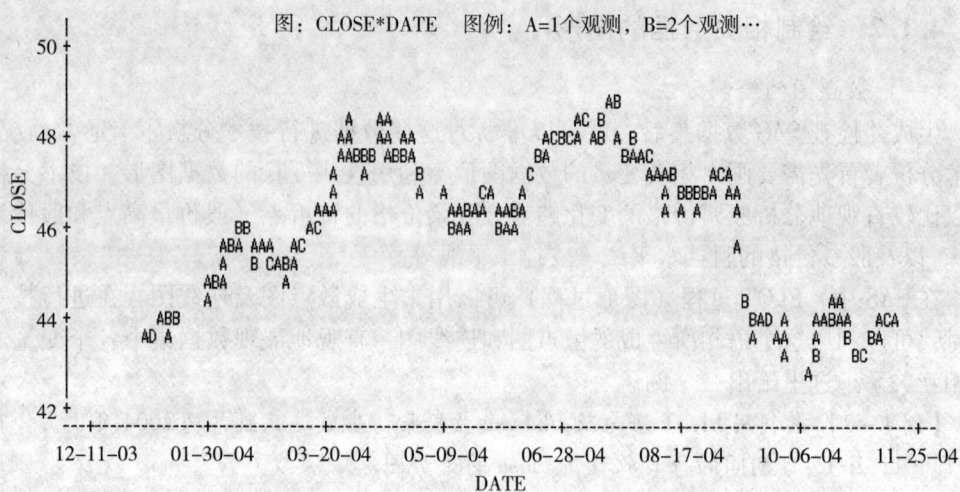

图：CLOSE*DATE   图例：A=1个观测，B=2个观测…

图4-1 收盘价与日期的散点图

【例4-3】   利用 GPLOT 过程绘制数据集 sjk4_1 中收盘价 close 随时间变化的图形。

这个图形的绘制，可以通过以下的 SAS 程序来实现。这个程序的运行结果见图4-2。

程序 cx4-3a

```
proc gplot data = sjk4_1;
    plot close* date;
    symbol v =. h =1I = join L =1 font = swissb;
run;
```

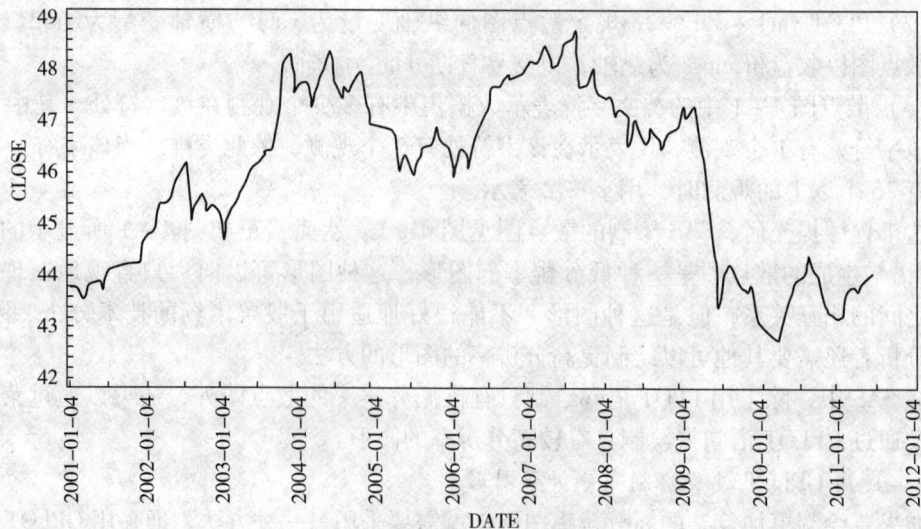

图4-2 变量 close 的走势图

利用 GPLOT 过程编程，可以绘制同时包含股票的最高价、最低价和收盘价的图形。然而在绘制这个图形前，首先需要对 sjk4＿1 数据集进行编辑，建立新变量。

下列 DATA 步语句生成一个新数据集 sjk4＿1a，与数据集 sjk4＿1 相比，这个数据集中多了一个新变量 value，对于每个交易日，这个新变量分别取了最高价、最低价、收盘价三个数值。

程序 cx4－3b

```
data sjk4＿1a;
    set sjk4＿1;
    day＝＿n＿; /* 变量 day 的取值为观测所在的序号，即第几个交易日* /
    value＝high; output;
    value＝low; output;
    value＝close; output;
run;
```

句法说明：

value＝high；output；——将变量 high 的观测值赋予变量 value，并且将 value 的当前观测输出到正在创建的数据集 sjk4＿1a。后面的语句同。在运行这些 SAS 语句后，对每个交易日，系统都会在数据集 sjk4＿1a 中生成 value 的三个观测，依次为 sjk4＿1 中对应那个交易日的最高价、最低价以及收盘价。这样，sjk4＿1a 中的观测数据的个数就为 sjk4＿1 中观测数据的 3 倍。

利用这个程序所生成的数据集 sjk4＿1a，采用 GPLOT 过程编程，可以绘制同时包含最高价、最低价以及收盘价的图形，见图 4－3。在图 4－3 中，每个交易日的直线长度表示最高价、最低价的变化范围，交叉线所在的位置表示每天的收盘价。绘制这个图形的 SAS 程序如下：

程序 cx4－3c

```
data sjk4＿1b;
  set sjk4＿1a;
  if day＜＝60;
proc gplot data＝sjk4＿1b;
  plot value* day / vaxis＝axis1 haxis＝axis2;
  symbol I＝hiloc L＝1 h＝1 font＝swissb;
  axis1 label＝（"price"）order＝（43 to 49 by 0.5）offset＝（10, 0）;
  axis2 label＝（"day"）order＝（0 to 60 by 3）　minor＝（n＝2）;
run;
```

句法说明：

OFFSET＝（n，m）：规定从该轴第一个主刻度或最后一个主刻度起，向上或者向下位移的空间大小，其中向上位移的百分比用 n 表示，向下位移的百分比用 m 表示。本例在 axis1 语句中，选项 offset＝（10，0）用来从左轴的第一个绘图刻度向上位移图形空间

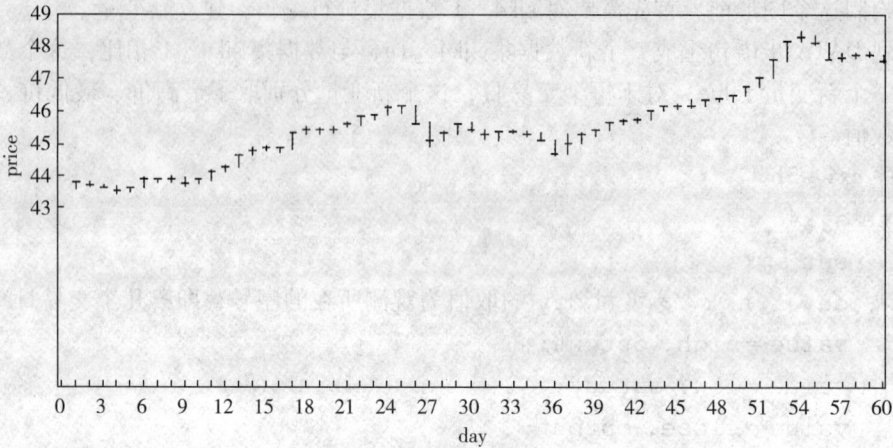

图4-3　最高价—最低价—收盘价的图形

的10%。

MINOR=（n=value）：规定在每两个主刻度间有几个次刻度，在本例axis2语句中，选项minor=（n=2）规定在水平轴的每两个主刻度之间，安排两个次刻度。

由于页面篇幅所限，为了使图形显示清晰起见，本例中没有画出这个股票从2004年1月2日至2004年11月15日期间全部209个交易日的图形，而只画出了前60个交易日的图形。

（三）绘制包括成交量的股价走势图

与价格变动一样，股票成交量的变动，在技术分析中，同样可以提供重要信息。因此，技术分析者通常希望在反映股票价格变化的图形中，能够同时包含反映股票成交量变化的信息。下面介绍如何绘制包括成交量的股票价格走势图。

由于成交量的取值与变化范围和股票价格的取值与变化范围，通常存在着很大差别，要在一张图形中同时绘制出股票价格与股票成交量的信息，就需要给图形加上一个与原纵轴（表示价格）刻度不同的新纵轴（表示成交量），以表示两个纵轴变量不同的取值范围。这样的图形称为双y轴（双纵轴）图形，其中一条纵轴在图形的左边，另一条纵轴在图形的右边，两条纵轴上的不同刻度分别表示两个不同纵轴变量的取值。

利用GPLOT过程编程，利用已经创建的数据集sjk4_1b，可以绘制同时包括最高价、最低价、收盘价和成交量的双纵轴数据图形。其中，股票价格用图形左边的纵轴来度量，成交量用图形右边的纵轴来度量。绘制这个双纵轴图形的SAS程序如下。这个程序提交后，SAS的输出结果见图4-4。

程序cx4-3d

```
proc gplot data = sjk4 _ 1b;
    plot value* day / vaxis = axis1 haxis = axis2;
    plot2 volume* day / vaixs = axis3;
    symbol1 I = hiloc L = 1 h = 1 font = swissb;
```

```
symbol2 v = none I = needle;
axis1 = ('price') order = (43 to 49 by 3) offset = (10, 0);
axis2 label = ("day") order = (0 to 60 by 3);
axis3 label = ("volume") order = (10 to 36 by 3) offset = (0,
10);
    run;
```

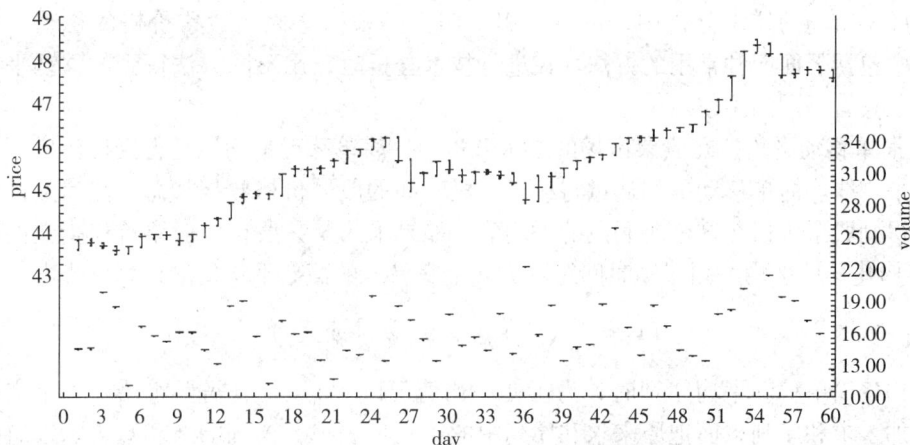

图 4 - 4　包括成交量的股价走势图

句法说明：

（1）PLOT2 volume * day——规定绘图使用的横轴变量为 day，第二个纵轴（右纵轴）的纵轴变量为 volume，并用 Axis3 语句给右纵轴赋值。

（2）SYMBOL——在双纵轴图形中，实际上包含有两个图形，第一个图形是由左纵轴和水平轴所构成的坐标系中的图形，这个图形的绘制方法由 symbol1 语句表述，第二个图形是由右纵轴所构成的坐标系中的图形，这个图形的绘制方法由 symbol2 语句表述。

4.2　移动平均线的计算与绘制

推崇技术分析的投资者认为，股票价格是按趋势运行的，投资者针对经济、货币、政策和心理力量的变化而不断改变的态度，决定了股票价格的运行趋势。技术分析就是要尽可能地识别股票市场上各种不同规模、不同方向的趋势，并且在这些趋势的反转点附近识别出趋势的改变。

然而，由于股票市场会受到各种随机因素的影响，因此股票价格的变化同时会有一定的随机性。股票价格的随机波动会干扰投资者对趋势的识别，会遮掩趋势的反转点，甚至可能会给出虚假的反转点信息。因此在进行股票市场的技术分析时，必须借助股票价格序列的各种移动平均来降低这种随机波动的影响，从而有效地识别出股票价格的变动趋势，识别出反转点的信息。

4.2.1　移动平均的计算

在股票市场上，各种随机因素对股票价格的影响通常是相互独立的，如果连续观察一个较长的时间段，那么这些随机因素对股票价格运行趋势的影响，通常会在一定程度上相互抵消。因此可以采取股票价格序列的移动平均方式来平滑这种随机波动，而不会改变股票价格的本来变化趋势。

在股票市场的技术分析中，可以采用不同方法来构建原始股票价格的移动平均序列，其中包括下面四种常用的方法。在进行技术分析时，用不同方法得到的移动平均序列，往往具有不同的用途。

1. 简单移动平均。在股票市场的技术分析中，简单移动平均线是得到广泛应用的一种移动平均线。简单移动平均通过将最近一段时间的股票价格数据加总，然后除以时间长度，得到股票价格在这个时间段的平均值。如果采用某只股票或股票价格指数的收盘价 p_t 来构建移动平均序列，则时间跨度为 n 个交易日的简单平均值的计算公式为

$$MA_t = \frac{1}{n}(p_t + p_{t-1} + \ldots + p_{t-n+1})$$

在构建简单移动平均序列时，为了使平均值可以"移动"，需要将最新一个交易日的数据加入求和序列，而把原来求和序列中的第一项去掉，得到的新和数再除以时间长度即得到新的简单平均值。不断重复上述过程，可以得到一个简单移动平均序列。

2. 加权移动平均。从统计学的角度看，只有把移动平均线绘制在价格时间跨度的中点，才能准确反映股票价格的演变趋势，然而这样构建的移动平均序列，会使所产生的信号在时间上滞后。解决既要准确反映股票价格的演变趋势，又不要在时间上滞后这个问题的一种方法，是增大最新价格数据在求和中的权重，同时降低较远价格数据的权重，这样形成的移动平均序列称为加权移动平均序列。加权移动平均序列认为，就识别一只股票的未来价格运行趋势而言，这只股票最近的价格数据要比这只股票以往的价格数据，能够提供更多的信息。

对股票价格数据的加权可以采用多种方法。一种常用的方法是，在求和序列中，将最远期的价格数据乘以 1，第二远期的价格数据乘以 2，以此类推，直到最近一个价格数据（第 n 期）乘以 n，然后再除以前 n 个自然数的和。即计算方法为

$$WMA_t = \frac{np_t + (n-1)p_{t-1} + \ldots + p_{t-n+1}}{n + (n-1) + \ldots + 1}$$

当然，投资者也可以选取其他形式的权重序列，来计算加权移动平均序列。

3. 指数平滑移动平均。指数平滑移动平均（又称指数加权滑动平均）是用一个平滑系数来计算加权移动平均的方法。这种方法认为，要反映价格变动的趋势，应该考虑当日收盘价和价格过去的变动趋势两个因素，由于这两个因素对价格变动的影响程度不同，因此需要用平滑系数来区分它们的影响差异。指数平滑移动平均的计算方法为

$$EWMA_t = \omega p_t + (1-\omega)EWMA_{t-1}$$

其中，ω 为投资者指定的平滑系数，取值在 0 与 1 之间。平滑系数越大，投资者认为当

日收盘价对价格变动的趋势的影响越大；平滑系数越小，投资者认为当日收盘价对价格变动的趋势的影响越小。作为一般规则，较小的平滑系数适用于缓慢改变趋势的序列，较大的平滑系数适用于快速改变趋势的序列。

4. 中心移动平均。中心移动平均是由某个交易日前后各 n 个交易日的收盘价和该交易日的收盘价共 $2n+1$ 个数据组成的简单算术平均值。中心移动平均的计算方法为

$$CMA_t = \frac{1}{2n+1}(p_{t+n} + p_{t+n-1} + \ldots + p_{t-n+1} + p_{t-n})$$

从以上公式可以看到，由于计算某个交易日的中心移动平均值需要用到此后 n 个交易日的收盘价数据，或者说，只有在过了 n 个交易日后，才能得到以前那个交易日的中心移动平均值，因此与前面几个移动平均线相比，中心移动平均线给出的信号在时间上相对滞后。

4.2.2　移动平均线的分类

对于一只股票的收盘价序列，移动平均序列的值不仅依赖于计算移动平均的方法，而且依赖于移动平均的时间段长度。按照不同的分类标准，移动平均线可以分成各种不同的类型。除了可以按照计算方法的不同将移动平均线分为简单移动平均线、加权移动平均线、指数平滑移动平均线、中心移动平均线外，还可以按照计算移动平均的时间段长度，将移动平均线分为短期移动平均线、中期移动平均线和长期移动平均线。

对于短期、中期与长期移动平均线的区别，其划分的标准并不统一。比如，有些投资者会根据自己的使用习惯，将 15 天以下的移动平均线称为短期线，将 15 天以上至 6 个月的移动平均线称为中期线，将 6 个月以上的移动平均线称为长期线。而 1993 年出版的《高性能投资指南》中是这样划分的：基于 25 个或更少的交易日的移动平均线，可以认为是短期移动平均线；基于 26～100 个交易日的移动平均线，可以认为是中期移动平均线；基于 100 个交易日以上的移动平均线，可以认为是长期移动平均线。然而，Gordon（1968）、Golby 和 Meyers（1968）及 Pring（1991）则按照表 4-2 的标准，来划分短期、中期与长期的移动平均线。

不同期限的移动平均线有不同的特点。一般而言，短期移动平均线最贴近市场、敏感性最强，但起伏较大且不规则，在行情震荡时可能出现扭曲现象。短期移动平均线中的 10 天线被许多技术分析者所采用，这些投资者认为，10 天线能较好地反映股票价格的短期变动趋势，因此将其作为短线进出的依据。当股票价格横向延伸、没有较明显的变化趋势时，较敏感的短期移动平均线能够捕捉更多的短线价格波动。中期移动平均线比较平缓，可以很好地解释股票价格的中期变动趋势。中期移动平均线的期限选择可以有多种：有 15 天、20 天、30 天、60 天等，其中 60 天的中期移动平均线被很多投资者认为是中期进出的依据。长期移动平均线则更加平缓，对股票价格的短期变动不敏感，能较好地反映股票价格的长期运行趋势。当市场趋势良好时，长期移动平均线可以更好地反映股票市场的主要趋势变化，尤其是 250 天的年线，被许多人称为"牛熊分界线"，许多投资者将其视作划分多头市场与空头市场的一个重要标志。

表4-2   移动平均的一种划分方法

时间结构	移动平均长度
短期移动平均	10 天，15 天，20 天，25 天，30 天
中期移动平均	30 天和 10 周，13 周，26 周
长期移动平均	200 天，45 周和 12 个月，18 个月，24 个月

4.2.3 用 Data 步程序计算移动平均

在 SAS 中，可以采用 DATA 步语句编程来计算简单移动平均序列、加权移动平均序列和指数移动平均序列。这里给出一个计算移动平均序列的具体例子。

【例 4-4】 数据集 sjk4-2 中包含了从 2005 年 12 月 19 日至 2008 年 12 月 31 日期间上证 A 股指数的相关数据，其中变量 date 为交易日期，变量 close 为收盘指数。试利用这个数据集生成从 2006 年 1 月 2 日至 2008 年 12 月 31 日期间，各交易日上证指数的简单移动平均序列、加权移动平均序列和指数加权平均序列。

将 sjk4-2 导入转换为 SAS 数据集，并将其命名为 sjk4_2 后，可以利用 DATA 语句编程，生成时间长度为 10 个交易日的简单移动平均序列、加权移动平均序列以及指数移动平均序列。对应的 SAS 程序如下：

程序 cx4-4

```
data sjk4_2a;
    set sjk4_2;
    ma10 = (close + lag (close) + lag2 (close) + lag3 (close) +
lag4 (close) + lag5 (close) + lag6 (close) + lag7 (close) + lag8
(close) + lag9 (close)) /10;
    wma10 = (10 * close + 9 * lag (close) + 8 * lag2 (close) + 7 *
lag3 (close) + 6 * lag4 (close) + 5 * lag5 (close) + 4 * lag6 (close)
+ 3 * lag7 (close) + 2 * lag8 (close) + lag9 (close)) /55;
    w1 = 0.6;
    retain ewma1;
    if _n_ =1 then ewma1 = close;
    else ewma1 = w1 * close + (1 - w1) * ewma1;
run;
```

4.2.4 绘制原始价格序列和移动平均序列的图形

利用 GPLOT 过程，用户可以在同一张图中绘制原始股价序列和各种移动平均序列的图形，以便进行股票市场的技术分析。下面利用刚才创建的 SAS 数据集 sjk4_2a 来绘制这种图形。

【例 4-5】 利用 GPLOT 过程，在同一张图形上绘制 2006 年全年上证指数的收盘价序列和上证指数收盘价的简单移动平均序列的图形。

104

绘制这个图形的 SAS 程序如下：

程序 cx4－5

```
data sjk4 _2b;
    set sjk4 _2a;
    day =_ n_;
proc gplot data =sjk4 _2b;
    where 10 <day <252;                  /* 只读取 2006 年度的数据* /
    plot close* day  ma10* day / overlay vaxis =axis1 haxis =axis2;
    symbol1 v =. h =1I =join L =1 font =swissb;
    symbol2 v =* h =1I =join L =1 font =swissb;
    axis1 label = （"price"）order = (1200 to 2500 by 100);
    axis2 label = （"day"）order = (0 to 250 by 25);
run;
```

句法说明：

OVERLAY——plot 语句中的这个选项要求将两个图形，即指数收盘价的走势图和简单移动平均序列的走势图，画在同一张图形上。

SAS 运行这个程序后，绘制出 2006 年全年上证指数收盘价和 10 天简单移动平均序列的图形，见图 4－5。从图 4－5 可以看到，简单移动平均序列在保持原价格序列的变化趋势的同时，一些随机因素对原价格序列的影响被消除了，或者说，在保持原有股价变化趋势的同时，简单移动平均序列比原始股价序列更加平滑。

只要将上面程序中简单移动平均序列的变量名 ma10 分别改成加权移动平均序列的变量名 wma10 和指数加权移动平均序列的变量名 ewma1，就可以分别绘制出原始股价序列与其他移动平均序列的图形。这些图形分别见图 4－6、图 4－7。

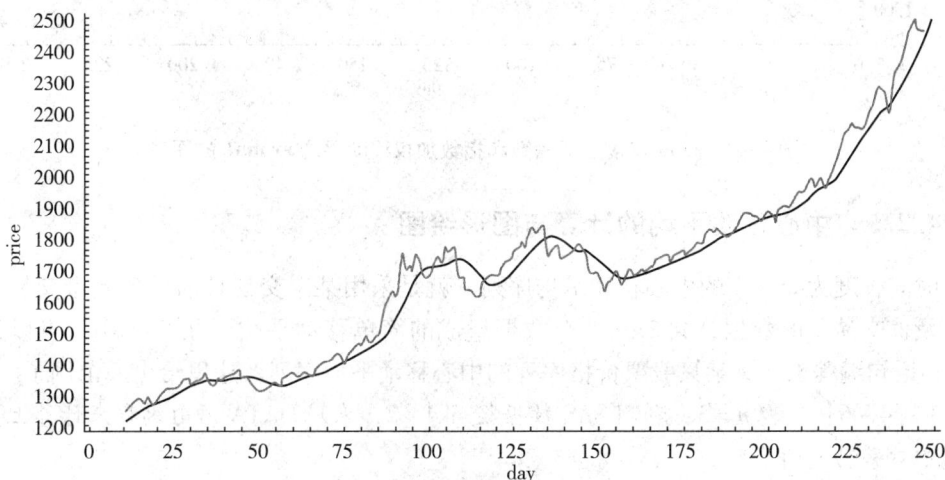

图 4－5　2006 年度上证指数和简单移动平均的图形

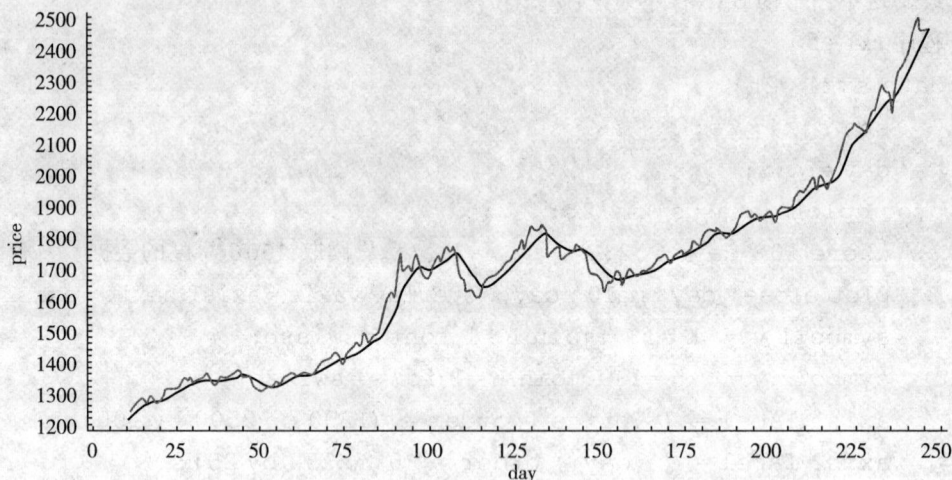

图 4 – 6　2006 年度上证指数和加权移动平均的图形

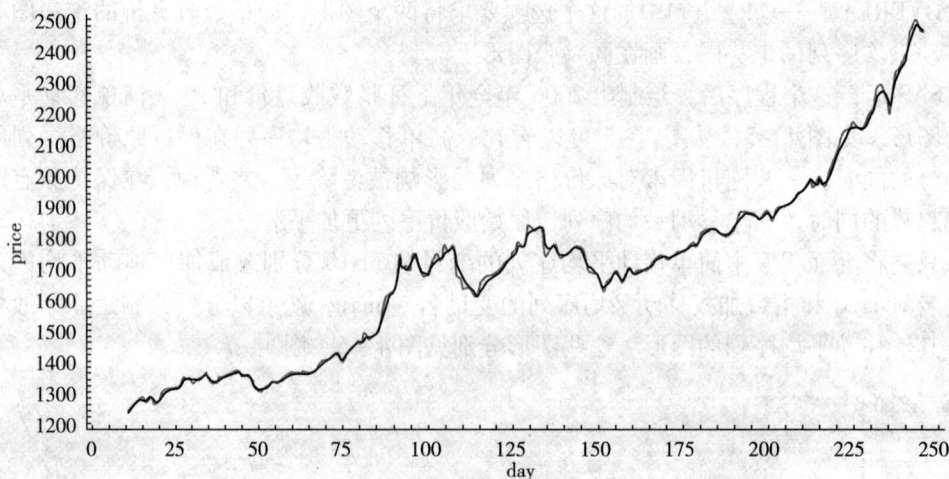

图 4 – 7　2006 年度上证指数和指数加权移动平均 ewma1 的图形

4.2.5　中心移动平均的计算与图形绘图

时间长度为 $2n+1$ 的中心移动平均序列，就是采用某个交易日前后各 n 个交易日数据以及该交易日的数据，共 $2n+1$ 个数据组成的简单移动平均。在 SAS 中，可以采用 DATA 语句编程来计算某只股票价格序列的中心移动平均序列。这里给出一个例子。

【例 4 – 6】　取 $n=3$，利用 SAS 数据集 sjk4 _ 2，采用 DATA 语句编程来计算上证指数的中心移动平均序列。

计算上证指数的中心移动平均序列的 SAS 程序如下：

程序 cx4 – 6a

```
data sjk4 -2b3;
```

```
    set sjk4 _2;
    if _ n _ >3;
    close3 = close;
data sjk4 _2b2;
    set sjk4 _2;
    if _ n _ >2;
    close2 = close;
data sjk4 _2b1;
    set sjk4 -2;
    if _ n _ >1;
    close1 = close;
data sjk4 _2b;
    merge sjk4 _2b3 sjk4 _2b2 sjk4 _2b1 sjk4 _2;
    cma = (lag3 (close) + lag2 (close) + lag (close) + close +
close1 + close2 + close3) /7;
    run;
```

这个程序提交后，在新创建的 SAS 数据集 sjk4 _2b 中，变量 cma 给出了对应于每个交易日的上证指数的中心移动平均序列的值。2006 年度上证指数收盘价和中心移动平均序列的图形见图 4 - 8。

上面这个计算中心移动平均序列的 SAS 程序还可以改写为

程序 cx4 - 6b

```
data sjk4 -2b1;
    set sjk4 _2 (firstobs =4);
    close3 = close;
    set sjk4 _2 (firstobs =3);
    close2 = close;
    set sjk4 -2 (firstobs =2);
    close1 = close;
data sjk4 _2b;
    merge sjk4 _2b1 sjk4 _2;
    cma = (lag3 (close) + lag2 (close) + lag (close) + close +
close1 + close2 + close3) /7;
    run;
```

句法说明：

SET sjk4 _2 (firstobs =4) ——从 sjk4 _2 的第 4 个观测开始读取数据。在本例中，下一个语句为 close3 = close，这样 SAS 就将 sjk4 _2 中变量 close 的第 4 个观测作为数据集 sjk4 _2b 中变量 close3 的第 1 个观测。同样的，后面的语句分别将 sjk4 _2 中变量 close 的第 3 个、第 2 个观测，作为 sjk4 _2b 中变量 close2、close1 的第 1 个观测。

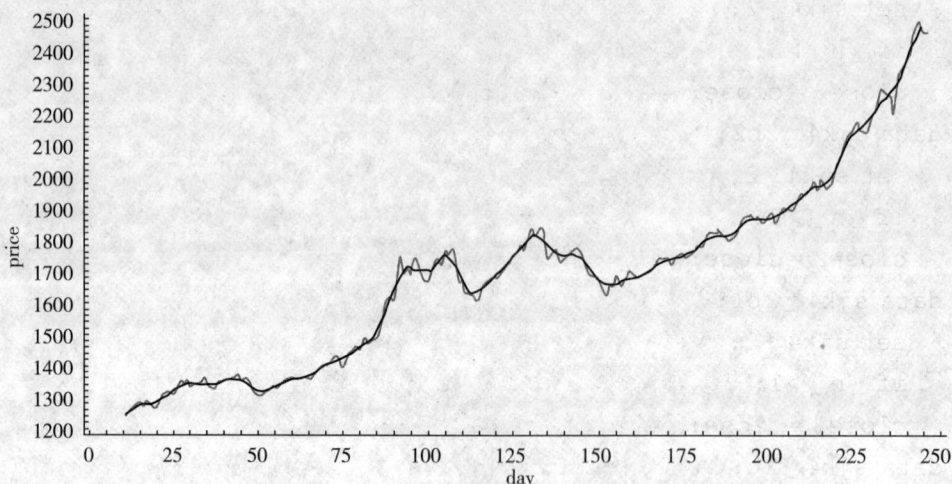

图 4 - 8　2006 年度上证指数和中心移动平均序列的图形

4.3　用交叉模式分析买卖信号

4.3.1　交叉模式简介

用交叉模式分析买卖信号，就是通过分析股票的原始价格线与移动平均线的交叉形式，或者通过分析短期移动平均线与长期移动平均线的交叉形式，来捕捉股票买进与卖出的信号。原始价格序列当前值的周围有着较大的随机波动，而移动平均值则相对平稳，长期移动平均值尤其如此。原始价格序列中少数几个交易日的上涨或者下跌，在移动平均值中通常只有很小的变化。如果股票价格持续上涨或持续下跌，股票价格的运行形成了一种新趋势，那么移动平均值就会反映出这种变化。

在很多时候，如果股票价格的运行发生了趋势性变化，原始价格序列将会越过移动平均线。当原始价格线或短期移动平均线从下往上与长期移动平均线交叉时，通常表明股票价格的运行出现了上升趋势，这就产生一个买进信号；当原始价格线或短期移动平均线从上往下与长期移动平均线交叉时，通常表明股票价格的运行出现了下降趋势，这就产生一个卖出信号。为了投资安全起见，投资者可以在长期移动平均线周围加上一个带形区域，只有原始价格线或短期移动平均线在合适的方向跨越了这个带形区域，才确认其为一个交易信号。

除了原始价格线或短期移动平均线与长期移动平均线的交叉形式外，投资者还可以通过波动（oscillator）序列来分析买卖信号。波动是短期移动平均与长期移动平均的差值或比率，若波动序列越过了某个参照值，就会产生一个交易信号。同样为了投资安全，投资者可以在参照值上附加一个带状约束，波动必须在合适的方向越过了这个带状约束，才确认其是一个交易信号。

4.3.2　建立简单的交叉模式

运用交叉模式产生交易信号的一种简单方式，是建立股价界限交叉模式，即设置买入和卖出股票的价格界限。设置买入界限的方法是预先设定买入股票的价格界限，当股票价格上涨至突破这个界限时买入；设置卖出界限的方法是预先设定卖出股票的价格界限，当股票下跌至突破这个界限时卖出。这样，当股票价格越过某个预先设定的价格界限时，就产生了一个交易信号。

设置买入价格界限的一种策略，是将阻挡水平线处的价格设置为买入界限。阻挡水平线又称阻挡压力线，是阻挡股票价格再上涨的压力水平，它反映了实际的或潜在的卖盘，其数量可以满足当时价位的所有买盘，从而对上升的股票价格形成压力。如果上涨的股票价格冲破了阻挡水平线，冲破压力后的股票价格通常会呈现继续上涨的趋势，这就产生了一个买入信号。

设置卖出价格界限的一种策略，是将在支撑水平线处的价格设置为卖出界限。支撑水平线是支持股价不再下跌的水平，它反映了实际的或潜在的买盘，其数量可以满足当时价位的所有卖盘，从而对下跌的股票价格形成支撑。如果股票价格跌穿了支撑水平线，冲破了支撑后的股票价格通常会呈现继续下跌的趋势，这就产生了一个卖出信号。

用这种简单交叉模式来分析股票买卖信号的方法，比较适用于那些股价曾保持相对稳定，又有待发生某种变化的股票。如果一只股票的价格经常出现戏剧性的上涨或下跌，这种简单交叉模式就不适用。

在 SAS 中，可以使用 GPLOT 过程来描绘股票价格变动的图形，并且发现由这种简单交叉模式所产生的交易信号。

【例 4 - 7】　在数据集 sjk4 _1 中，如果假设股票的支撑水平线的价格为 46，压力水平线的价格为 49，利用简单交叉模式分析股票的买卖信号，并且分析这个信号出现在哪一天，是买入信号还是卖出信号。

为了回答这些问题，首先利用 GPLOT 过程绘制相关的技术分析图形，见图 4 - 10。这个图形可以通过下面的 SAS 程序得到。

程序 cx4 -7

```
data sjk4 _1a;
    set sjk4 _1;
    day = _ n _;
proc gplot data = sjk4 _1a;
    plot close* day / vaxis = axis1 haxis = axis2 vref = 46 49;
    symbol1 v = *  h = 2 I = join L = 1 font = swissb;
    axis1 label = ('price') order = (42 to 50 by 1) minor = (n =1)
color = red;
    axis2 label = ('day') order = (1 to 200 by 10) minor = (n =6);
run;
```

句法说明：

vref = 46 49——PLOT 语句中的这个选项，要求作图时画出纵轴值分别等于 46、49 的两条水平线，在本例中，这两条线分别代表了支撑水平线和压力水平线。在 SAS 中，如果要在作图时画出横轴值分别为 a 和 b 的两条垂直线，则在 plot 语句中，需要加上选项：href = a b。

图 4 – 9 显示，在从 2004 年 1 月 2 日开始算起的第 168 个交易日（2004 年 9 月 10 日），股票的价格跌至支撑水平线 46 以下，从而发出一个卖出信号。若此时及时卖出，投资者可以避免后面因股票价格继续下跌而造成的损失。

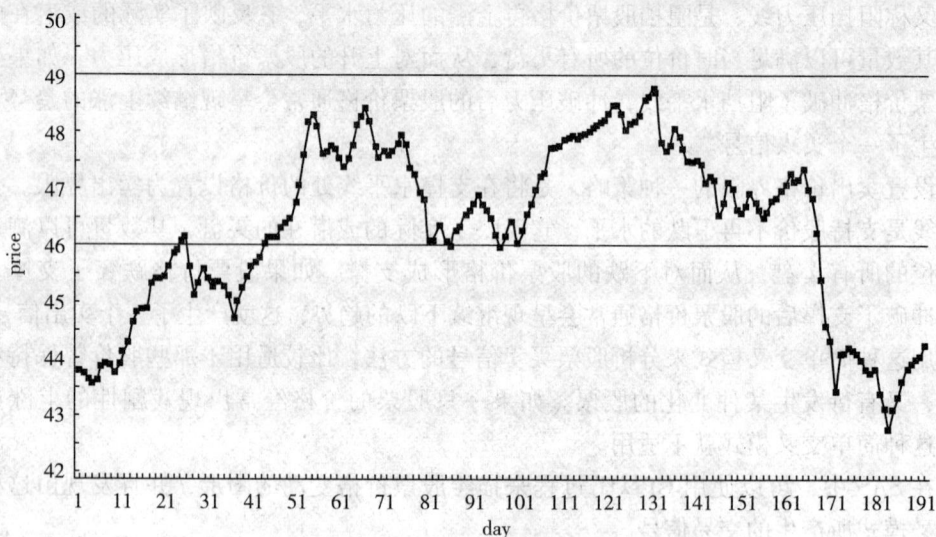

图 4 – 9　简单交叉模型的图形

这里需要注意的是，在运用股价界限交叉模式时，有可能产生的一个错误是，投资者可能会对某个错误的或者无意义的信号做出反应。如在上例中，如果股票价格跌至 46 元以下后，又戏剧性地回升，那么投资者就会发现，他是在不合事宜的时机，以不明智的价格卖出了股票。如果一只股票的价格时常发生这种戏剧性的变化，股价界限交叉模式对这只股票就不适用。还需要注意的是，运用股价界限交叉模式时，股票的买入界限和卖出界限需要依据市场条件的变化而不断调整，特别是当股票价格呈现出上涨或者下跌趋势时。

用股价界限交叉模式分析买卖信号（也包括用移动平均交叉模式分析买卖信号）时还需要注意，当交叉模式产生一个交易信号时，这个信号可能是很重要的（若发生在股价大变动之前），也可能是没有意义的（若发生在股价小变动之前）。交易信号可能很强大（在交叉点之后，移动平均发生较大变化），也可能很微弱（在交叉点之后，移动平均没有什么变化）。很多时候，投资者只有在事后才体会到交易信号的重要性和强有力。

4.3.3　建立移动平均的交叉模式

利用交叉模式产生交易信号的另外一种方式，是建立移动平均的交叉模式，即通过原始价格线与移动平均线的交叉模式，或者利用两种不同移动平均线的交叉模式来产生交易信号。运用移动平均交叉模式产生交易信号，可以避免股价界限交叉模式中存在的一种缺陷：产生交易信号的价格不会随着市场的变化而调整。在移动平均交叉模式中，原始价格序列与移动平均线相交叉的价格（或两条不同移动平均线相交叉的价格）——产生交易信号的价格，能够随着市场的变化而不断调整。

移动平均交叉模式通过平滑随机波动、依靠移动平均线来揭示原始价格序列的趋势性变化。原始价格序列当前值的周围有着较大的随机波动，而移动平均序列则相对平稳些。原始价格序列中少数几个交易日的上涨或下跌，在移动平均中或许只有很小的变化。如果股票价格持续上涨或持续下跌，股价运行出现了一种新趋势，移动平均值最终会反映这个变化——原始价格序列将穿越移动平均线。若原始价格序列从下往上越过移动平均线，表明股价序列可能开始呈现上涨趋势，因此可以认为是一个买进信号。若原始价格序列从上往下穿越移动平均线，表明股价可能开始呈现下跌趋势，因此可以认为是一个卖出信号。依赖个人对新趋势的强度和持续时间的预测，投资者可以据此做出买卖决策。

为了创建和运用移动平均的交叉模式来产生交易信号，在选择移动平均线时，投资者通常需要考虑下列因素：

（1）移动平均长度的选择。移动平均的长度选择是否恰当，在很大程度上决定了移动平均的交叉模式所发出信号的价值。不正确的移动平均长度选择，往往只会提供无意义的信号。如果移动平均的长度过短，在实际运用中，交叉模式会提供过多的信号，这样投资者就很难从众多无意义的信号中分辨出重要信号。如果移动平均的长度过长，交叉模式或者很少产生交易信号，或者产生信号的时间太晚。

（2）移动平均计算方法的选择。简单移动平均比较适合相对平稳的序列，加权移动平均比较适合波动较大的序列，指数平滑移动平均当平滑系数较小时比较适合相对平稳的序列，当平滑系数较大时比较适合波动较大的序列，中心移动平均或许能够提供更加精确的信息，但这种精确却以一定的时间滞后为代价。

这里给出一个利用移动平均交叉模式分析股票买卖信号的例子。

【例 4 - 8】　在数据集 sjk4 _ 1 中，利用股票的原始价格序列与 10 天简单移动平均序列的交叉模式，与 5 天加权移动平均线的交叉模式，以及与指数（权重为 0.085）平滑移动平均序列的交叉模式，来分析股票的买卖信号。

为了进行这样的分析，需要创建一个包括原始价格序列和指定的三种移动平均序列的 SAS 数据集，这个数据集的创建，可以通过下面的 SAS 程序来实现。

程序 cx4 - 8a

```
data sjk4 _1b;
   set sjk4 _1;
   day = _ n _;
   ma10 = (close + lag (close) + lag2 (close) + lag3 (close) +
lag4 (close) + lag5 (close) + lag6 (close) + lag7 (close) + lag8
(close) + lag9 (close)) /10;
```

```
maw = (5 * close + 4 * lag (close) + 3 * lag2 (close) + 2 * lag3
(close) + lag4 (close)) /15;
    w = 0.085;
    retain ewma;
    if _ n _ = 1 then ewma = close;
    else ewma = w * close + (1 - w) * ewma;
run;
```

创建好需要的 SAS 数据集后,可以利用 GPLOT 过程来绘制原始价格序列与移动平均序列的交叉模式图形,以分析买卖信号。下面仅给出绘制原始价格序列与 10 天简单移动平均序列的交叉模式的 SAS 程序,绘制原始价格序列与其他移动平均线的交叉模型的 SAS 程序可同样编写。

程序 cx4 – 8b
```
proc gplot data = sjk4 _ 1b;
    plot close * day ma10 * day / vaxis = axis1 haxis = aixs2 overlay
href = 38 101 131 165;
    symbol1 v = . h = 1I = join L = 1 font = swissb;
    symbol2 v = noneI = join L = 2;
    axis1 label = ('price') order = (42 to 50 by 1) minor = (n = 1);
    axis2 label = ('day') order = (1 to 200 by 10) minor = (n = 6);
run;
```

这个程序提交后,SAS 绘制的交叉模式图形见图 4 – 10,图中比较光滑的曲线是 10 天移动平均线,另一条曲线为原始价格线。从这个图形可以看到,由于 10 个交易日的时间段相对较短,股票价格的随机波动对移动平均值的影响依然较大,股票的原

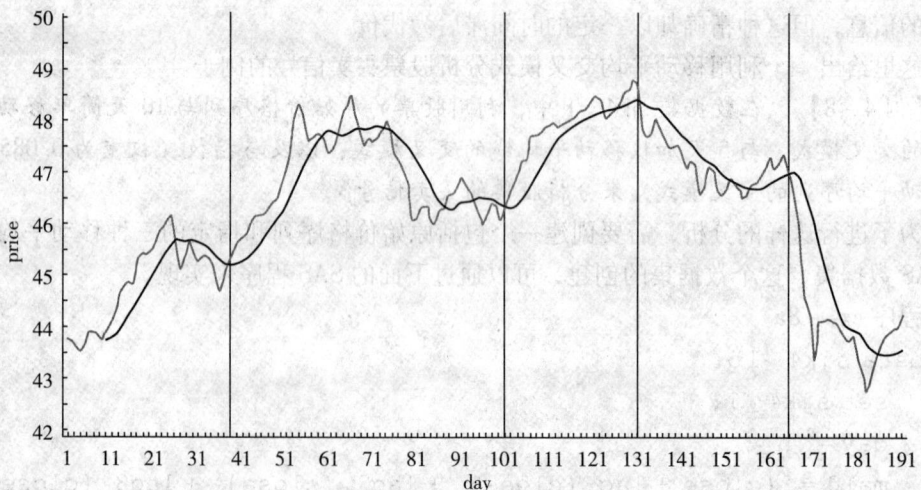

图 4 – 10 原始股价与 10 天简单移动平均的交叉图形

始价格序列与 10 天简单移动平均序列频繁交叉，有些交叉确实给出了很有价值的买卖信号，如分别对应于 2004 年 3 月 5 日（day = 38）和 2004 年 6 月 9 日（day = 101）的前两条垂直线处的两个交叉，这两个交叉都是有价值的买入信号；分别对应 2004 年 7 月 21 日（day = 131）和 2004 年 9 月 7 日（day = 165）的后两条垂直线处的两个交叉，这两个交叉都是有价值的卖出信号。但是，也有一些交叉发出的买卖信号并没有价值。

图 4 - 11、图 4 - 12 分别给出了股票的原始价格序列与 20 天简单移动平均序列的交叉图形（图中四条垂直线分别为：day = 38，day = 101，day = 131，day = 165），以及原始价格序列与 30 天简单移动平均序列的交叉图形（图中四条垂直线分别为：day = 38，day = 102，day = 132，day = 165）。从这两个图形可以看到，随着时间段的延长，股票价格的随机波动对移动平均值的影响逐步降低，在这两个图形中，无价值的交叉信号减少了，有价值的交叉信号依然得到保留。

图 4 - 13（图中四条垂直线为：day = 37，day = 102，day = 131，day = 165）和图 4 - 14（图中四条垂直线为：day = 37，day = 102，day = 132，day = 165）分别给出股票的原始价格序列与加权移动平均序列的交叉图形，以及与指数平滑移动平均序列的交叉图形。从这两个图形可以看到，在构建加权移动平均序列时，由于所取的时间段长度只有 5 天，很多随机波动不能在移动平均序列中消除，因此尽管有价值的买卖信号在图 4 - 13 中依然保留，但这个图形同时也给出了较多并无价值的交叉信号；此外，由于在构建指数平滑移动平均序列时 ω 的取值为 0.08，最近一个交易日的股价对移动平均序列的影响很小，即股票价格的随机波动对移动平均序列的影响被降低，因此在图 4 - 14 中，无价值的交叉信号减少了很多，而有价值的买卖信号依然得到保留。

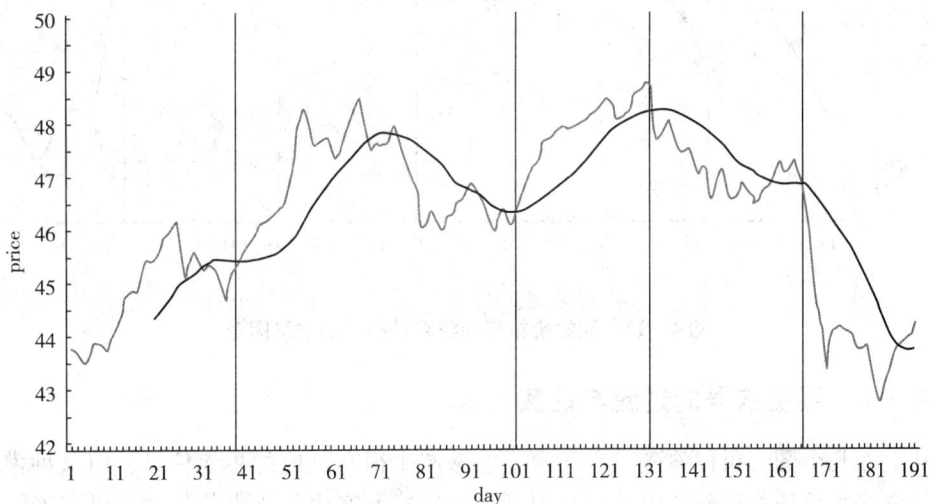

图 4 - 11　原始股价与 20 天简单移动平均的交叉图形

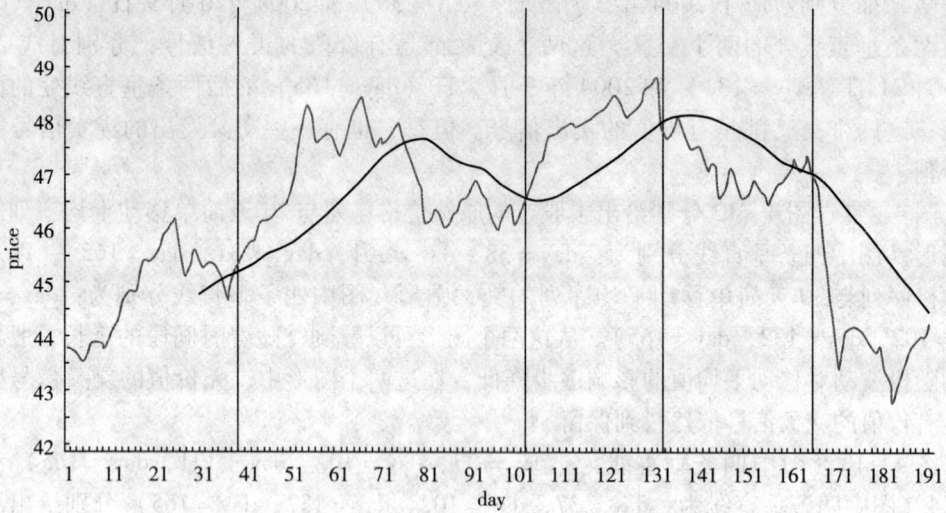

图 4 – 12　原始股价与 30 天简单移动平均的交叉图形

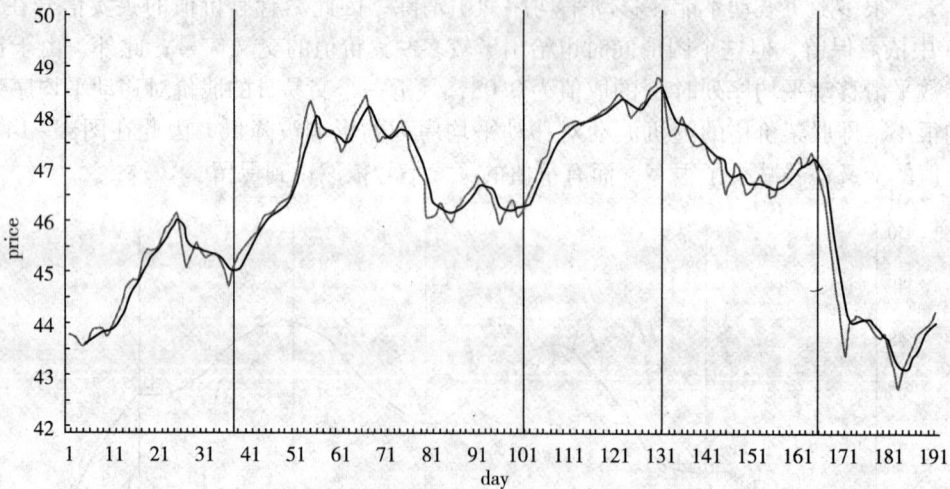

图 4 – 13　原始价格与加权移动平均的交叉图形

4.3.4　买卖信号的过滤与证实

从上面几个图形可以看到，交叉模式能够产生很有价值的买卖信号，但这种模式也会产生许多无价值的信号。因此，在识别交叉模式所产生的买卖信号时，投资者需要小心谨慎，除了需要考察不同计算方法、不同期限的移动平均线所产生的交易信号的数量与重要性——对买卖信号进行识别外，投资者通常还需要利用其他的市场信息，特别是股票成交量的信息，来证实买卖信号的可靠性。

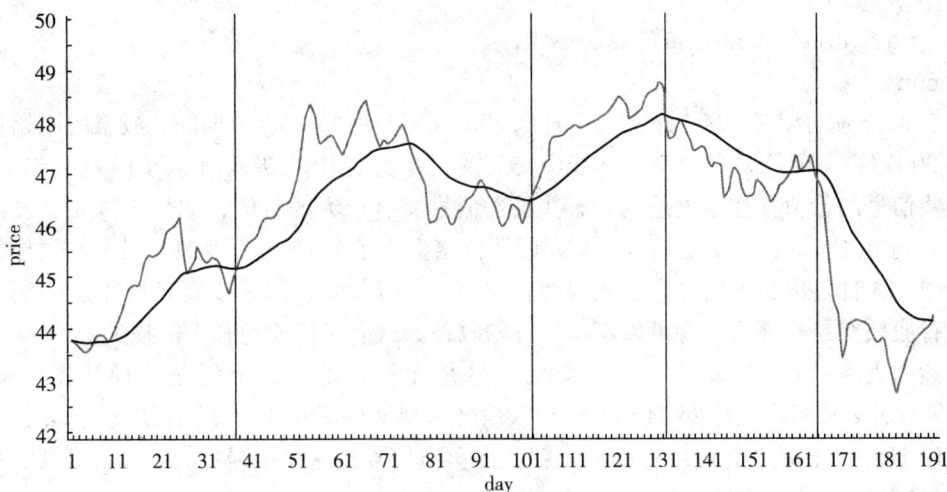

图 4 – 14　原始股价与指数平滑移动平均的交叉图形

（一）列举与过滤买卖信号

判断交叉模式所产生的买卖信号是否有价值的一种方法，是列举不同计算方法、不同期限的移动平均线所产生的买卖信号，并对这些买卖信号的特点进行比较，从而过滤掉一些无价值的信号。这里用一个例子来说明。

【例 4 – 9】　在数据集 sjk4＿1 中，列举股票原始价格序列与 10 天简单移动平均序列、与 30 天简单移动平均序列及与指数平滑移动序列的全部交叉信号，并对这些信号进行过滤。

这里采用 DATA 步语句编程，并分几个步骤来对这些信号进行过滤。

1. 列举原始价格序列与移动平均线所产生的买卖信号。这里给出列举原始价格序列与 10 天移动平均序列所发出的买卖信号的 SAS 程序，这个程序的运行结果见表 4 – 3。列举原始价格序列与 30 天简单移动平均序列所发出的全部买卖信号的 SAS 程序，以及列举原始价格系列与指数平滑移动序列所发出的全部买卖信号的 SAS 程序，可以同样编写。

程序 cx4 – 9a

```
data sjk4＿1a;
  set sjk4＿1;
  ma10 = (close + lag (close) + lag2 (close) + lag3 (close) +
lag4 (close) + lag5 (close) + lag6 (close) + lag7 (close) + lag8
(close) + lag9 (close)) /10;
    if close > = ma10 then action = 'buy';
    if close < ma10 then action = 'sell';
    if action ^ = lag (action) then output; /* 如果原始价格线穿越移动
平均线* /
```

```
proc print data = sjk4 _1a;
  var date close ma10 action;
run;
```

表4-3显示，在2004年1月2日到2004年11月15日这个期间，股票的原始价格线共20次穿越10天简单移动平均线，交叉模式共发生10次买入信号与10次卖出信号。但这些信号的价值存在很大差别，有些买卖信号具有很大的价值，如从3月5日发出买入信号到4月6日发生卖出信号，其间股票价格上涨了5.1%；从9月7日发出卖出信号到10月13日发出买入信号，其间股票价格下跌了7.2%，如果投资者按照这些交叉信号进行股票交易，那么或者可以获得较好的收益，或者可以避免较大的损失。

然而表4-3也显示，有一些交叉信号是无价值的，甚至仅是一种拉锯（whipsaw）①，如交叉模式4月26日刚发出买入信号，交叉模式在4月27日就发出卖出信号；8月19日才发出买入信号，8月20日就发出卖出信号。这些拉锯式的买卖信号其实只反映了股票价格的随机波动，并没有实际价值。

表4-3　　　　原始股价线与10天移动平均线的全部交叉信号

OBS	DATE	CLOSE	MA10	ACTION
1	01/02/04	43.79	.	buy
2	02/18/04	45.63	45.693	sell
3	03/05/04	45.27	45.246	buy
4	04/06/04	47.56	47.755	sell
5	04/09/04	47.74	47.735	buy
6	04/16/04	47.75	47.865	sell
7	04/26/04	47.96	47.883	buy
8	04/27/04	47.78	47.835	sell
9	05/21/04	46.53	46.286	buy
10	05/31/04	46.48	46.515	sell
11	06/10/04	46.53	46.314	buy
12	07/12/04	48.06	48.214	sell
13	07/15/04	48.32	48.273	buy
14	07/22/04	47.83	48.359	sell
15	08/19/04	46.91	46.861	buy
16	08/20/04	46.77	46.814	sell
17	08/26/04	46.80	46.709	buy
18	09/07/04	46.97	47.011	sell
19	10/13/04	43.60	43.464	buy
20	10/26/04	43.54	43.962	sell
21	11/05/04	43.70	43.450	buy

① 买入信号与卖出信号的急速转变被称为拉锯。

116

表4-4与表4-5分别给出原始价格线与30天简单移动平均线的交叉模式，以及原始价格线与指数平滑移动平均线的交叉模式所发出的全部买卖信号。从表4-4可以看到，采用30天简单移动平均线后，由于股票价格的随机波动对移动平均线的影响在一定程度上被消除，交叉模式发出的买卖信号减少了一半，但有价值的买卖信号依然得到保留。表4-5则显示，与30天的简单移动平均相比，指数平滑移动平均对无意义信号过滤作用较小。

表4-4　　　　　原始股价线与30天简单移动平均线的全部交叉信号

OBS	DATE	CLOSE	MA30	ACTION
1	01/02/04	43.79	.	buy
2	03/03/04	44.71	45.0863	sell
3	03/05/04	45.27	45.1697	buy
4	04/28/04	47.37	47.6083	sell
5	06/11/04	46.72	46.5657	buy
6	07/22/04	47.83	48.0087	sell
7	09/01/04	47.30	47.1370	buy
8	09/02/04	47.08	47.1120	sell
9	09/03/04	47.17	47.0950	buy
10	09/07/04	46.97	47.0443	sell
11	11/05/04	43.70	43.6673	buy

表4-5　　　　　　原始股价线与指数平滑移动平均线的全部交叉信号

OBS	DATE	CLOSE	EWMA	ACTION
1	01/02/04	43.79	43.7900	buy
2	01/05/04	43.73	43.7849	sell
3	01/09/04	43.88	43.7548	buy
4	01/14/04	43.76	43.7768	sell
5	01/15/04	43.91	43.7881	buy
6	03/02/04	45.11	45.2107	sell
7	03/05/04	45.27	45.1660	buy
8	04/28/04	47.37	47.5744	sell
9	05/26/04	46.89	46.7740	buy
10	05/27/04	46.73	46.7702	sell
11	06/10/04	46.53	46.5005	buy
12	07/22/04	47.83	48.1273	sell
13	08/31/04	47.06	47.0108	buy
14	09/07/04	46.97	47.0660	sell
15	10/20/04	44.24	44.1631	buy
16	10/22/04	44.17	44.1806	sell
17	11/08/04	43.82	43.7480	buy

2. 交叉信号的过滤方法。在列举交叉模式所产生的全部买卖信号后，投资者可以通过一定的方法来过滤掉那些没有意义的交叉信号。过滤的方法有多种，这里介绍其中的两种。

（1）过滤拉锯式的买卖信号。在用交叉模式分析买卖信号时，买卖信号的急速转变称为拉锯。拉锯式的买卖信号是没有意义的，这种信号只反映原始股价序列的随机波动，而不是反映股价运行的新趋势。过滤掉拉锯式的买卖信号，有助于投资者对有价值信号的识别。

过滤拉锯式买卖信号的一种方法是限制买卖信号变化的频率，如果在短短几个交易日内，买卖信号就从买入变为卖出或从卖出变为买入，就可以认为这些信号是拉锯式信号，应将其过滤掉。例如，假设事先设定买卖变化少于 5 个交易日的交叉信号是拉锯式信号，通过下面的 SAS 程序可以将表 4 - 3 中满足条件的拉锯式信号过滤掉。

程序 cx4 -9b

```
data sjk4 _1a;
    set sjk4 _1;
    ma10 = (close +lag (close) +lag2 (close) +lag3 (close) +
lag4 (close) +lag5 (close) +lag6 (close) +lag7 (close) +lag8
(close) +lag9 (close)) /10;
    if close > = ma10 then action = 'buy';
    if close < ma10 then action = 'sell';
    if action^ = lag (action) and action^ = lag2 (action) and ac-
tion^ = lag3 (action) and action^ = lag4 (action) and action^ = lag5
(action) then output;
data a;
    set sjk4 _1a;
    ifaction^ = lag (action);
  proc print data = a;
    var data close ma10 action;
  run;
```

这个程序提交后，SAS 的运行结果见表 4 - 6。从表 4 - 6 中可以看到，通过事先设定的过滤方法，原来的 20 个买卖信号中，有 8 个买卖信号被认定为是拉锯信号，因此在表4 -6中被过滤掉。

表 4 - 6　　　　原始股价线与 10 天移动平均线的买卖信号（过滤掉拉锯式信号）

OBS	DATE	CLOSE	MA10	ACTION
1	01/02/04	43. 79	.	buy
2	02/18/04	45. 63	45. 693	sell
3	03/05/04	45. 27	45. 246	buy
4	04/06/04	47. 56	47. 755	sell

续表

OBS	DATE	CLOSE	MA10	ACTION
5	04/26/04	47. 96	47. 883	buy
6	05/31/04	46. 48	46. 515	sell
7	06/10/04	46. 53	46. 314	buy
8	07/12/04	48. 06	48. 214	sell
9	08/19/04	46. 91	46. 861	buy
10	09/07/04	46. 97	47. 011	sell
11	10/13/04	43. 60	43. 464	buy
12	10/26/04	43. 54	43. 962	sell
13	11/05/14	43. 70	43. 450	buy

（2）设置安全系数过滤无价值信号。投资者也可以通过设置安全系数的方式，过滤掉一些无意义的交易信号。安全系数可以是某个特定的百分数或某个特定的值。用安全系数过滤无价值信号的方法为：只有当原始股价线从下往上穿越移动平均线并超过安全系数后，才发出买入信号；只有当原始股价线从上往下穿越移动平均线并超过安全系数后，才发出卖出信号。如果取安全系数的值为 0.5，下面的 SAS 程序可以对表 4 - 3 中的买卖信号进行过滤。这个程序的执行结果见表 4 - 7。

程序 cx4 - 9c

```
data sjk4 _1a;
    set sjk4 _1;
    ma10 = (close +lag (close) +lag2 (close) +lag3 (close) +
lag4 (close) + lag5 (close) + lag6 (close) + lag7 (close) + lag8
(close) +lag9
(close)) /10;
    if close > = ma10 +0.5 then action = 'buy';
    else if close < ma10 -0.5 then action = 'sell';
    else action1 =0;
data a;
    set sjk4 _1a;
    if action1^ =0;
    if action^ =lag (action);
proc print data =a;
    var date close ma10 action;
run;
```

表 4 –7   安全系数取 0.5 时原始股价线与 10 天移动平均线的买卖信号

OBS	DATE	CLOSE	MA10	ACTION
1	01/02/04	43.79	.	buy
2	02/19/04	45.11	45.672	sell
3	03/12/04	46.04	45.401	buy
4	04/30/04	46.95	47.557	sell
5	06/14/04	47.00	46.375	buy
6	07/22/04	47.83	48.359	sell
7	10/18/04	43.99	43.484	buy
8	10/28/04	43.32	43.904	sell

表 4 –7 显示，在设置了安全系数后，原始价格线与 10 天简单移动平均线的交叉模式所发生的买卖信号大幅减少，许多无意义的买卖信号被过滤掉了。

（二）利用成交量证实买卖信号

在识别交叉模式所发出的买卖信号时，由于任何一种过滤方法都没有办法完全过滤掉无意义的，甚至是错误的信号，因此在利用交叉模式进行股票买卖决策时，投资者还需要分析其他的市场信息，特别是分析股票成交量的信息，来进一步证实交叉模式所发出的买入与卖出信号的价值。

在数据集 sjk4 – 1 中，变量 volume1 和 volume2 分别表示股票的外盘买入成交量和内盘卖出成交量，这里引入一个新变量：买卖差额 = 买入成交量 – 卖出成交量，这个新变量的值可以反映买卖双方力量的变化。当买卖差额 > 0 时，显示买方力量大于卖方力量；反之则表示卖方力量大于买方力量。我们利用这个新变量对原始股价线和指数平滑移动平均线的交叉模式所发出的买卖信号进行证实。为此，需要在同一张图上绘制包含买卖差额以及原始股价线与指数平滑移动平均线的交叉模式的图形。下面是绘制这个图形的 SAS 程序。

程序 cx4 –9d

```
data sjk4 _1a;
  set sjk4 _1;
  mmce = volume1 - volume2;
  day = _ n _;
  w = 0.085;
  retain ewma;
  if _ n _ = 1 then ewma = close;
  else ewma = w* close + (1 - w) * ewma;
proc gplot data = sjk4 _1a;
    plot close* day ewma* day / overlay vaxis = axis1 haxis = ax-
is2;
    plot2 mmce* day / vaxis = axis3 vref = 0;  /* 以资金流入数量作为
```

右纵轴*/
```
symbol1 v =. h =1I =join L =1 font =swissb;
symbol2 v =noneI =join L =2;
symbol3 v =noneI =needle h =1 L =1;
axis1 label = ('price') order = (42 to 48 by 1) offset = (30, 0);
axis2 label = ('day') order = (1 to 210 by 10);
axis3 label = ('mmce') order = (-6 to 6 by 2) offset = (0,
30);
run;
```

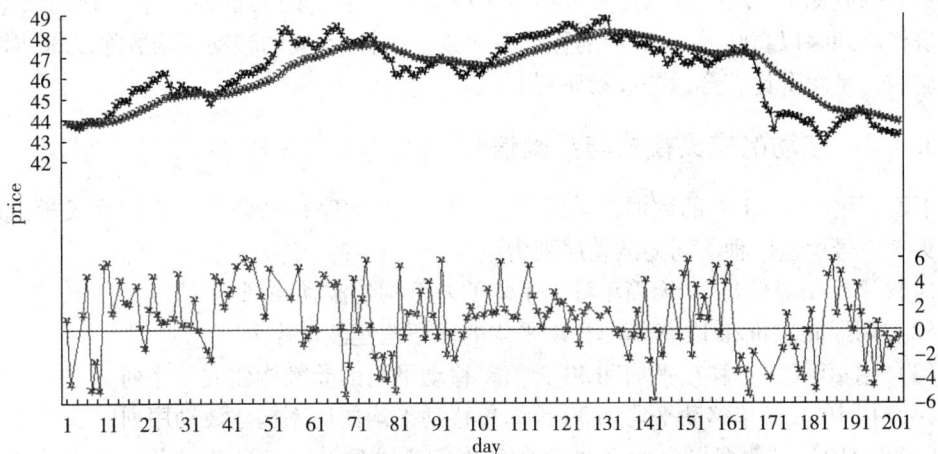

图 4 – 15　股票买卖差额与原始股价线与指数加权移动平均的图形

这个程序提交后，SAS 系统绘制的图形见图 4 – 15。图 4 – 15 显示，在 9 月 7 日（day =165），股票的原始股价线与指数平滑移动平均线的交叉模式发出了卖出信号，如果注意到在 9 月 7 日之前的几个交易日中，该股票的买卖差额值都在 0 以下，或者说，卖方力量都是强于买方力量，那么可以确认这个卖出信号。

4.4　运用交叉的波动形式

4.4.1　波动序列的构建方式

用交叉模式来分析交易信号，除了可以采用两个不同序列的交叉模式外，也可以只用一个序列——波动序列来分析买卖信号。波动序列是由两个不同序列按照某种方式构建的一个新序列，波动序列的生成方法有：

（1）用原始价格与某个移动平均的差，或用短期移动平均与长期移动平均的差额来构建波动序列。

（2）用原始价格和某个移动平均的比率，或用短期移动平均和长期移动平均的比率来构建波动序列。

利用两种序列的差额构建的波动序列称为差额波动序列，利用两种序列的比率构建的波动序列称为比率波动序列。差额波动序列表示序列间的水平差额，比率波动序列表示序列间的百分数差额。如果上证指数从 2000 点移动到 2200 点，则有 200 点的差额，或 10% 的波动；而如果上证指数从 3000 点移动到 3200 点，则还是有 200 点的差额，但只有 6.7% 的波动。

差额波动序列以 0 为中心，比率波动序列以 1 为中心。投资者利用交叉的波动形式来分析买卖信号时，需要选择合适的波动序列。但什么才是合适的波动序列，不同投资者有不同的判断。例如，Colby 和 Meyers（1988）在他们的实证检验中得到的结论为：原始价格序列除以 200 天或 40 周的移动平均数，或者 15 周的移动平均数除以 36 周的移动平均数，是两个比较合适的波动序列。

4.4.2 波动的交叉模式与买卖信号

下面利用 sjk4_1 中的数据，采用四种不同的波动序列来分析它们的交叉模式所发出的买卖信号。这四种不同的波动序列为：

（1）用原始股价与 10 天简单移动平均的差额构建波动序列。

（2）用原始股价和 10 天简单移动平均的比率构建波动序列。

（3）用 10 天简单移动平均和 30 天简单移动平均的差额构建波动序列。

（4）用 10 天简单移动平均和 30 天简单移动平均的比率构建波动序列。

【例 4-10】 绘制以上四个波动序列的交叉图形，分析交叉模式所发出的买卖信号，并通过设置安全系数的方法对买卖信号进行过滤。

这里分几个步骤来完成这些工作。

（1）创建四个波动序列，对应的 SAS 程序如下：

程序 cx4-10a

```
data sjk4_1a;
    set sjk4_1;
    day = _n_;
    ma10 = (close + lag (close) + lag2 (close) + lag3 (close) +
lag4 (close) + lag5 (close) + lag6 (close) + lag7 (close) + lag8
(close) + lag9 (close)) /10;
    ma30 = (close + lag1 (close) + lag2 (close) + lag3 (close) +
lag4 (close) + lag5 (close) + lag6 (close) + lag7 (close) + lag8
(close) + lag9 (close) + lag10 (close) + lag11 (close) + lag12
(close) + lag13 (close) + lag14 (close) + lag15 (close) + lag16
(close) + lag17 (close) + lag18 (close) + lag19 (close) + lag20
(close) + lag21 (close) + lag22 (close) + lag23 (close) + lag24
(close) + lag25 (close) + lag26 (close) + lag27 (close) + lag28
```

```
(close) +lag29 (close)) /30;
        bd1 = close - ma10;
        bd2 = close/ma10;
        bd3 = ma10 - ma30;
        bd4 = ma10/ma30;
    run;
```

（2）波动序列的交叉与买卖信号。这里给出绘制第一个波动序列的交叉图形的 SAS 程序，绘制其余三个图形的程序可以同样编写。

程序 cx4 - 10b

```
proc gplot data = sjk4 _1a;
    plotclose* day ma10* day / overlay vaxis = axis1 haxis = axis2
href =165;
    plot2 bd1* day / vaxis = axis3 vref = 0;
    symbol1 v =. h =1I = join L =1 font = swissb;
    symbol2 v = noneI = join L =20;
    symbol3 v = noneI = join L =1;
    axis1 label = ( 'price') order = (42 to 49 by 1) offset = (10,
0);
    axis2 label = ( 'day') order = (1 to 210 by 10);
    axis3 label = (angle =90 'bd1') order = ( -2.5 to 2.5 by 0.5)
offset = (10, 0);
    run;
```

这个程序提交后，SAS 绘制的交叉图形见图 4 - 16。从图 4 - 16 中可以看到，当差额波动 bd1 >0 时，原始价格线在移动平均线的上方；当差额波动 bd1 <0 时，原始价格线在移动平均线的下方。因此差额波动序列 bd1 发出买卖信号的规则为：当差额波动 bd1 从小于 0 变为大于 0 时，发出买入信号；当 bd1 从大于 0 变为小于 0 时，发出卖出信号。与移动平均的交叉模式所发出的买卖信号一样，对于波动序列所发出的买卖信号，投资者还需要进行适当的过滤与证实。

图 4 - 17 ~ 图 4 - 19 分别给出差额波动序列 bd3 和比率波动序列 bd2、bd4 的交叉图形。从图 4 - 17 中可以看到，当比率波动 bd2 >1 时，原始价格线在移动平均线的上方；当比率波动 bd2 <1 时，原始价格线在移动平均线的下方。因此，比率波动 bd2 发出买卖信号的规则为：当比率波动 bd2 从小于 1 变为大于 1 时，发出买入信号；当 bd2 从大于 1 变为小于 1 时，发出卖出信号。而差额波动 bd3 发出买卖信号的规则与差额波动 bd1 相同，比率波动 bd4 发出买卖信号的规则与比率波动 bd2 相同。

（3）设置安全系数对买卖信号进行过滤。从图 4 - 16 ~ 图 4 - 19 的几张图形中可以看到，波动序列越过相应的参照线，等同于原始股价序列越过移动平均线或短期移动平均线越过长期移动平均线。因此，与移动平均序列的交叉模式一样，波动序列的交叉模式同样可能会过多地发出买卖信号，包括发出一些无价值的、甚至是错误的信号。投资

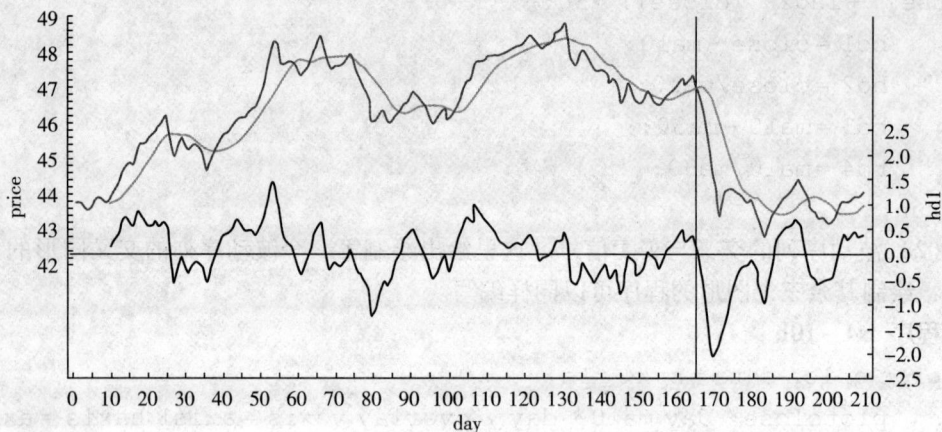

图 4 - 16　波动序列 bd1 的交叉图形

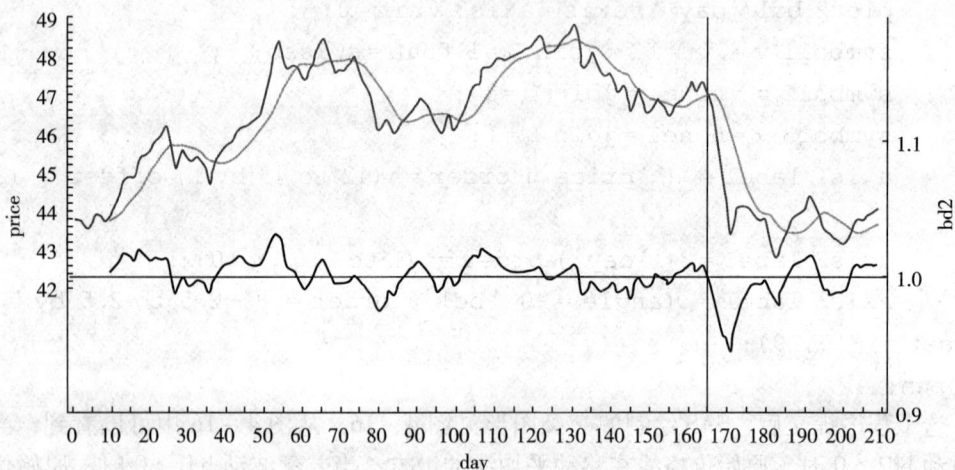

图 4 - 17　波动序列 bd2 的交叉图形

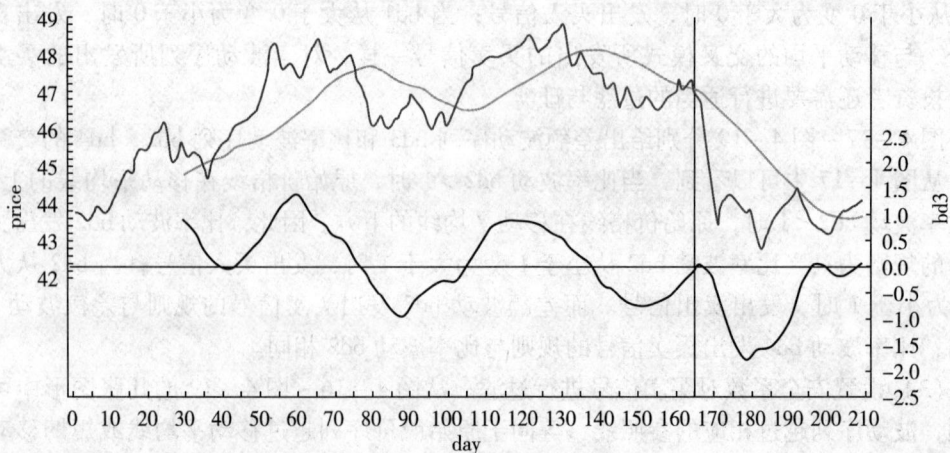

图 4 - 18　波动序列 bd3 的交叉图形

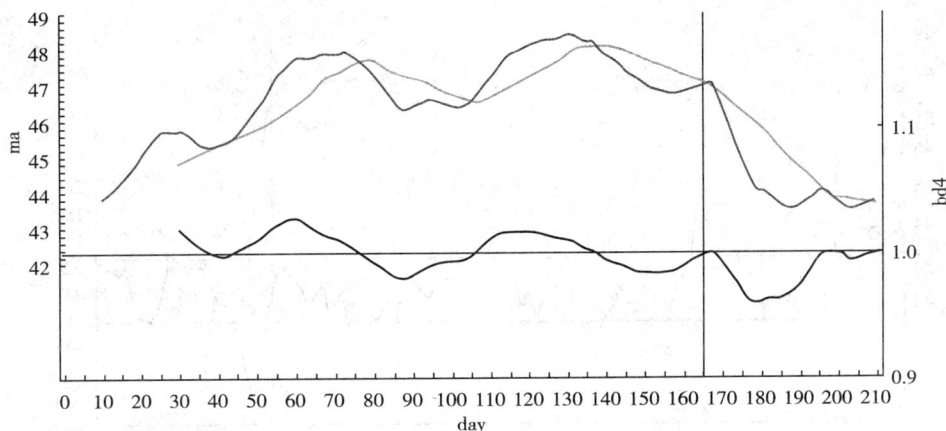

图 4 – 19　波动序列 bd4 的交叉图形

者对这些信号同样需要进行过滤与识别。

　　对波动序列所发出的买卖信号，也可以通过设置安全系数或者通过其他的方法来进行过滤。设置安全系数就是在水平参考线的上方和下方各设置一条新的参考线的方法来对信号进行过滤——只有当波动序列越过新的参考线后才发出一个买卖信号。

　　在图 4 – 16 中，波动序列 bd1 共发出了 20 个买卖信号，其中有些是无价值的信号，现在通过设置安全系数的方法对这些信号进行过滤。在下面的 SAS 程序中，两条新的参考线分别设置为 vref = 0.6 和 vref = – 0.6，程序运行后，所绘制的图形见图 4 – 20。

程序 cx4 – 10c

```
proc gplot data = sjk4 _1a;
    plotclose* day ma10* day / overlay vaxis = axis1 haxis = axis2
href =165;
    plot2 bd1* day / vaxis = axis3 vref = – 0.6 0.6;
    symbol1 v =. h =1I =join L =1 font =swissb;
    symbol2 v =noneI =join L =20;
    symbol3 v =noneI =join L =1;
    axis1 label = ('price') order = (42 to 49 by 1) offset = (10, 0);
    axis2 label = ('day') order = (1 to 210 by 10);
    axis3 label = (angle =90 'bd1') order = ( –2.5 to 2.5 by 0.5)
offset = (10, 0);
    run;
```

　　从图 4 – 20 中可以看到，在设置新的参照线后，波动序列 bd1 发出的交叉信号大幅度减少，许多无意义的交易信号被过滤，很有价值的买卖信号依然被保留。从图 4 – 20 中还可以看到，由于参照线的调整，一些买卖信号的发出，在时间上有所滞后。

125

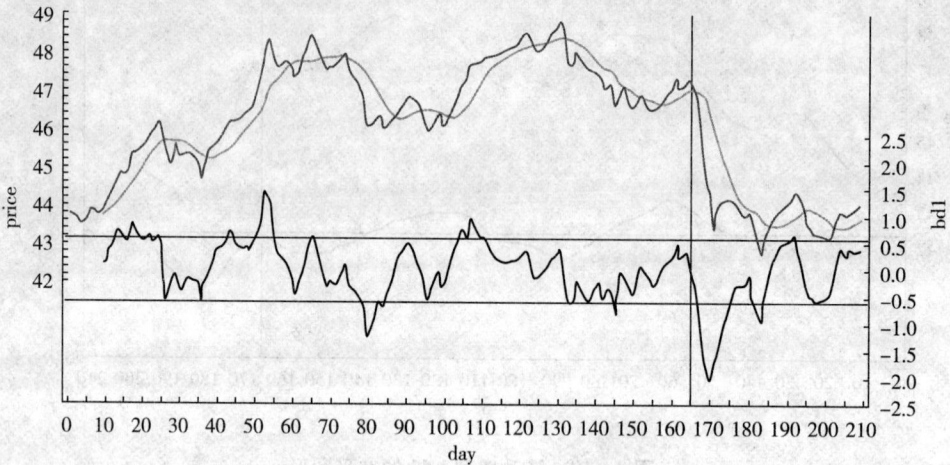

图4-20　设置新的参照线后波动序列 bd1 的交叉图形

4.5　运用移动平均的带状约束

　　除了前面介绍的两种过滤方法外，股票市场的技术分析者还可以采用带形约束图来过滤掉许多无价值的买卖信号。这种方法是在移动平均线的上下两侧绘制一条带形约束图，当股票的原始价格线越过移动平均线时，投资者将其看成一个参考信号，只有当原始价格线越过带形图的上侧边界时，才确认是一个买入信号；只有在原始价格线越过带形图的下侧边界时，才确认是一个卖出信号。采用这种方法过滤无价值的买卖信号的关键是如何构建带形约束，以下为构建带形约束图的一些常用方法：

　　(1) 规定往上往下的一个水平来构建移动平均的带形约束，如往上往下各50点，或者往上往下各2元，这个水平的具体值，需要依靠投资者的经验和判断来确定。

　　(2) 规定往上往下的一个百分数来构建移动平均的带形约束，如往上往下各5%。

　　(3) 规定往上往下的标准差来构建移动平均的带形约束，如往上往下各1.5倍的标准差，这种带形约束设置方法比较适用于平稳的时间序列，不太适用于非平稳的时间序列。

　　(4) 规定 α 水平置信限来设置移动平均的带形约束，这种方法通常具有较好的统计意义及解释，但需要对收盘价序列拟合合适的时间序列模型。

　　下面利用【例4-8】中的数据集 sjk4-1b，分别采用两种带形约束的构建方法，对图4-10发出的交易信号进行过滤。

　　【例4-11】　分别采用往上往下各0.4元方法设置移动平均的带形约束，对由原始价格线和10天移动平均线的交叉模式发出的信号进行过滤。

　　完成这项工作的 SAS 程序如下：

程序 cx4 – 11

```
data sjk4 _1c;
    set sjk4 _1b;
    ydsx =ma10 +0.4;    /* 确定移动平均的约束上限* /
    ydxx =ma10 -0.4;    /* 确定移动平均的约束下限* /
proc gplot data =sjk4 _1c;
    plot close* day ma10 * day ydsx* day ydxx* day / vaxis =axis1
haxis =axis2
        href =40 165 overlay;
    symbol1 v =. h =1I =join L =1 font =swissb;
    symbol2 v =noneI =join L =1;
    symbol3 v =noneI =join L =1;
    symbol4 v =noneI =join L =1;
    axis1 label = ('price') order = (42 to 49 by 1);
    axis2 label = ('day') order = (0 to 210 by 10) minor = (n =2);
    run;
```

这个程序提交后，SAS 绘制的图形如图 4 – 21 所示。从图 4 – 21 可以看到，对移动平均线加上带形约束后，与图 4 – 10 相比，一些无价值的买卖信号被过滤，而具有较大价值的交易信号依然被保留。例如，图 4 – 21 中第一条垂直线所指的交易日 3 月 9 日，这天原始价格线越过带形约束的上侧边界，从而发出了买入信号，可以看出这是一个具有较大价值的买入信号。又如，图 4 – 21 中第二条垂直线所指的交易日 9 月 8 日，这天原始价格线越过带形约束的下侧边界，从而发出了卖出信号，同样可以看到，这是一个具有较大价值的卖出信号。

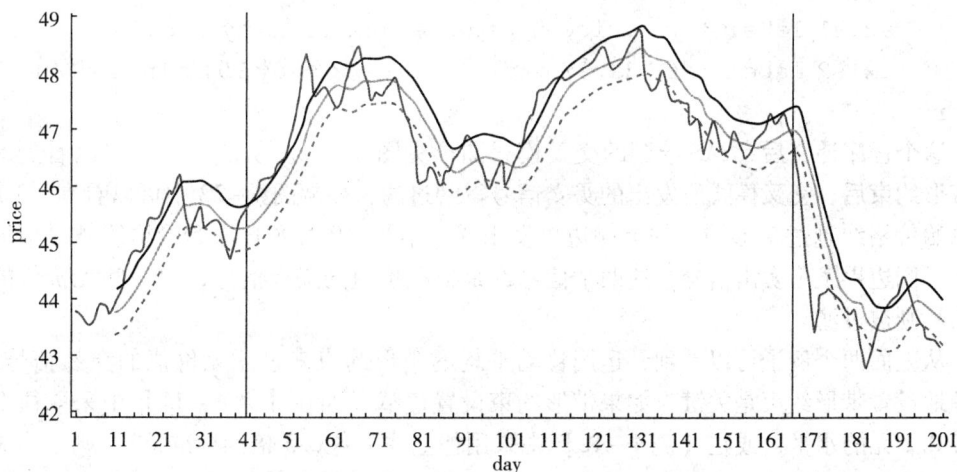

图 4 – 21　含有带形约束的原始价格线和 10 天移动平均线的交叉图形 1

【例4-12】　以10个交易日为移动窗口，计算收盘价的标准差，采用往上往下各1倍标准差来设置移动平均的带形约束，对由原始价格线和10天移动平均线的交叉模式发出的信号进行过滤。

所要求的标准差的计算，以及包含带形约束的原始价格线和10天移动平均线的交叉模式的图形绘制，可通过以下SAS程序来实现。

程序 cx4-12

```
data sjk4-1c;
    set sjk4_1b;
    fc = ( (close - ma10) * * 2 + (lag (close) - ma10) * * 2 +
(lag2 (close) - ma10) * * 2 + (lag3 (close) - ma10) * * 2 + (lag4
(close) - ma10) * * 2 + (lag5 (close) - ma10) * * 2 + (lag6 (close)
- ma10) * * 2 + (lag7 (close) - ma10) * * 2 + (lag8 (close) - ma10)
* * 2 + (lag9 (close) - ma10) * * 2) /9;
    bzc = sqrt (fc);
    ydsx = ma10 + bzc;
    ydxx = ma10 - bzc;
proc gplot data = sjk4_1c;
    plot close* day ma10* day ydsx* day ydxx* day/ vaxis = axis1
haxis = axis2
    overlay href = 39 166;
    symbol1 v = . h = 1 I = join L = 1 font = swissb;
    symbol2 v = none I = join L = 1;
    symbol3 v = none I = join L = 1;
    symbol4 v = none I = join L = 1;
    axis1 label = ('price') order = (42 to 49 by 1);
    axis2 label = ('day') order = (0 to 210 by 10) minor = (n = 2);
    run;
```

这个程序递交后，SAS绘制的交叉模式图形见图4-22。从图4-22可以看到，考虑带形约束后，交叉模式所发出的买卖信号得到过滤，如从图4-22中可以看到，3月8日原始价格线越过带形约束的上侧边界发出买入信号，9月8日原始价格线越过带形约束的下侧边界发出卖出信号，这两个信号都是很有价值的买卖信号，而一些无价值的买卖信号则被过滤。

从上面两个例子可以看到，运用移动平均的带形约束来过滤无价值的交易信号时，合理地设置带形约束是关键。如果带形约束设置过窄（如在【例4-11】中采取往上往下各0.2元的水平，或在【例4-12】中采用往上往下各0.5倍的标准差），则很多无价值的买卖信号不能被过滤掉；如果带形约束设置过宽（如在【例4-11】中采用往上往下各1元的水平，或往上往下各2倍的标准差），则不仅一些有价值的交易信号可能会被错误地过滤掉，即使那些保留下来的有价值信号也可能由于发出时间过于滞后，而失

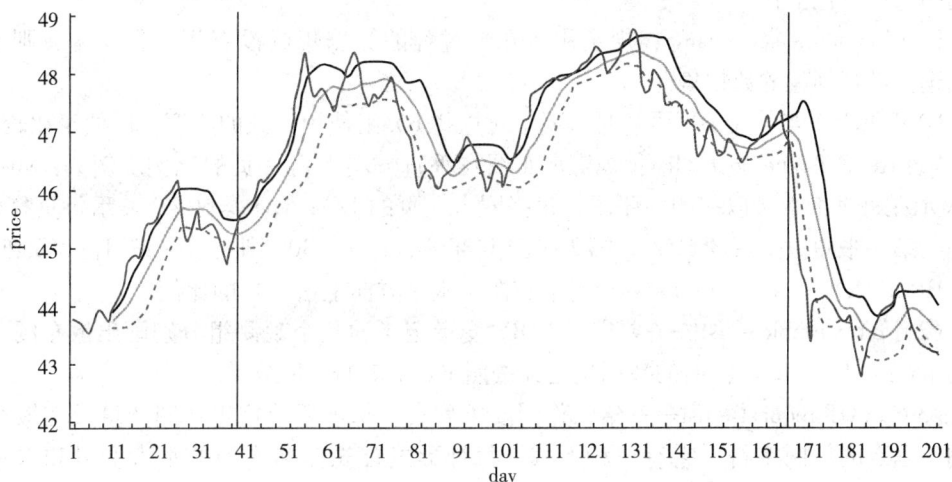

图 4 – 22　含有带形约束的原始价格线和 10 天移动平均线的交叉图形 2

去原有的价值。因此，在运用这种方法时，投资者需要依靠自己的经验和判断来设置合理的带形约束。

4.6　本章有关的 SAS 基础知识

4.6.1　PLOT 过程

在 SAS 中，PLOT 过程（图形过程）可用以画散布图。在对数据进行统计分析时，用户常常希望直观地了解一些数据的变化趋势和几个数据之间的相互关系，用户利用 PLOT 过程可以比较方便地实现这个目的。PLOT 过程画图具有以下功能：

（1）用户可以选择散布图中的作图符号，在散布图上可以用变量值加标签。

（2）用户可以选择坐标轴的刻度间隔和标记。

（3）用户可以选择图形的大小，既可以在一页纸上画多个图形，也可以将一个图形画在几页纸上。

（4）重叠作图，用户可以将两个或两个以上的散布图重叠在一张图上，如在股票市场的技术分析中，投资者可以将原始价格线、移动平均线、成交量等画在一张图形上。

（5）用户可以对散布图沿水平方向或垂直方向进行扩展。

PLOT 过程的语句格式可以写成

　PROC PLOT < option – list > ;

　　BY variable – list ;

　　PLOT request – list < / option – list > ;

语句格式说明：

（1）PROC PLOT < option – list >——规定 PROC PLOT 语句的可选择项，这个语句的

可选择项可以包括：

DATA = data – set – name：规定用于图形过程的数据集或没有指定数据集，则 SAS 系统选择最新创建的数据集。

UNIFORM：当使用 BY 语句时，要求对这些 BY 组使用一致的刻度，以便于比较。

VPERCENT = percent – list：规定散布图在垂直方向上占一页的比例。例如：vpec = 33 表示在每页纸上可以打印 3 张图，每张图占一页的 1/3；vpec = 60 40 表示每页打印 2 张图，第一张图占一页的 60%，第 2 张图占 40%；vpec = 300 则要求一张图占 3 页纸。

HPERCENT = percent – list：规定散布图在水平方向上占一页的比例。

（2）BY variable – list——要求对以 BY 变量定义的几个观测组分别画出散布图。当使用 BY 语句时，要求输出的数据集已经按照 BY 变量的次序分类。

（3）PLOT request – list——给出作图要求列表。每项要求规定作图变量及在散布图中用于画点的作图字符，它有三种形式，每种形式首先命名作图的垂直变量和水平变量，然后在等号后面规定作图符号。这三种形式为：

①VERTICAL ∗ HORIZONTAL（垂直变量 ∗ 水平变量），不规定作图符号。SAS 将依次用英文字母作为作图符号。当图上的点只含有数据集里的 1 个观测时，该点的作图符号为 A；当图上的点含有数据集里的 2 个观测时，该点的作图符号为 B；以此类推，当图上的点含有数据集里的 26 个或以上的观测时，该点的作图符号为 Z。

②VERTICAL ∗ HORIZONTAL = 'character'（垂直变量 ∗ 水平变量 = '字符'）：规定一个字符作为作图字符，即每个观测点的作图符号都使用同一个字符。

③VERTICAL ∗ HORIZONTAL = variable（垂直变量 ∗ 水平变量 = 变量）：作图字符由变量给出，变量可以是字符变量，也可以是数值变量，变量的格式值中的第一个非空字符作为绘图符号。例如，plot y ∗ x = sex；而 sex 为一个含有值 Female 和 Male 的字符变量，则用字符 F 和 M 对散布图中的散点做标记。

（4）</option – list >：出现在 PLOT 语句斜杆后面的是用户在作图时可以选择的其他选项，这些选项中包括：

①OVERLAY：要求定义在 PLOT 语句中的几个图打印在一张图上。坐标轴刻度的标记值范围根据这些图的所有变量用最佳方法自动确定（除非给定 VAXIS = 或 HAXIS = ）。

②BOX：要求画出的边框围住整个图形，而不仅是底部和左边框。

③VAXIS（HAXIS）= tick – value – list | by n：定义沿垂直坐标轴（水平坐标轴）相等间隔的刻度标记值，这些值可以是均匀上升的或均匀下降的，用 by n 的方式规定刻度的增量。例如，下面两种都是有效的表示方法：

haxis = 0 to 40 by 5；

haxis = 1 10 100 1000 10000；

④VREF（HREF）= value – list：要求散布图在垂直（水平）轴上的规定值上画水平线（垂直线）作为参照线。

4.6.2　GPLOT 过程

在 SAS 中，GPLOT 过程（绘图过程）常用于绘制具有较高清晰度的二维图形，这些图形包括简单的散点图、对数坐标图、双 y 轴图、汽泡图等。与 PLOT 过程一样，利用 GPLOT 过程还可以绘制一幅或多幅图形的叠加。

GPLOT 过程的语句格式可以表示为

　　PROC GPLOT data = data − set − name　< options > ;
　　　　PLOT vertical ∗ horizontal ∕ vaxis = axis1　haxis = axis2　< option − list > ;
　　　　　< PLOT2 vertical ∗ horizontal ∕ vaxis = axis3　< option − list > > ;
　　　　SYMBOL　< option − list > ;
　　　　AXIS < option − list > ;

语句格式说明：

（1）PROC GPLOT data = data − set − name——指定绘制图形的数据集名字，若缺省，则系统采用最近创建的 SAS 数据集。这个语句的可选项中包括：

IMAGEMAP = 输出数据集名字：要求创建一个临时数据集，用于存放 HTML 格式的图形输出；

UNIFORM：规定图形的垂直轴和水平轴使用相同的比例尺。

（2）PLOT vertical ∗ horizontal——这个语句规定图形绘制的垂直轴变量与水平轴变量，这个语句的可选项中包括：

CAXIS = color：设置坐标轴的颜色，可以设置的颜色包括：black（黑色）、blue（蓝色）、brown（棕色）、cyan（青色）、gray（灰色）、green（绿色）、magenta（洋红色）、orange（橘黄色）、pink（粉色）和 yellow（黄色）。

FRAM ｜ NOFRAM：规定在图形周围是否加入边框，默认为加入。

CFRAM = color：设置图形边框内的颜色，默认为白色。

CTEXT = color：设置坐标轴文本字符的颜色。

VAXIS（HAXIS）= value − list：设置垂直轴（水平轴）主刻度的值。

（3）< PLOT2 vertical ∗ horizontal >——在绘制双纵轴图形时可以使用这个语句，其可选项与 PLOT vertical ∗ horizontal 的可选项相同。

（4）SYMBOL < option − list >——定义图中显示的线和符号的特征。SYMBOL 语句的可选项中包括：

V = 数据点图形符号。设置数据点图形的符号，即每个数据点用什么符号表示。

I = 数据点的连接方式。可以选择的连接方式包括：none（无连接）、join（用直线连接）、spline（用光滑的曲线连接）、needle（从数据点到横坐标画垂直线）、hiloc（最高、最低、收盘价）等。

COLOR ｜ C = 颜色：设置点的符号和连线的颜色。

CV = 颜色：只定义点的符号的颜色。

CL = 颜色：只定义连线的颜色。

L = n：定义连线的线型，其中 n 取 0 代表空白线，n 取 1 代表实线，n = 2 代表虚线。

H = n：定义数据点的符号的大小。其中 n 取整数，n 越大，在图形中表示数据点的符号也越大。

131

（5）AXIS < option – list > ——定义对某坐标轴的要求。这个语句的可选项中包括：

LABEL＝'character'：规定给坐标轴标注的坐标变量名。

ORDER＝（start to end by increment）：规定坐标轴上主刻度的开始值、终值和主刻度间的增量。

MINOR＝（n＝value）：规定在每两个主刻度间有几个次刻度。

OFFSET（n，m）：规定图形从该轴第一个主刻度或最后一个主刻度上下位移的空间大小，其中 n 表示图形向上位移的百分比，m 表示图形向下位置的百分比。

【复习思考题】

数据集 sjk4 – 3 给出美国纳斯达克指数从 1985—2005 年的每日收盘价数据，利用该数据集完成下列工作，并写出对应的 SAS 程序，给出 SAS 结果：

1. 绘制 1995—2000 年度纳斯达克指数每日收盘价的走势图。

2. 计算纳斯达克指数时间长度为 10 天的简单移动平均序列、指数平滑移动平均序列（w＝0.5），分别在同一个图形中绘制 2000 年度收盘价序列和简单移动平均序列，以及收盘价序列和指数平滑移动平均序列的图形。

3. 利用收盘价序列和 10 天简单移动平均序列的交叉模式，分析在 2000 年度纳斯达克指数的买入与卖出信号，并采用至少一种方法对这些信号进行过滤。

【主要参考文献】

［1］高惠璇等编译．SAS 系统与股票市场分析［M］．北京大学概率统计系内部出版物，1998.

［2］罗伯特·D. 爱德华，约翰·迈吉著．程鹏等译．股票趋势技术分析［M］．1 版．北京：中国发展出版社，2004.

第 5 章

SAS 与债券市场分析

【本章学习目标】

1. 掌握债券价格的计算方法和 SAS 实现，了解债券价格的时间轨迹

2. 了解债券收益率的定义，掌握债券收益率计算的 SAS 方法

3. 了解久期、凸度在债券价格的利率敏感性分析中的应用，了解久期在利率风险管理中的应用

4. 掌握理论即期利率、利率期限结构、远期利率的计算和 SAS 方法

货币是有时间价值的，债券投资的收益率不仅与债券能够带来的未来现金流有关，而且与货币的时间价值——利率有关。对债券市场进行分析，首先需要分析债券价格与其未来现金流和利率的关系，分析债券投资的收益率。在债券市场上，利率风险是最重要的风险之一，对债券市场进行分析，需要分析债券价格的利率敏感性，分析如何利用债券价格来计算理论即期收益率，如何运用利率的期限结构来推断远期利率，以及如何进行利率风险管理。

本章介绍在 SAS 中如何进行债券价格与收益率的计算，如何进行债券价格的利率敏感性分析，如何分析利率的期限结构和计算理论即期利率，如何利用债券的久期进行利率风险管理。

5.1 债券价格与收益率计算

5.1.1 债券的价格

（一）债券价格的计算公式

债券的价格是由其未来现金流量的现值决定的。这就是说，债券价格不仅取决于购买债券所能带来的未来现金流——未来的利息和本金收入 $c_1, c_2, \ldots, c_T$，而且取决于将未来现金流折现时所使用的利率——贴现率 r。

债券的未来现金流通常包括两个部分：每期支付的利息和到期偿还的本金。一般来

说，除了零息票债券不在债券存续期间支付利息外，其他债券都会在债券的存续期间支付利息，利息支付通常一年一次或半年一次。如果利息支付一年一次，每次支付的利息数为债券的票面利率乘以债券面值；如果利息支付半年一次，每次支付的利息数为票面利率的一半乘以债券面值。

货币是有时间价值的。通常来说，现在的 1 元钱比若干年后的 1 元钱具有更大的经济价值。因此，债券的价格不能简单地等同于债券的未来现金流的总和，而是等同于债券的未来现金流的现在价值的总和。计算债券的未来现金流的现值时所用到的贴现率称为必要收益率，必要收益率是债券市场投资者投资债券时希望得到的利率。在确定债券价格时，必要收益率是由对债券市场中可比债券的利率来决定的，一般是比照同一到期日、同一信用等级债券的收益率。必要收益率一般用年利率的形式来表示，当债券半年付息一次时，按惯例是采用必要收益率的一半作为未来现金流贴现的期间利率。

债券价格 B 的计算公式可以表示为

$$B = \sum_{t=1}^{T} \frac{c_t}{(1+r)^t}$$

在公式中，T 为现金流支付的期数、c_t 为第 t 期支付的现金、r 为期间利率。

对于期限为 T 年、面值为 M 的息票债券，如果每年支付一次利息 c，贴现率为 r，期间利率为 r，那么息票债券的价格为

$$B = \sum_{t=1}^{T} \frac{c}{(1+r)^t} + \frac{M}{(1+r)^T}$$

如果期限为 T 年、面值为 M 的息票债券每半年支付一次利息 a，贴现率为 r，那么期间利率为 $r/2$，债券的价格为

$$B = \sum_{t=1}^{2T} \frac{a}{(1+r/2)^t} + \frac{M}{(1+r/2)^{2T}}$$

对于期限为 T 年、面值为 M 的零息票债券，如果贴现率为 r，那么期间利率为 r，该债券的价格为

$$B = \frac{M}{(1+r)^T}$$

需要注意的是，息票债券是有票面利率的，票面利率决定了债券每期支付的利息数，但票面利率并不一定等于计算债券价格时的贴现率。当债券的票面利率低于贴现率时，债券的市场价格低于债券面值，这种债券称为折价债券；当债券的票面利率高于贴现率时，债券的市场价格高于债券面值，这种债券称为溢价债券；当债券的票面利率等于贴现率时，债券的市场价格等于债券面值，这种债券称为平价债券。

（二）债券价格计算的 SAS 实现

在 SAS 中，可以采用多种方法编程来计算债券价格，这里通过一个例子来说明。

【例 5-1】某种债券的期限为 5 年，面值 1000，票面利率 5%，每半年支付一次利息，如果投资者要求的必要收益率为 6%，试计算该债券的价格。

下面通过三种不同的方法编程，来计算该债券的价格。

（1）利用 SAS 的财政金融函数来计算债券价格。

程序 cx5 - 1a

```
data a;
    b =netpv (0.03, 1, 0, 25, 25, 25, 25, 25, 25, 25, 25, 25, 1025);
 proc print data =a;
 run;
```

句法说明：

b = netpv（0.03，1，0，…，1025）——在 SAS 中，netpv 是计算投资项目的净现值的函数，如果将购买债券看成一个投资项目，项目的未来现金流等于债券的未来现金流，项目的初期投资额为 0，投资项目的贴现率等于债券的期间利率，那么按照债券价格的计算公式，债券的价格就等于项目的净现值。

（2）直接利用 SAS 表达式计算债券价格。

程序 cx5 - 1b

```
data a;
    b =25/ (1 +0.03) +25/ ((1 +0.03) * * 2) +25/ ((1 +0.03) * *
3) +25/ ((1 +0.03) * * 4) +25/ ((1 +0.03) * * 5) +25/ ((1 +0.03) *
* 6) +25/ ((1 +0.03) * * 7) +25/ ((1 +0.03) * * 8) +25/ ((1 +0.03)
* * 9) +1025/ ((1 +0.03) * * 10);
 proc print data =a;
 run;
```

（3）利用循环语句编程计算债券价格。

程序 cx5 - 1c

```
data a;
    b =0;
    do n =1 to 10;
     if n <10 then c =25;
     else c =1025;
     b =b +c/ ((1 +0.03) * * n);
    end;
 proc print data =a;
    var b;
 run;
```

这三个程序提交后，SAS 显示的债券价格计算结果均为：$B = 957.35$ 元。

（三）债券价格的时间轨迹

对于给定面值和票面利率的债券，其市场价格不仅会随着贴现率的变化而变化，而且会随着债券发行后到期时间的不断临近而变化。如果自债券购买之日起，至债券到期日，贴现率始终保持不变，那么随着债券到期时间的临近，对于溢价债券、折价债券和平价债券来说，债券的价格将会发生怎样的变化？下面通过一个例子来分析。

【例 5 - 2】某种债券的期限为 10 年，面值为 1000 元，票面利率为 5%，每年支付一次利息，如果分别采用 4%、5%、6% 作为贴现率，那么当 t 的取值从 1～10 时，该债券在第 t 年初的价格分别为多少？试绘制在三种贴现率下债券价格的时间轨迹图。

(1) 计算三种贴现率下第 t 年初的债券价格的 SAS 程序如下：

程序 cx5 - 2a

```
data a;
    array b4r (10) b4r1 - b4r10;
         /* 定义一个 10 变量的数组，用于存放 4% 贴现率时的 10 个不同价格* /
    array b5r (10) b5r1 - b5r10;
    array b6r (10) b6r1 - b6r10;
    do t = 1 to 10;
      b4r (t) = 0;
      b5r (t) = 0;
      b6r (t) = 0;
      do n = 1 to 11 - t;
        if n < 11 - t then c = 50;
        else c = 1050;
        b4r (t) = b4r (t) + c/ ( (1 + 0.04) * * n);
        b5r (t) = b5r (t) + c/ ( (1 + 0.05) * * n);
        b6r (t) = b6r (t) + c/ ( (1 + 0.06) * * n);
      end;
    end;
  run;
```

这个程序提交后，SAS 给出的计算结果见表 5 - 1。从表 5 - 1 中结果可以看到，给定贴现率并保持不变时，债券价格随时间变化的规律：贴现率等于债券的票面利率，平价债券的价格不会随着债券到期日的临近发生变化；贴现率低于债券的票面利率，溢价债券的价格会随着债券到期日的临近不断下降，并最终接近于债券面值；贴现率高于债券的票面利率，折价债券的价格会随着债券到期日的临近不断上升，并最终接近于债券面值。

表 5 - 1　　　　　　　　　　三种不同折现率下债券价格的时间轨迹

折现率	t = 1	t = 2	t = 3	t = 4	t = 5	t = 6	t = 7	t = 8	t = 9	t = 10
4%	1081.11	1074.35	1067.33	1060.02	1052.42	1044.52	1036.30	1027.75	1018.86	1009.62
5%	1000.00	1000.00	1000.00	1000.00	1000.00	1000.00	1000.00	1000.00	1000.00	1000.00
6%	926.40	931.98	937.90	944.18	950.83	957.88	965.35	973.27	981.67	990.57

(2) 利用已经创建的 SAS 数据集 a，绘制三种贴现率下债券价格的时间轨迹图的 SAS 程序如下：

程序 cx5 - 2b

```
data b1;
  set a;
  keep b4r1 - b4r10;
proc transpose data = b1 out = c1 prefix = b4;
data b2;
  set a;
  keep b5r1 - b5r10;
proc transpose data = b2 out = c2 prefix = b5;
data b3;
  set a;
  keep b6r1 - b6r10;
proc transpose data = b3 out = c3 prefix = b6;
data c;
  merge c1 c2 c3;
  t = _n_;
proc gplot data = c;
  plot b41 * t b51 * t b61 * t /vaxis = axis1 haxis = axis2 overlay;
  symbol v = * I = join l = 1 font = swissb;
  axis1 label = ('债券价格') order = (990 to 1100 by 50);
  axis2 label = ('时间') order = (0 to 10 by 1);
run;
```

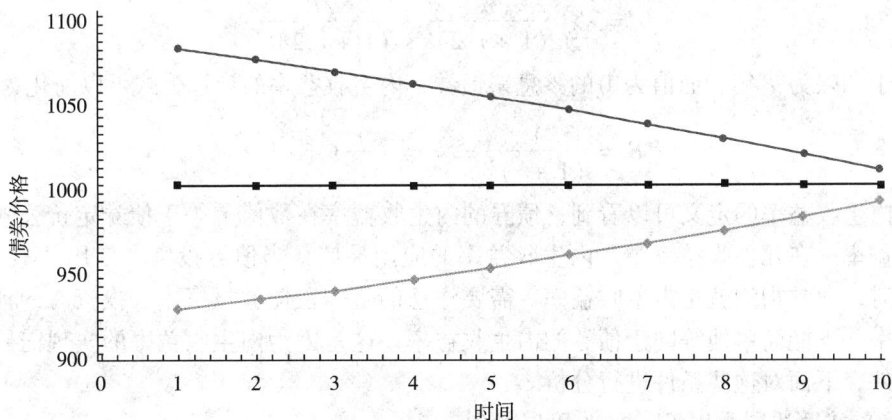

图 5 - 1　三种不同折现率下债券价格的时间轨迹图

这个程序提交后，SAS 绘制的图形见图 5 - 1。从图 5 - 1 中可以看到，无论是溢价债券还是折价债券，随着债券到期日的临近，溢价债券的溢价率和折价债券的折价率不断降低，两种债券的价格随到期时间的临近而趋向于平价债券的价格。

5.1.2　债券的收益率

（一）债券收益率的计算公式

债券收益率是将投资债券的期末财富与投资债券的期初财富进行比较时用以衡量财富增殖的一个速度指标。债券的收益率越高，财富增殖的速度越快。由于期初期末的财富比较可以采用不同方法，因此对债券的收益率也有不同定义，常见的债券收益率包括：当前收益率、内生收益率和持有期收益率。

1. 当前收益率。债券的当前收益率 r 可以将债券每年的票面利息 c 与债券的市场价格 B 联系起来，当前收益率的定义为

$$r = \frac{c}{B}$$

当前收益率是衡量债券投资财富增殖的一个指标，这个指标的缺点是只考虑了利息收入对收益率的影响，没有考虑资本利得等其他因素对收益率的影响。另外，债券的当前收益率有这个特点：溢价债券的当前收益率会随债券到期日的临近不断上升，折价债券的当前收益率会随债券到期日的临近不断下降，平价债券的当前收益率保持不变。此外，零息票债券的当前收益率为0。

2. 内生收益率。债券的内生收益率 r 是这样一个贴现率，经它折现后的债券未来现金流的现值，等于债券的市场价格。若某债券的期限为 T 年，面值为 M，利息每年支付一次，每次付息 c，如果该债券的价格为 B，该债券的内生收益率 r 的计算公式为

$$B = \sum_{t=1}^{T} \frac{c}{(1+r)^t} + \frac{M}{(1+r)^T} \qquad (*)$$

若利息每半年支付一次，每次付息 a，债券的内生收益率 r 的计算公式为

$$B = \sum_{t=1}^{2T} \frac{a}{(1+r/2)^t} + \frac{M}{(1+r/2)^{2T}}$$

对于期限为 T 年、面值为 1 的零息票债券，内生收益率的计算公式可以简化为

$$B = \frac{1}{(1+r)^T} \Rightarrow r = \left(\frac{1}{B}\right)^{\frac{1}{T}} - 1$$

从内生收益率的定义可以看到，债券的内生收益率在数值上等于债券定价公式中的必要收益率。在几种收益率中，内生收益率的应用最广，当债券投资者使用"收益率"这个词时，通常指的就是内生收益率。需要注意的是，在债券投资中，投资者的债券投资收益率并不能简单地等同于债券的内生收益率，这是因为内生收益率的实现需要满足一些条件，下面对这些条件进行分析。

（*）式两边同乘以 $(1+r)^T$ 可以得到

$$B(1+r)^T = c(1+r)^{T-1} + c(1+r)^{T-2} + \ldots + c(1+r) + c + M$$

这个式子可以写成

$$B\left[(1+r)^T - 1\right] = \sum_{t=1}^{T-1} c\left[(1+r)^t - 1\right] + Tc + (M - B)$$

这个式子表明，债券投资的收益可以分成三个部分：

（1）定期支付的利息收入之和 Tc 。

（2）债券到期时的资本利得或资本损失 $M - B$ 。

（3）债券利息的再投资收益，即利息投资的利息收益 $\sum_{t=1}^{T-1} c\left[(1 + r)^t - 1\right]$ 。

从上面这个分解式可以看到，要使债券投资的收益率等于债券的内生收益率，需要满足的条件有：债券未来的现金流能如约实现，投资者必须持有债券到期，投资者收到各期利息进行再投资时的再投资利率等于内生收益率。然而在现实世界中，这些条件、特别是债券利息的再投资收益率等于内生收益率这个条件，并不总是能够得到满足。这是用内生收益率来衡量债券投资收益率时的一个不足。

3. 持有期收益率。投资者购买债券后，并不一定总是持有债券直至到期。有些债券在发行时规定：发行者有权在债券到期日前回购全部或部分债券。这种在债券到期日前发行者赎回债券的权利称为买权，这种债券称为可赎回债券。如果发行者行使权利，称为"买入债券"，而赎回债券的价格称为买入价。发行者提前赎回债券可以改变债券的到期日，有时候，债券持有人也可以在规定的日期，以事先约定的价格将债券卖给发行人，从而改变债券的到期日，这种债券称为可卖出债券。即使对于一般的债券，由于债券市场的存在，投资者也可以在债券到期日前卖出债券。投资者在债券到期日前因各种原因卖出债券而获得的投资收益率称为债券的持有期收益率。

如果债券的购买价格为 B ，投资者持有债券 n 年，债券利息每年支付一次，数量为 c ，第 n 年后投资者卖出债券的价格为 CP ，则投资者购买该债券所获得的持有期收益率 r 的计算公式为

$$B = \sum_{t=1}^{n} \frac{c}{(1 + r)^t} + \frac{CP}{(1 + r)^n}$$

若债券利息每半年支付一次，数量为 a ，其他条件不变，则投资者购买该债券所获得的持有期收益率 r 的计算公式为

$$B = \sum_{t=1}^{2n} \frac{a}{(1 + r/2)^t} + \frac{CP}{(1 + r/2)^{2n}}$$

对于可赎回债券，持有期收益率又称为买入收益率；对可卖出债券，持有期收益率又称为卖出收益率。用持有期收益率来衡量债券投资的收益率同样隐含着这个假设：债券利息的再投资收益率等于债券的持有期收益率。

4. 债券投资组合的收益率。在债券市场分析中，通常采用下面两种方式来计算债券投资组合的收益率：

（1）债券投资组合的加权平均收益率。若组合中有 k 种债券，其中第 i 种债券的市场价值占整个债券组合的市场价值的比重为 w_i ，第 i 种债券的收益率为 r_i ，该债券组合的加权平均收益率 r 的计算公式为

$$r = w_1 r_1 + w_2 r_2 + \ldots + w_k r_k$$

（2）债券投资组合的内生收益率。与单个债券的内生收益率一样，债券投资组合的内生收益率是这样一个贴现率，经它折现后的债券投资组合的未来现金流的总现值，

等于这个债券投资组合的市场价格。如果债券投资组合的市场价格为 B，利息每年支付一次，未来的现金流为 $c_1,c_2,\ldots,c_T$，则该债券投资组合的内生收益率 r 的计算公式为

$$B = \sum_{t=1}^{T} \frac{c_t}{(1+r)^t}$$

如果债券投资组合的市场价格为 B，利息每半年支付一次，未来的现金流为 $c_1,c_2,\ldots,c_{2T}$，则该债券投资组合的内生收益率 r 的计算公式为

$$B = \sum_{t=1}^{2T} \frac{c_t}{(1+r/2)^t}$$

（二）收益率计算的 SAS 实现

在 SAS 中，可以采用编程方法来计算债券的收益率。下面通过两个例子来介绍。

【例 5-3】有一种 10 年期的债券，面值 1000 元，票面利率 5%，利息每年末支付一次，该债券的市场价格为 1050 元，如果购买该债券并持有到期，计算该债券的内生收益率；如果只持有该债券 5 年，并且预计 5 年后可以 1080 元的价格卖出该债券，计算该债券的持有期收益率。

下面利用 SAS 的财政金融函数来计算该债券的 10 年内生收益率和 5 年持有期收益率。SAS 程序如下：

程序 cx5-3

```
data a;
    r10 = irr (1, - 1050, 50, 50, 50, 50, 50, 50, 50, 50, 50,
1050);
    r5 = irr (1, -1050, 50, 50, 50, 50, 1130);
 proc print data = a;
    var r10 r5;
 run;
```

句法说明：

IRR（$freq,c_0,c_1,\ldots,c_T$）——这个函数是 SAS 提供的计算投资项目内含报酬率的函数，计算结果用百分数表示。对照这个函数的定义和内生收益率、持有期收益率的定义可知，可以利用这个函数来计算债券的各种收益率。

这个程序提交后，SAS 显示的计算结果为：投资者购买该债券的 10 年内生收益率为 4.37%，投资者购买该债券的 5 年持有期收益率为 5.28%。

【例 5-4】一个债券投资组合中包含三种债券，期限分别为 6 年、10 年和 14 年。三种债券都是每年支付一次利息，每种债券的利息都在年末支付，三种债券的未来现金流见表 5-2，如果该债券组合的市场价格为 58500 元，试计算该债券投资组合的内生收益率。

计算该债券投资组合的内生收益率的 SAS 程序如下：

程序 cx5-4

```
data a1;
    input c1 c2 c3 @ @ ;
```

```
    cards;
    1050 350 900 1050 350 900 1050 350 900 1050 350 900 1050 350 900
    1050 350 30900 1050 350 0 1050 350 0 1050 350 0 1050 10350 0
    1050 0 0 1050 0 0 1050 0 0 21050 0 0
    ;
data a2;
    set a1;
    c = c1 + c2 + c3;
proc transpose data = a2 out = a3;
    var c;
data a4;
    set a3;
    r = irr (1, -58500, col1, col2, col3, col4, col5, col6,
col7, col8, col9, col10, col11, col12, col13, col14);
proc print data = a4;
    var r;
run;
```

表 5 - 2　　　　　　　　　　　　　三种债券的未来现金流

收到现金流时期	债券 A	债券 B	债券 C	收到现金流时期	债券 A	债券 B	债券 C
1	1050	350	900	8	1050	350	0
2	1050	350	900	9	1050	350	0
3	1050	350	900	10	1050	10350	0
4	1050	350	900	11	1050	0	0
5	1050	350	900	12	1050	0	0
6	1050	350	30900	13	1050	0	0
7	1050	350	0	14	21050	0	0

　　这个程序提交后，SAS 显示的计算结果为：该债券组合的内生收益率为 6.5%。

　　【例 5 - 5】某种可赎回债券的期限为 10 年，面值为 1000 元，票面利率为 6%，利息每半年支付一次，该债券的市场价格为 980 元，如果该债券可以在 5 年中的任何一年后被赎回，赎回价格约定为 1050 元，试计算该债券在第一次赎回时的持有期收益率。

　　该债券可以在 5 年中的任何一年后被赎回，该债券可能的赎回时间为第一年后、第二年后……直到第五年后，因此需要计算 5 种情况下的持有期收益率。计算这 5 个持有期收益率的 SAS 程序如下：

程序 cx5 - 5

```
data a;
    r1 = 2 * intrr (1, -980, 30, 1080);  /* 计算一年后就赎回的持有期收
```

益率*/

```
    r2 =2* intrr (1, -980, 30, 30, 30, 1080);
    r3 =2* intrr (1, -980, 30, 30, 30, 30, 30, 1080);
    r4 =2* intrr (1, -980, 30, 30, 30, 30, 30, 30, 1080);
    r5 =2* intrr (1, -980, 30, 30, 30, 30, 30, 30, 30, 30,
1080);
    proc print data =a;
    run;
```

这个程序提交后，SAS给出的结果为：若债券在第一年、第二年、第三年、第四年或第五年后被赎回，投资者的持有期收益率分别为0.1304、0.0945、0.0827、0.0768和0.0733。

5.2   债券价格的利率敏感性

从债券定价公式可以看到，债券的价格与必要收益率或者说与市场利率呈反向变化：市场利率上涨，债券价格下跌；市场利率下跌，债券价格上升。债券价格的利率敏感性是指，当市场利率变动一定幅度时债券价格的变动程度，变动程度越大、债券价格的利率敏感性越强；变动程度越小、债券价格的利率敏感性越弱。如何度量债券价格的利率敏感性呢？

假设市场上只有一个利率水平r，同时假设债券的价格B只受利率一个因素的影响，那么可以将债券价格变动$\Delta B(r)$与利率变动Δr之间的关系进行泰勒展开

$$B(r + \Delta r) - B(r) = \Delta B(r) = \frac{dB}{dr}\Delta r + \frac{1}{2!}\frac{d^2B}{dr^2}(\Delta r)^2 + \ldots + \frac{1}{n!}\frac{d^nB}{dr^n}(\Delta r)^n + \ldots$$

或将这个式子写成

$$\frac{\Delta B(r)}{B} = \frac{1}{B}\frac{dB}{dr}\Delta r + \frac{1}{2!B}\frac{d^2B}{dr^2}(\Delta r)^2 + \ldots + \frac{1}{n!B}\frac{d^nB}{dr^n}(\Delta r)^n + \ldots$$

下面结合这个泰勒展开式对债券价格的利率敏感性进行分析。

5.2.1   债券的久期及计算

久期最早由美国经济学家麦考利（Frederick Mackaley）提出，通常被称为麦考利久期。如果债券价格为B，债券期限为T年，债券利息每年支付一次，市场利率为r，则以年来表示的麦考利久期的定义为

$$D = \sum_{t=1}^{T} t \cdot \frac{c_t}{B(1+r)^t}$$

如果债券利息每年支付m次，则以期间来表示的麦考利久期为

$$D = \sum_{t=1}^{mT} t \cdot \frac{c_t}{B(1+r/m)^t}$$

以期间表示的麦考利久期可以通过下面式子转化为以年表示的麦考利久期

$$麦考利久期(年) = \frac{麦考利久期(以期间计)}{每年付息次数}$$

由于 $c_t / (1 + r)^t$ 为未来第 t 期现金流的折现值，B 为债券的价格，即 B 等于债券未来各期现金流的折现值之和。从定义可以看到，久期是债券各期现金流的获得时间的加权平均值，权重等于各期现金流的折现值与债券价格之比。因此，人们通常用麦考利久期来衡量债券的投资回收期限：债券久期的值越大，债券投资的回收期越长。

除了可以衡量债券投资的回收期限外，麦考利久期还可以衡量债券价格的利率敏感性，这是因为债券的价格计算公式

$$B = \sum_{t=1}^{T} \frac{c_t}{(1 + r)^t}$$

两边对利率 r 求导后，可以得到

$$\frac{\mathrm{d}B}{\mathrm{d}r} \cdot \frac{1}{B} = - \frac{1}{1 + r} \sum_{t=1}^{T} t \cdot \frac{c_t}{B(1 + r)^t} = - \frac{D}{1 + r}$$

这个式子可以改写为

$$D = - \left(\frac{\mathrm{d}B}{B} \right) \bigg/ \left(\frac{\mathrm{d}(1 + r)}{(1 + r)} \right)$$

这个式子表明，麦考利久期是由 $(1 + r)$ 的变化率引起的债券价格的变化率，因此，麦考利久期可以用来衡量债券价格的利率敏感性：麦考利久期的绝对值越大、债券价格的利率敏感性越强。在上式中，负号表明债券价格的变化与利率的变化呈反向关系。如果上式两边同除以 $(1 + r)$，可以得到修正久期 D_m 的计算公式

$$D_m = \frac{D}{1 + r}$$

从这个式子可以得到

$$\frac{\mathrm{d}B}{B} = - D_m \mathrm{d}r$$

这样修正久期的含义就很明确了：修正久期是在一定的利率变化条件下，债券价格的变化率；或者说，债券价格的变动率是修正久期与利率变动的乘积。对比本节开始时的泰勒展开式可以看到，修正久期在数值上等于 $\Delta B/B$ 的泰勒展开式中第一项的系数。

下面这个例子说明，如何利用 SAS 来计算债券的麦考利久期、修正久期以及分析利率变动对债券价格变动的敏感性。

【例 5-6】某债券的面值为 1000 元、期限 10 年、票面利率 6%，利息每年支付一次，如果市场利率为 5%，试计算该债券的市场价格、麦考利久期与修正久期，并计算当市场利率从 5% 变动到 4% 或者变动到 6% 时，该债券的价格变动率。

（1）计算债券的市场价格、麦考利久期和修正久期的 SAS 程序如下：

程序 cx5 -6a

```
data a;
    b =0;
    d1 =0;
```

```
do n =1 to 10;
  if n <10 then c =60;
  else c =1060;
  b =b +c/ ( (1 +0.05) * * n);
  d1 =d1 +n* c/ ( (1 +0.05) * * n);
end;
d =d1/b;
dm =d/ (1 +0.05);
proc print data =a;
  var b d dm;
run;
```

这个程序提交后，SAS 给出的计算结果为：债券的市场价格为 1077.22 元，以该债券以年度计算的麦考利久期为 7.89，修正久期为 7.52。

（2）计算利率变动引起市场价格变动幅度的 SAS 程序如下：

程序 cx5 -6b

```
data a;
  b1 =0;
  b2 =0;
  do n =1 to 10;
    if n <10 then c =60;
    else c =1060;
    b1 =b1 +c/ ( (1 +0.04) * * n);
    b2 =b2 +c/ ( (1 +0.06) * * n);
  end;
  bd1 = ( (b1 -1077.22) /1077.22) * 100;
  bd2 = ( (b2 -1077.22) /1077.22) * 100;
proc print data =a;
  var b1 b2 bd1 bd2;
run;
```

这个程序提交后，SAS 显示的计算结果为：当市场利率从 5% 变动到 4% 时，债券价格从 1077.22 元上涨到 1162.22 元，上涨幅度为 7.89%；当市场利率从 5% 变动到 6% 时，债券价格从 1077.22 元下降到 1000 元，下跌幅度为 7.17%。

如果直接利用修正久期来计算债券价格的变动幅度，则当市场利率从 5% 变动到 4%，即市场利率下降 1%（变动 -1%）时，债券价格的变动幅度为，-7.52 × (-1%) =7.52%；当市场利率由 5% 变动到 6%，即市场利率上升 1% 时，债券价格的变动幅度为，-7.52 ×1% = -7.52%。可以看到，当市场利率变动时，利用修正久期计算得到的债券价格变动幅度，是其真实价格变动幅度的近似值，这是因为利用修正久期计算债券价格变动幅度时，只取了债券价格变动幅度的泰勒展开式的第一项。

5.2.2 债券的凸度及计算

在介绍债券的凸度前，我们首先绘制一张债券价格随市场利率变动而变动的图形，并分析这种图形有什么特点。

【例 5-7】某种债券的期限为 30 年，面值为 1000 元，票面利率为 6%，债券利息每年支付一次，试计算当市场利率从 3% 变动到 13% 时（间隔 0.5%）该债券的价格变动序列，并绘制该债券价格随市场利率变动而变动的图形。

计算债券价格，并且绘制图形的 SAS 程序如下：

程序 cx5-7

```
data a;
    array r (21) r1 - r21;
    array b (21) b1 - b21 (0 0 0 0 0 0 0 0 0 0 0 0 0 0 0 0 0 0 0 0 0);
    do n =1 to 30;
      if n <30 then c =60;
      else c =1060;
      do m =1 to 21;
        r (m) =0.025 +m/200;
        b (m) =b (m) +c/ ( (1 +r (m)) * * n);
      end;
     end;
data b1;
  set a;
  keep r1 - r21;
proc transpose data =b1 out =c1 prefix =r;
data b2;
  set a;
  keep b1 - b21;
proc transpose data =b2 out =c2 prefix =b;
data c;
  merge c1 c2;
procgplot data =c;
  plot b1* r1 /vaixs =axis1 haxis =axis2;
  symbol v = * I =join h =1 font =swissb;
  axis1 label = ("债券价格")   order = (400 to 1600 by 100);
  axis2 label = ("市场利率")   order = (0.03 to 0.13 by 0.01);
run;
```

这个程序提交后，SAS 绘制的债券价格随利率变化的图形见图 5-2。从图 5-2 可以看到，债券价格随利率变化的图形不是一条直线，而是一条凸向原点的曲线。很显然，这条曲线凸向原点的凸度越大，由市场利率变动而带来的债券价格的变动率就越大，或者说债券价格的利率敏感性越强。这就引申出另外一个度量债券价格的利率敏感性的重要指标：债券的凸度。

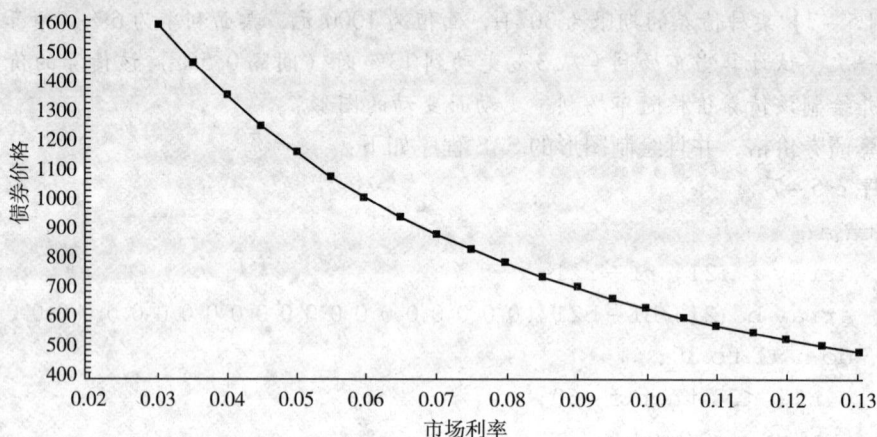

图 5 – 2   债券价格随利率变化的图形

从高等数学知识可以知道，债券价格对市场利率的二阶导数可以反映上述曲线的凹凸特征，因此债券的凸度的定义为

$$Con = \frac{1}{B}\frac{\mathrm{d}^2 B}{\mathrm{d}r^2}$$

利用债券的定价公式

$$B = \sum_{t=1}^{T}\frac{c_t}{(1+r)^t}$$

凸度还可以表示为

$$Con = \frac{1}{B}\frac{\mathrm{d}^2 B}{\mathrm{d}r^2} = \frac{1}{B(1+r)^2}\sum_{t=1}^{T}\frac{t(1+t)c_t}{(1+r)^t}$$

从凸度的定义可以看到，凸度是债券价格变动率的泰勒展开式中第二项的系数。由于修正久期为泰勒展开式的第一项，而第二项恒为一个正数，因此当市场利率下降时，仅仅利用修正久期来计算债券价格的变动率，将低估债券价格的真实上升幅度；而当市场利率上升时，仅仅利用修正久期来计算债券价格的变动率，将高估债券价格的真实下降幅度。如从例 5 – 6 的计算结果可以看到，当市场利率从 5% 下降到 4% 时，债券价格的真实上涨幅度为 7.89% ，而修正久期的计算结果为上升 7.52% ；当市场利率从 5% 上升到 6% 时，债券价格的真实下降幅度为 7.17% ，而修正久期的计算结果为下降 7.52% 。

由修正久期、凸度的定义，以及债券价格变动率的泰勒展开式可以看到，当市场利率变动时，债券价格的变动率主要由债券的修正久期和凸度所决定，即有

利率变动所引发的债券价格的变动率

$\approx$ 修正久期 × 利率变动幅度 + 0.5 × 凸度 × 利率变动幅度的平方。

因此，修正久期和凸度都是度量债券价格的利率敏感性的重要指标。

下面这个例子说明，如何利用 SAS 来计算债券的凸度，以及如何利用 SAS 来估计由修正久期和凸度所度量的债券价格变动的百分比。

【例 5 - 8】某种债券的面值为 1000 元、期限 10 年、票面利率 6%，每年支付一次利息，如果市场利率为 5%，试计算该债券凸度，并计算当市场利率从 5% 变动到 4% 或者变动到 6% 时，由修正久期和凸度所度量的债券价格变动的百分比。

从例 5 - 5 的计算结果已经知道，当市场利率为 5% 时，债券的价格为 1077.22 元，以下为计算债券的凸度的 SAS 程序。

程序 cx5 - 8

```
data a;
    b =1077.22;
    con1 =0;
    do t =1 to 10;
      if t <10 then c =60;
      else c =1060;
      con1 =con1 +t*  (t +1) * c/ ( (1 +0.05) * * t);
    end;
    con =con1/ (b*  (1 +0.05) * * 2);
 proc print data =a;
    var con;
 run;
```

这个程序提交后，SAS 显示的计算结果为：con = 72.17，这样当市场利率从 5% 变动到 4% 或者由 5% 变动到 6% 时，由凸度所度量的债券价格变动的百分比为

$$0.5 \times 72.17 \times (0.01)^2 \times 100\% = 0.36\%$$

表 5 - 3 给出当市场利率从 5% 下降到 4%、从 5% 上升到 6% 时，该债券价格的实际变动幅度百分比、由修正久期度量的债券价格变动百分比、由凸度度量的债券价格变动百分比。表 5 - 3 中结果显示，债券价格变动幅度的百分比，绝大部分可以由修正久期和凸度来解释，与只利用修正久期相比较，加总修正久期和凸度导致的价格变化幅度的百分比，可以更准确地估算债券价格的实际变化幅度。

表 5 - 3　　　　债券价格的实际变动幅度与利用修正久期、凸度度量的变动幅度　　　单位:%

	实际变动幅度	修正久期度量幅度	凸度度量幅度	（修正久期 + 凸度）度量幅度
利率上升 1%	- 7.17	- 7.52	0.36	- 7.16
利率下降 1%	7.89	7.52	0.36	7.88

5.3 久期的应用：免疫策略

在债券市场上，利率风险是最重要的风险之一，麦考利久期在债券市场利率风险管理领域具有广泛应用，本节介绍其中的一种应用：免疫策略。

长期债券的投资回报率与债券票面利息的再投资收益率密切相关。如果市场利率上升，再投资收益率就会增加，但若投资期短于债券的到期期限，债券出售时会有资本损失；如果市场利率下降，再投资收益率就会减少，但未到期债券出售时会有资本利得。由于存在着这样的两种利率变动风险，投资者在购买债券时很难事先锁定债券的投资回报率。

然而，由于利率变动导致的利息再投资收益率风险与债券价格变动风险的方向恰好相反，因此就有可能找到一种债券组合，使得投资者在购买债券时就能事先锁定回报率水平，无论未来市场利率如何变化。这种通过债券组合来规避利率风险、事先锁定回报率水平的债券投资策略称为免疫策略。下面通过一个事例来说明这种策略。

假设某位投资者在 6 年后需要偿还 10 万元债务，现在债券市场上的必要收益率为 12%，如果存在一种期限为 6 年的平价息票债券（利息每年支付一次），那么从理论上讲，只要债券利息的再投资收益率能够维持在 12%，为了使自己在 6 年后能够拥有 10 万元钱来偿还债务，投资者现在需要购买这种息票债券的数量 m，就可以由下式计算得到

$$100000 = 1.12m + 0.12m \times \sum_{t=1}^{5} (1 + 0.12)^t$$

利用以下 SAS 程序可以解得 $m = 50663.11$ 元。

程序 cx5 -9

```
data a;
    b =0;
    do t =1 to 5;
      b =b +1.12* * t;
    end;
    m =100000/ (1.12 +0.12* b);
 proc print data =a;
    var m;
 run;
```

然而在现实中，市场利率可能发生变动，从而导致债券市场的必要收益率发生变动，如果在投资者购买了债券后，债券市场必要收益率下降了，那么债券利息的再投资收益率也会下降，6 年后投资者的资产就会低于 10 万元。

那么，投资者能否通过购买期限更长的债券，当市场利率下降导致利息再投资收益率降低时，可以通过债券价格上升产生的资本利得来弥补损失，从而锁定 6 年后可以获

得稳定的 10 万元？如果对投资者而言，某种债券能够免疫利率下降的风险，那么这种债券是否也能够免疫利率上升的风险？

假设债券市场的必要收益率为 12%，并且假设市场上存在着期限分别为 7 ~ 12 年的平价息票债券，这些债券都是每年付息一次，容易计算，这些债券的麦考利久期分别为 5.1、5.6、6、6.3、6.7 和 6.9。如果投资者在开始时分别用 50663.11 元购买这些债券，那么当债券市场的必要收益率从 10% 变动到 14% 时，即债券利息再投资收益率以及债券出售时的债券市场价格发生变化时，在第 6 年底投资者按照市场价格出售这些债券后，投资者债券投资的总收益分别为多少？哪种债券既可以免疫利率下降带来的风险，又可以免疫利率上升带来的风险？

下面的 SAS 程序计算了当债券市场的必要收益率从 10% 变动到 14% 时，若投资者购买了 7 年期的息票债券，那么在第 6 年底出售这份债券后，投资者所拥有的资产数量。在这个程序中，只要将 qx = 7 改成 qx = 8，就可以计算如果投资者购买了 8 年期的息票债券，那么在第 6 年底出售所持债券后，投资者所拥有的资产数量，其余类推。

程序 cx5 – 10

```
data a;
    array r (5) r10 - r14 (0.10 0.11 0.12 0.13 0.14); /* 表示市场必
要收益率的数组* /
    array c (5) c10 - c14 (0 0 0 0 0); /* 表示利息再投资受益的数组* /
    array b (5) b10 - b14 (0 0 0 0 0); /* 表示债券出售价格的数组* /
    array m (5) m10 - m14 (0 0 0 0 0); /* 表示债券投资总收益的数组* /
    qx = 7;
    do n = 1 to 5;
        do t = 0 to 5;
            c (n) = c (n) + 50663.11* 0.12* (1 + r (n)) * * t; /*
计算利息再投资的收益* /
        end;
    end;
    do t = 1 to qx - 6;
        if t < qx - 6 then cc = 50663.11* 0.12;
        else cc = 50663.11* 1.12;
        do n = 1 to 5;
            b (n) = b (n) + cc/ ( (1 + r (n)) * * t); /* 计算债券的出售价
                                                格* /
        end;
    end;
    do n = 1 to 5;
        m (n) = c (n) + b (n);
    end;
```

```
proc print data = a;
run;
```

句法说明：

do t = 1 to qx − 6——在这个程序中，变量 qx 表示债券的期限。在本例中，需要计算当6年后投资者出售债券时债券的价格 b（n），由于届时债券的剩余期限为 qx − 6 年，因此该债券的出售价格为：届时所剩余的未来现金流按照市场利率所得到的折现值之和。

这个程序提交后，SAS 给出的计算结果见表 5 − 4。从表 5 − 4 的计算结果可以看到：投资者在6年后需要10万元来偿还债务，在当前的市场必要收益率下，该债务的现值为50663.12元，如果市场利率保持不变，投资者购买任何一种债券都可以锁定6年以后的10万元。当市场利率发生变化时，若投资者购买的债券的麦考利久期小于6年，则尽管市场利率上升所导致的利息再投资收入超过了债券价格下降而导致的损失，从而使投资者获利，但当市场利率下降时投资者就会遭受损失，因此购买麦考利久期小于6年的债券不能同时免疫市场利率上升或者市场利率下降所带来的风险。表 5 − 4 的结果也显示，如果投资者购买麦考利久期超过6年的债券，也不能同时免疫市场利率上升和市场利率下降所带来的风险，因为此时尽管市场利率下降时投资者会获益，但当市场利率上升时投资者会遭受损失。

表 5 − 4 的结果还显示，投资者购买债券的麦考利久期与6年的差异越大，市场利率上升或者市场利率下降所带来的风险越大，只有当一种债券的麦考利久期等于6年时（表中的9年期债券），投资者才能同时免疫市场利率上升和市场利率下降的风险，因为此时无论市场利率是上升还是下降，投资者都可以事先锁定6年后能够获得至少10万元。

表 5 − 4　　　　　　　　市场必要收益率与 6 年债券投资的积累价值

债券期限（年）	市场新利率（%）	考虑再投资的利息总收入（元）	债券出售价格（元）	债券投资的积累价值（元）
7	0.10	46907.62	51584.27	98491.88
7	0.11	48106.81	51119.54	99226.35
7	0.12	49336.89	50663.11	100000.00
7	0.13	50598.50	50214.77	100813.27
7	0.14	51892.31	49774.29	101666.60
8	0.10	46907.62	52421.66	99329.28
8	0.11	48106.81	51530.72	99637.53
8	0.12	49336.89	50663.11	100000.00
8	0.13	50598.50	49817.99	100416.49
8	0.14	51892.31	48994.61	100886.92

续表

债券期限（年）	市场新利率（%）	考虑再投资的利息总收入（元）	债券出售价格（元）	债券投资的积累价值（元）
9	0.10	46907.62	53182.93	100090.55
9	0.11	48106.81	51901.16	100007.97
9	0.12	49336.89	50663.11	100000.00
9	0.13	50598.50	49466.86	100065.36
9	0.14	51892.31	48310.67	100202.98
10	0.10	46907.62	53874.99	100782.61
10	0.11	48106.81	52234.88	100341.69
10	0.12	49336.89	50663.11	100000.00
10	0.13	50598.50	49156.13	99754.63
10	0.14	51892.31	47710.73	99603.04
11	0.10	46907.62	50504.14	101411.75
11	0.11	48106.81	52535.53	100642.34
11	0.12	49336.89	50663.11	100000.00
11	0.13	50598.50	48881.14	99479.64
11	0.14	51892.31	47184.47	99076.78
12	0.10	46907.62	55076.09	101983.70
12	0.11	48106.81	52806.39	100913.20
12	0.12	49336.89	50663.11	100000.00
12	0.13	50598.50	48637.79	99263.28
12	0.14	51892.31	48722.83	98615.14

在这个事例中，为了在6年后偿还10万元债务，投资者要进行6年的债券投资，在当前的市场必要收益率下，这笔债务的现值为50663.11元。如果市场利率保持不变，那么投资者只要购买现值为50663.11元的任何一种平价债券，都可以事先锁定6年后的积累价值10万元。然而市场利率可能发生变化，表5-4的结果显示，要使投资者能够免疫市场利率上升或者下降所带来的投资积累价值的损失，即要在购买债券时就能够事先锁定6年后的投资回报率，投资者就需要：

（1）购买在当前的市场收益率下麦考利久期等于6年的债券。

（2）所购买债券的现值应该等于负债的现值。

这种债券投资策略称为利率风险的免疫策略。这里需要指出的是，在这个事例中，假设市场利率只变动一次，而且利率变动发生在第一次债券利息支付之前。然而实际上，市场利率在债券投资期间可能多次发生变动，这就导致债券的久期会随着市场必要收益率的变化而变化。此外，债券久期还会随着时间而变化，因此，为了免疫利率波动的风险，投资者需要不断调整债券或债券组合的久期，使其与投资者剩余的投资期限相等。

此外，还需要指出的是，这种免疫策略的有效性依赖于所有债券的收益率的同幅度变化，即依赖于利率变动后债券价格的变动（利率风险）和利息再投资收益的变动（再投资风险）可以相互抵消。如果短期收益率下降而长期收益率上升，则利率风险和再投资风险无法相互抵消：短期利率下降会导致再投资收益率下降，长期利率上升会导致到期期限长于投资期的债券价格下降，这两个风险会使免疫策略的效果受到影响。

5.4 理论即期利率和远期利率

5.4.1 理论即期利率和即期收益率曲线

（一）理论即期利率及计算

债券的价格是由其未来现金流的现值决定的。前面的讨论中，我们采用称为必要收益率的同一贴现率 r ，来对未来现金流 $c_1, c_2, \ldots, c_T$ 折现，以确定债券的价格。然而在现实中长期利率通常高于短期利率，因此对未来不同时间获得的现金按同一贴现率进行折现是不够合理的。比较合理的方法应该是，对未来不同时间获得的现金采用不同的贴现率，即采用下面的式子来计算债券的价格

$$B = \sum_{t=1}^{T} \frac{c_t}{(1 + r_t)^t}$$

其中，r_t 为对第 t 期获得的现金进行折现时所使用的贴现率。那么这样的 r_t 如何求得？

如果债券市场上存在一组不同时间到期的零息票债券 $z_1, z_2, \ldots, z_T$ ，其中 z_t 在第 t 期末到期，这组债券的必要收益率分别为 $R_1, R_2, \ldots, R_T$ ，那么显然有 $r_t = R_t$ 。因为依据金融工程的方法，息票债券的未来现金流可以用一组零息票债券的未来现金流来复制。比如说，一张面值为1000元，期限为10年，票面利率为6%，每半年支付一次利率的息票债券的未来现金流，就可以用19张面值为30元、在今后9.5年内每半年有一张到期的零息票债券，再加一张在第10年到期的面值为1030元的零息票债券的组合来复制。按照无套利定价原则，在均衡的债券市场上，这张债券的价格应该等于这组零息票债券的价格之和。于是对未来现金流为 $c_1, c_2, \ldots, c_T$ 的债券定价可以采用下列两种不同方法：

（1）直接计算债券的价格，可以得到

$$B = \sum_{t=1}^{T} \frac{c_t}{(1 + r_t)^t}$$

（2）计算这组零息票债券的价格之和，可以得到

$$B = \sum_{t=1}^{T} \frac{c_t}{(1 + R_t)^t}$$

考虑到 $c_1, c_2, \ldots, c_T$ 可以是任意一个现金流，因此有 $r_t = R_t$ 。这样我们得到结论：如果知道不同期限的零息票债券的收益率，就可以更加合理地计算其他债券的价格。

债券市场上不同期限的零息票债券的收益率称为理论即期收益率，之所以如此称谓，是由于除了半年期、一年期的零息票债券在现实中可能存在外，期限较长的零息票

债在现实中通常并不存在，因此这些虚拟的零息票债券的必要收益率，需要根据金融工程理论和无套利定价原则推算得到。这就是说，这些收益率在现实的债券市场上并不能被直接观测到，需要通过理论推导而得到。在债券市场分析中，可以通过不同期限的国债收益率来推导计算不同期限的零息票债券的收益率，即计算理论即期利率。下面通过一个例子来说明。

【例 5 - 9】表 5 - 5 给出 20 种假想国债的期限、票面利率和市场价格，这些国债的面值均为 100 元，国债利息每半年支付一次，试计算这些国债的内生收益率以及对应期限的零息票债券的收益率。

表 5 - 5　　　　　　　　　20 种假想国债的期限、票面利率和市场价格

期限（年）	票面利率（%）	市场价格（元）	期限（年）	票面利率（%）	市场价格（元）
0.5	0	96.15	5.5	0.1050	98.38
1.0	0	92.19	6.0	0.1100	99.14
1.5	0.0850	99.45	6.5	0.0850	86.94
2.0	0.0900	99.64	7.0	0.0825	84.24
2.5	0.1100	103.49	7.5	0.1100	96.09
3.0	0.0950	99.49	8.0	0.0650	72.62
3.5	0.1000	100.00	8.5	0.0875	82.97
4.0	0.1000	98.72	9.0	0.1300	104.30
4.5	0.1150	103.16	9.5	0.1150	95.06
5.0	0.0875	92.24	10.0	0.1250	100.00

20 种假想国债的内生收益率的计算可以按照 5.1.2 中的方法和 SAS 程序来实现，具体的 SAS 程序如下：

程序 cx5 - 11

```
data a;
    r1 =2* intrr (1, -96.15, 100);
    r2 =2* intrr (1, -92.19, 0, 100);
    r3 =2* intrr (1, -99.4.25, 4.25, 104.25);
    r4 =2* intrr (1, -99.64, 4.5, 4.5, 4.5, 104.5);
    r5 =2* intrr (1, -103.49, 5.5, 5.5, 5.5, 5.5, 105.5);
    r6 =2* intrr (1, -99.49, 4.75, 4.75, 4.75, 4.75, 4.75, 104.75);
    r7 =2* intrr (1, -100, 5, 5, 5, 5, 5, 5, 105);
    r8 =2* intrr (1, -98.72, 5, 5, 5, 5, 5, 5, 5, 105);
    r9 =2* intrr (1, -103.16, 5.75, 5.75, 5.75, 5.75, 5.75, 5.75, 5.75,
5.75, 105.75);
    r10 =2* intrr (1, -92.24, 4.38, 4.38, 4.38, 4.38, 4.38, 4.38, 4.38,
4.38, 4.38, 104.38);
    r11 =2* intrr (1, -98.38, 5.25, 5.25, 5.25, 5.25, 5.25, 5.25, 5.25,
```

```
5.25, 5.25, 5.25, 105.25);
        r12 = 2 * intrr (1, - 99.14, 5.5, 5.5, 5.5, 5.5, 5.5, 5.5,
5.5, 5.5, 5.5, 5.5, 5.5, 105.5);
        r13 =2* intrr (1, -86.94, 4.25, 4.25, 4.25, 4.25, 4.25, 4.25, 4.25,
4.25, 4.25, 4.25, 4.25, 4.25, 1 -4.25);
        r14 =2* intrr (1, -84.24, 4.13, 4.13, 4.13, 4.13, 4.13, 4.13, 4.13,
4.13, 4.13, 4.13, 4.13, 4.13, 104.13);
        r15 = 2 * intrr (1, - 96.09, 5.5, 5.5, 5.5, 5.5, 5.5, 5.5,
5.5, 5.5, 5.5, 5.5, 5.5, 5.5, 5.5, 5.5, 105.5);
        r16 = 2 * intrr ( -75.62, 3.25, 3.25, 3.25, 3.25, 3.25, 3.25,
3.25, 3.25, 3.25, 3.25, 3.25, 3.25, 3.25, 3.25, 3.25, 103.25);
        r17 =2* intrr (1, -82.97, 4.38, 4.38, 4.38, 4.38, 4.38, 4.38, 4.38,
4.38, 4.38, 4.38, 4.38, 4.38, 4.38, 4.38, 4.38, 104.38);
        r18 =2* intrr (1, -104.30, 6.5, 6.5, 6.5, 6.5, 6.5, 6.5, 6.5, 6.5,
6.5, 6.5, 6.5, 6.5, 6.5, 6.5, 6.5, 6.5, 6.5, 106.5);
        r19 =2* intrr (1, -95.06, 5.75, 5.75, 5.75, 5.75, 5.75, 5.75, 5.75,
5.75, 5.75, 5.75, 5.75, 5.75, 5.75, 5.75, 5.75, 5.75, 107.75);
        r20 = 2 * intrr (1, - 100, 6.25, 6.25, 6.25, 6.25, 6.25,
6.25, 6.25, 6.25, 6.25, 6.25, 6.25, 6.25, 6.25, 6.25, 6.25, 6.25,
6.25, 6.25, 6.25, 106.25);
    proc print data =a;
    run;
```

这个程序提交后，SAS 显示的计算结果见表 5 - 6。从表 5 - 6 中结果可以看到，在这个例子中，不同期限国债的内生收益率，随着债券期限的增长而增加，这体现了货币的时间价值的一般规律：长期利率通常要高于短期利率。

在表 5 - 5 中，期限为 0.5 年和 1 年的国债票面利率为零，它们就是零息票债券，因此期限为 0.5 年和 1 年的零息票债券的收益率分别为 0.0801 和 0.0830。下面以期限为 1.5 年的零息票债券的收益率计算为例，来说明如何计算其他 18 个期限的零息票债券的收益率，即如何计算其他 18 个理论即期利率。

由表 5 - 5 可知，期限为 1.5 年的国债的未来现金流为：4.25、4.25、104.25，这三笔现金分别在 0.5 年、1 年和 1.5 年后获得。假设不同期限的零息票债券的面值均为 1 元，那么由 4.25 份 0.5 年后到期的零息票债券、4.25 份 1 年后到期的零息票债券、104.25 份 1.5 年后到期的零息票债券组成的债券组合，就可以复制表 5 - 5 中期限为 1.5 年的国债的未来现金流。于是按照无套利定价原则，这个债券组合的价格应该等于期限为 1.5 年的国债的价格，即等于 99.45 元。

假设期限为 1.5 年的零息票债券的收益率为 r_3，对这个债券组合的未来现金流分别按照对应期限的零息票债券的收益率进行折现，可以得到关系式

$$99.45 = \frac{4.25}{(1+0.0801/2)} + \frac{4.25}{(1+0.0830/2)^2} + \frac{104.25}{(1+r_3/2)^3}$$

从这个关系式中可以求得期限为 1.5 年的零息票债券的收益率 r_3。这样的理论即期利率的计算方法可以递推：一般地，如果已经求得前 k 期的零息票债券的收益率，就可以利用相同的方法求得第 $k+1$ 期的零息票债券的收益率。

计算期限从 1.5 年直至 10 年的零息票债券收益率的 SAS 程序如下：

程序 cx5 - 12

```
data a;
    array b (20) b1 - b20 (96.15 92.19 99.45 99.64 103.49 99.49 100
98.72 103.16 92.24 98.38 99.14 86.94 84.24 96.09 72.62 82.97 104.3 95.06
100);
    array c (20) c1 - c20 (0 0 4.25 4.5 5.5 4.75 5 5 5.75 4.38 5.25 5.5
4.25 4.13 5.5 3.25 4.38 6.5 5.75 6.25);
    array r (20) r1 - r20 (0.0801 0.0830 0 0 0 0 0 0 0 0 0 0 0 0 0 0 0 0
0 0);
    do t = 3 to 20;
      s = 0;
      do n = 1 to t - 1;
        s = s + c (t) / ( (1 + r (n) /2) * * n);
      end;
      r (t) = 2 * ( ( (100 + c (t)) / (b (t) - s)) * * (1/t) - 1);
    end;
proc print data = a;
    var r1 - r20;
run;
```

这个程序提交后，SAS 给出的各个期限的理论即期利率见表 5 - 6。计算结果显示，相同期限的国债内生收益率与理论即期收益率之间，存在着一定的差异。

表 5 - 6　　20 种假想国债的内生收益率和同期限的理论即期利率

期限（年）	内生收益率（%）	理论即期利率（%）	期限（年）	内生收益率（%）	理论即期利率（%）
0.5	0.0801	0.0801	5.5	0.1090	0.1117
1.0	0.0830	0.0830	6.0	0.1120	0.1158
1.5	0.0890	0.0893	6.5	0.1140	0.1174
2.0	0.0920	0.0924	7.0	0.1161	0.1201
2.5	0.0940	0.0946	7.5	0.1180	0.1240
3.0	0.0970	0.0978	8.0	0.1190	0.1228
3.5	0.1000	0.1013	8.5	0.1202	0.1256
4.0	0.1040	0.1059	9.0	0.1220	0.1315
4.5	0.1060	0.1085	9.5	0.1240	0.1337
5.0	0.1080	0.1103	10.0	0.1250	0.1362

（二）收益率曲线和即期收益率曲线

债券市场上，债券的收益率不仅取决于债券的信用等级高低，而且取决于债券的期限长短。这就是说，信用等级相同但期限不同的债券，通常会有不同的收益率。信用等级相同、期限不同的债券的收益率和债券期限之间的关系曲线，称为收益率曲线。债券分析中所采用的收益率曲线，通常是指国债收益率和国债期限之间的关系曲线。之所以采用国债来构建收益率曲线，第一是因为国债是无风险资产，所有国债的信用等级相同，因此不用考虑信用等级差异对收益率的影响；第二是因为国债市场是最活跃的债券市场，具有很强的流动性和很高的交易频率，各种不同期限国债的交易价格和收益率容易被观察到。

不同期限的零息票债券的收益率和债券期限之间的关系曲线，称为即期收益率曲线。如例5－9所示，我们可以依据国债的票面利率、交易价格和期限，计算得到理论即期利率，并进而得到即期收益率曲线。下面是利用表5－6中的数据，绘制收益率曲线和即期收益率曲线的SAS程序。

程序 cx5－13

```
data a;
    input tnsr jqr @ @ ;
    cards;
    0.5 0.0801 0.0801   1 0.0830 0.0830   1.5 0.0890 0.0893   2 0.0920
0.0924
    2.5 0.0940 0.0946   3 0.0970 0.0978   3.5 0.1000 0.1013   4 0.1040
0.1059
    4.5 0.1060 0.1085   5 0.1080 0.1103   5.5 0.1090 0.1117   6 0.1120
0.1158
    6.5 0.1140 0.1174   7 0.1161 0.1201   7.5 0.1180 0.1240
8 0.11900.1228
    8.5 0.1202 0.1256   9 0.1220 0.1315   9.5 0.1240 0.1337   10 0.1250
0.1362
    ;
proc gplot data = a;
    plotnsr* t jqr* t / vaxis = axis1 haxis = axis2 overlay;
    symbol v = * I = join h = 1 font = swissb;
    axis1 order = (0.08 to 0.14 by 0.01);
    axis2 order = (0 to 10 by 1);
run;
```

这个程序提交后，SAS依据表5－6数据绘制的收益率曲线和即期收益率曲线见图5－3。图5－3中，上面这条曲线为即期收益率曲线，下面这条曲线为收益率曲线。图5－3显示，这两条收益率曲线存在着一定的差异，而且随着债券期限的增加，这种差异也在加大。

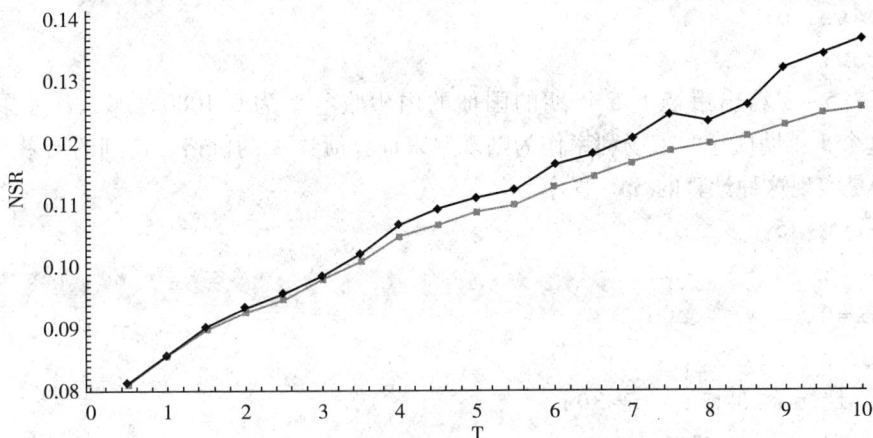

图 5 - 3　收益率曲线和即期收益率曲线

　　收益率曲线和即期收益率曲线描述了债券的收益率和债券期限之间的相互关系，这种关系称为利率的期限结构。从现实作用看，在债券市场分析中，收益率曲线，尤其是即期收益率曲线的主要功能是：可以用其作为基准给其他的债券设置收益率标准，或者说给其他的债券定价。下面通过两个例子来说明。

　　【例 5 - 10】假设债券市场上的收益率曲线和即期收益率曲线如图 5 - 3 所示，债券 A 的面值为 1000 元，期限 5 年，票面利率 6%，债券利息每半年支付一次，问该债券合理的市场价格应为多少？

　　我们采用零息票债券的组合来复制债券 A。假设 z_k 为面值为 1 元、第 k 个半年后到期的零息票债券，则有

$$A = 30z_1 + 30z_2 + \ldots + 30z_9 + 1030z_{10}$$

即债券 A 的未来现金流等于这个零息票债券组合的未来现金流。根据无套利定价原则，债券 A 的市场价格应该等于这个零息票债券组合的市场价格。

　　这样，计算债券 A 的合理市场价格的 SAS 程序就可以编写如下。这个程序提交后，SAS 给出的计算结果为：债券 A 的合理市场价格为 816.06 元。

程序 cx5 - 14

```
data a;
    array jqr (10) jqi - jq10 (0.0801 0.0830 0.0893 0.0924 0.0946
0.0978 0.1013 0.1059 0.1085 0.1103);
    b = 0;
    do n = 1 to 10;
     if n < 10 then c = 30;
     else c = 1030;
     b = b + c/ ( (1 + jqr (n)) * * n);
    end;
```

```
proc print data =a;
   var b;
run;
```

由于表5－3给出市场上5年期的国债的内生收益率为0.1080，那么，如果采用0.1080这个5年期债券的市场利率作为贴现率来计算债券A的价格，得到的结果又将如何？下面是实现这种计算的SAS程序。

程序 cx5－15

```
data a;
   b =0;
   do n =1 to 10;
    if n <10 then c =30;
    else c =1030;
    b =b +c/ ( (1 +0.1080/2) * * n);
   end;
proc print data =a;
   var b;
run;
```

这个程序提交后，SAS给出的计算结果为：$b = 818.23$元。可以看到，两种计算方法得到的结果不一致。这就产生一个问题：都是按照现行的"市场利率"来计算债券A的价格，为什么两种定价方法得到的结果不一样？合理的市场价格是哪个？

很显然，两种计算方法的区别在于：对未来现金流进行折现时，是对未来每笔现金按照所获得时间的不同采用不同期限的理论即期利率作为贴现率，还是对未来所有的现金按照相同期限债券的内生收益率作为唯一的贴现率。合理的市场价格应该为816.06元，这是因为：一方面，由于长期利率通常高于短期利率，因此对不同时间获得的现金采用不同的贴现率，显然比采用统一的贴现率更加合理；另一方面，而且是更重要的方面，如果债券A的市场价格为818.23元，由于债券市场存在做空机制，交易商就可以通过做空债券A、做多零息票债券组合 $30z_1 + \ldots + 1030z_{10}$ 而获得无风险套利2.17元，交易商的这种套利行为将导致债券A的市场价格下跌，直至跌到816.06元，套利机会消失为止。因此从这个例子可以看到，在依据利率的期限结构来计算债券价格时，更加合理的方法是采用即期收益率曲线、而不是收益率曲线作为定价依据。

【例5－11】假设债券市场上的收益率曲线和即期收益率曲线如图5－3所示，债券B的面值为1000元、期限为5年，每半年支付一次利息，如果要使债券B成为一种平价债券，即使债券B的市场价格为1000元，那么债券B的票面利率应该等于多少？

假设债券B的票面利率为 r，由于每半年支付一次利息，债券B的未来现金流为
$$500r, 500r, 500r, 500r, 500r, 500r, 500r, 500r, 500r, 1000 + 500r$$

假设 z_k 为面值为1元、第 k 个半年后到期的零息票债券，债券B可以用下面的零息票债券组合来复制

$$B = \sum_{t=1}^{9} 500r \cdot z_t + (1000 + 500r) \cdot z_{10}$$

由无套利定价原则可知，要使债券 B 的市场价格为 1000 元，这个零息票债券组合的市场价格就应该为 1000 元，这样就有

$$1000 = \frac{500r}{(1+0.0801/2)} + \frac{500r}{(1+0.0830/2)^2} + \frac{500r}{(1+0.0893/2)^3}$$
$$+ \frac{500r}{(1+0.0924/2)^4} + \frac{500r}{(1+0.0946/2)^5} + \frac{500r}{(1+0.0978/2)^6} + \frac{500r}{(1+0.1013/2)^7}$$
$$+ \frac{500r}{(1+0.1059/2)^8} + \frac{500r}{(1+0.1085/2)^9} + \frac{1000+500r}{(1+0.1103/2)^{10}}$$

依据这个等式，债券 B 的票面利率 r 可以按照下面的 SAS 程序来求得。

程序 cx5 – 16

```
data a;
    arrayjqr (10) jqr1 - jqr10 (0.0801 0.0830 0.0893 0.0924
0.0946 0.0978 0.1013 0.1059 0.1085 0.1103);
    b =0;
    do n =1 to 10;
     b =b +500/ ( (1 +jqr (n) /2) * * n);
    end;
    b1 =1000/ ( (1 +jqr (10)) * * 10);
     r = (1000 -b1) /b;
    proc print data =a;
     var r;
    run;
```

这个程序提交后，SAS 给出的计算结果为 $r = 0.1077$，因此我们知道，在当时的市场条件下，要使债券 B 能够以面值出售，债券的票面利率应该为 0.1077。

5.4.2　远期利率

在债券市场上，即期收益率曲线中包含了很多有价值的信息，这些信息除了可以用来计算其他债券的合理市场价格或为其他债券设置收益率标准外，还可以用来推断债券市场对未来利率的预期，即推断远期利率。

下面通过两个例子来说明，如何利用表 5 – 6 中的即期收益率数据来推断未来的零息票债券的利率，以及如何利用即期收益率数据来推算远期发行的平价债券的票面利率。

【例 5 – 12】假设债券市场上的即期收益率曲线如图 5 – 3 所示，并且假设市场上不存在无风险的套利机会，试计算 1 年后发行的期限为 0.5 年的零息票债券的远期利率。

与【例 5 – 10】、【例 5 – 11】中的推断方法一样，我们可以利用现在发行的各种不同期限的零息票债券的组合来复制未来发行的零息票债券，进而利用理论即期利率来推

断远期利率。这里以如何计算 1 年后发行的期限为 0.5 年的零息票债券的收益率为例来说明。

一位债券投资者要用 1 元钱通过购买零息票债券来进行期限为 1.5 年的债券投资，可以采用以下两种不同的投资方式：

（1）直接用 1 元钱购买现在发行的期限为 1.5 年的零息票债券。

（2）先用 1 元钱购买现在发行的期限为 1 年的零息票债券，到期后再用所获资金购买届时发行的期限为 0.5 年的零息票债券。

在均衡的债券市场上，两种不同投资方式所产生的最终收益应该相等，否则的话，投资者就可以通过远期和约、通过构建适当的买入和卖出组合来进行无风险套利。

假设 1 年后发行的期限为 0.5 年的零息票债券的收益率为 $r_{0.5}$，由于投资方式（1）和投资方式（2）所得到的最终收益相同，因此根据表 5-4 可以得到

$$(1 + 0.0893/2)^3 = (1 + 0.0830/2)^2(1 + r_{0.5}/2)$$

解此方程可以得到

$$r_{0.5} = 2 \times \left[\frac{(1 + 0.0893/2)^3}{(1 + 0.0830/2)^2} - 1 \right] = 0.1016$$

因此，1 年后发行的期限为 0.5 年的零息票债券的年收益率应为 0.1020。

【例 5-13】假设债券市场上的即期收益率曲线如图 5-3 所示，试计算 1 年后发行的，期限为 3 年、利息半年支付一次的平价债券 A 的票面利率。

假设该平价债券的面值为 100 元，票面利率为 r，则购买该远期债券 A 后所能获得的未来现金流为

$$50r、50r、50r、50r、50r、100 + 50r$$

其中第一笔现金在第三个半年后获得，最后一笔现金在第八个半年后获得。

如果假设 z_t 为第 t 个半年后到期的面值为 1 元的零息票债券，那么远期债券 A 就可以用零息票债券组合来复制，即有

$$A = 50r(z_3 + z_4 + \ldots + z_8) + 100z_8$$

根据无套利定价原则，零息票债券组合的未来现金流的现值应该等于债券 A 的未来现金流的现值。由于 A 为平价债券，因此可以得到

$$\frac{100}{(1 + 0.0830/2)^2} = 50r \left[\frac{1}{(1 + 0.0893/2)^3} + \frac{1}{(1 + 0.0924/2)^4} + \frac{1}{(1 + 0.0946/2)^5} \right.$$

$$\left. + \frac{1}{(1 + 0.0978/2)^6} + \frac{1}{(1 + 0.1013/2)^7} + \frac{1}{(1 + 0.1059/2)^8} \right]$$

$$+ \frac{100}{(1 + 0.1059/2)^8}$$

利用这个等式中，求解债券 A 的远期票面利率 r 可以采用如下 SAS 程序。这个程序提交后，SAS 给出的计算结果为：远期债券 A 的票面利率为 0.1124。

程序 cx5-17

```
data a;
    array r (8) r1 - r8 (0.0801 0.0830 0.0893 0.0924 0.0946 0.0978
```

0.1013 0.1059);
```
    b1 = 100/ (1 + r2/2) * * 2 - 100/ (1 + r8/2) * * 8;
    b = 0;
    do n = 3 to 8;
      b = b + 50/ (1 + r (n) /2) * * n;
    end;
    yqr = b1/b;
  proc print data = a;
    var yqr;
  run;
```

【复习思考题】

1. 投资者以 98.8 元的价格购买了一份将在半年后到期的零息票债券, 债券面值为 100 元, 试计算该笔债券投资的年化到期收益率。如果该债券还有两年到期, 该债券的年化到期收益率又为多少。给出所需的 SAS 程序。

2. 某公司发行面值为 1000 元, 票面利率为 8%, 期限为 5 年的息票债券, 该债券每半年付息一次, 到期归还本金, 如果当时的市场必要收益率为 10%, 问当该债券的价格为 920 元时是否值得购买? 给出所需的 SAS 程序。

3. 某债券的面值为 1000 元, 期限 10 年, 票面利率为 8%, 利息每年支付一次, 如果市场利率为 9%, 试计算该债券的修正久期与凸度。当市场利率从 9% 上升为 10% 时, 试计算该债券价格变化幅度的百分比, 并计算修正久期可以解释的价格变化幅度百分比和凸度可以解释的价格变化幅度百分比。给出所需的 SAS 程序。

4. 假设债券市场上不存在无风险的套利机会, 当前市场的即期利率为: 一年期平价债券的票面利率 6%, 两年期平价债券的票面利率 7%, 三年期平价债券的票面利率 7.5%, 计算一年后发行的一年期息票债券的远期利率和两年后发行的一年期息票债券的远期利率, 假设所有的债券都是一年付息一次。给出所需的 SAS 程序。

【主要参考文献】

[1] 叶永刚等编著. 固定收益证券概论 [M]. 1 版. 武汉, 武汉大学出版社, 2001.

[2] 汤震宇等编著. 固定收益证券定价理论 [M]. 1 版. 上海, 复旦大学出版社, 2004.

第6章

SAS 与银行信用风险度量

【本章学习目标】

1. 掌握构建信用风险度量模型时预测变量的选择方法及 SAS 实现

2. 掌握基于会计指标的企业信用风险预测模型构建的统计学原理、数据挖掘原理，以及模型构建的 SAS 实现

3. 掌握基于个人特征指标的信用评分卡模型构建的统计学原理、数据挖掘原理，以及模型构建的 SAS 实现

4. 掌握信用风险度量模型的评价方法

5. 掌握本章有关的 SAS 基础知识

因借款人违约或因借款人的信用等级下降而使银行遭受损失的风险称为信用风险。在银行的各项风险管理工作中，信用风险管理始终占据着最重要的地位。要管理好信用风险，首先需要对信用风险进行准确的识别和度量，正是由于银行信用风险度量的极端重要性，从 1988 年最初版本的资本协议，到 2004 年的新资本协议，如何度量银行资产的信用风险，始终是《巴塞尔协议》关注的重点。

最近几十年来，信用风险的度量方法已经发生了很大变化，从比较粗略的定性方法向更加科学的定量方法演进，一些先进的信用风险度量模型已经在一些国家银行业中得到广泛的应用。信用风险度量模型包括银行单一客户的信用风险度量模型与银行资产组合的信用风险度量模型，本章主要介绍银行单一客户信用风险度量模型的构建方法和 SAS 实现，包括针对企业借款者的信用风险评估模型以及针对个人借款者的信用评分卡模型。

6.1 模型预测变量的选择方法

在银行的信用风险管理中，信用风险度量或者说信用风险评估是一个重要环节。通常情况下，当一家企业向银行提出贷款申请时，为了评估贷款的信用风险，银行会要求企业提供必要的财务报表数据。在利用这些财务数据对企业的信用风险进行评估时，银

行通常需要解决两个关键问题：

（1）如何判断某个财务指标中是否含有可以评估企业信用风险的有价值信息，即如何选择构建借款企业信用风险评估模型的预测变量。

（2）对预测变量做出选择后，应该采用怎样的方法来构建信用风险评估模型。

同样的，当一个客户向银行提出消费贷款申请时，银行也会要求这个客户通过填写申请表的方式，向银行提供各种个人特征信息（如年龄、收入、文化程度、婚姻状况、工作年限、首期付款额、抵押物价值等），在利用这些个人特征信息对借款客户的信用风险进行评估时，银行同样需要解决两个问题：

（1）客户的哪些特征信息以及需要对这些信息进行怎样的编码，才能作为构建信用评分卡模型的预测变量。

（2）对预测变量做出选择后，应该采用怎样的方法来构建信用评分卡模型。

如果从数据分析的角度看，每个借款企业或者每个借款人都可表示为一个多元向量 $(y, x_1, x_2, \ldots, x_k)$，其中 y 为一个虚拟变量

$$y = \begin{cases} 1 & \text{若在 } t+1 \text{ 时借款者违约} \\ 0 & \text{若在 } t+1 \text{ 时借款者不违约} \end{cases}$$

$x_1, x_2, \ldots, x_k$ 是在 t 时（对借款企业进行信用风险评估时，或对借款个人进行信用评分时）借款者的各项财务指标或个人特征信息。需要注意的是，在这个向量中，变量 x_1，$x_2, \ldots, x_k$ 与变量 y 是在不同的时间取值的。银行构建基于企业财务指标的信用风险评估模型或构建基于个人特征信息的信用评分卡模型，就是要构建一个能够通过现在（t 时）的企业财务指标或个人特征信息 $x_1, x_2, \ldots, x_k$，来对借款者未来（$t+1$ 时）的 y 值进行预测的模型，即构建一个可以采用现在的财务指标或个人特征信息，来对借款者将来是否会违约（或违约概率）作出评估的模型。很显然，要构建这样的预测模型，首先需要解决的问题是：究竟哪些指标 $x_1, x_2, \ldots, x_k$ 中含有可以预测 y 取值的有价值信息，或者说，应该采用哪些指标来构建企业信用风险评估模型或者构建消费者信用评分卡模型。

Excel 数据集 sjk6 - 1 是某股份制商业银行提供的 594 家贷款企业的相关数据，这些企业都是资产总额在亿元以上的大型企业，表中的财务数据由企业在申请贷款时按照银行的要求所提供，这些财务数据包括：总资产 asset、总负债 libity、流动资产 casset、流动负债 clibity、现金 cash、销售收入 srevenue、销售利润 sprofit、净利润 nprofit、应收账款 receivab、主营业务成本 maincost、存货 inventry、贷款额 loan、利息费用 interest。数据集 sjk6 - 1 中还包括了该商业银行对这些企业贷款的事后评级结果 rating。事后评级是在贷款发放一定时间后，由该商业银行按照中国银监会规定的贷款五级分类标准所进行的贷款质量评级。如果将前两类贷款（正常和关注）界定为非违约贷款，后三类贷款（次级、可疑和损失）界定为违约贷款，那么在这个数据集中，共有非违约企业 497 家，违约企业 97 家。

Excel 数据集 sjk6 - 2 是某网站提供的 690 位消费贷款使用者的相关数据，其中 y 表示消费贷款使用者后来是否违约（y = 0 表示不违约，y = 1 表示违约），x1 - x14 为消费贷款使用者的个人特征信息（为了避免泄露商业秘密，该网站没有说明 x1 - x14 分别代表消费贷款使用者的哪些特征信息，但这不会影响到后面的分析）。这个数据集中共有非违约客

户 387 个、违约客户 303 个。在本章接下来的内容中，将以这两个数据集为例来说明，怎样选择构建借款企业信用风险评估模型或借款人信用评分卡模型的预测变量。

6.1.1 确定预测变量的选择范围

究竟哪些财务指标中包含可以预测企业违约的重要信息？由于到目前为止，还没有一种经济学理论或会计学理论可以准确回答这个问题，因此在构建企业信用风险评估模型时，选择预测变量的第一步是根据已有的经验（包括银行的实践经验和前人的研究成果），在数据可获得的条件下，初步确定预测变量的选择范围。比如说，可以根据企业的资产流动性、财务杠杆、资产管理能力、盈利与回报能力、企业规模等这些可能与企业未来偿债能力有关的财务指标，来确定预测变量的选择范围。

作为例子，在数据集 sjk6 - 1 中，我们从企业的资产流动性、财务杠杆、资产管理能力、盈利与回报能力、企业规模等财务特征考虑，初步确定了 18 个变量列入预测变量的选择范围，这些变量的名字及具体定义见表 6 - 1。

将 Excel 数据集 sjk6 - 1 引入转化为 SAS 数据集 sjk6 _ 1 后，利用下面的 SAS 程序，可以创建包括这 18 个变量 x1 - x18 和虚拟变量 y 的 SAS 数据集 sjk6 _ 1a，其中 $y = 1$ 表示企业违约，$y = 0$ 表示企业没有违约。

程序 cx6 - 1

```
data a;
    set sjk6 _1;
    x1 = asset/libity;
    x2 = casset/clibity;
    x3 = srevenue/cash;
    x4 = srevenue/asset;
    x5 = (srevenue - sprofit) /srevenue;
    x6 = inventry/ (asset - libity);
    x7 = casset/ (asset - libity);
    x8 = srevenue/casset;
    x9 = casset/interset;
    x10 = srevenue/interest;
    x11 = nprofit/ (asset - libity);
    x12 = log (asset);
    x13 = sprofit/asset;
    x14 = (receivab + inventry) / (asset - libity);
    x15 = srevanue/libity;
    x16 = sprofit/interset;
    x17 = srevenue/ (asset - libity);
    x18 = maincost/srevenue;
    if rating = 1 or rating = 2 then y = 0;
```

```
    else y =1;
  data sjk6 _1a;
    set a;
    keep x1 - x18 y;
  run;
```

表 6 - 1 信用风险评估模型的初选预测指标

指标名	指标定义	指标名	指标定义
x1	总资产/总负债	x10	销售收入/利息费用
x2	流动资产/流动负债	x11	净利润/净资产
x3	销售收入/现金	x12	总资产的对数
x4	销售收入/总资产	x13	销售利润/总资产
x5	销售成本/销售收入	x14	（应收账款＋存货）/净资产
x6	存货/净资产	x15	销售收入/总负债
x7	流动资产/净资产	x16	销售利润/利息费用
x8	销售收入/流动资产	x17	销售收入/净资产
x9	流动资产/利息费用	x18	主营业务成本/销售收入

6.1.2　预测变量的进一步筛选

在确定预测变量的选择范围后，可以采用不同的方法对这些变量做进一步筛选。下面介绍两种变量筛选的方法：预测变量选择的 t 检验法和预测变量选择的信号噪音差法。

（一）预测变量选择的 t 检验法

一个财务指标中是否含有可以预测借款企业违约的有价值信息，主要取决于这个财务指标的取值在违约企业和非违约企业之间是否具有良好的区分度：如果非违约企业的指标取值普遍较大、违约企业的指标取值普遍较小（这种指标可以称为正指标——指标值越大越好），或者相反，非违约企业的指标取值普遍较小、违约企业的指标取值普遍较大（这种指标可以称为负指标——指标值越小越好），那么可以认为该财务指标的取值对两类企业有着良好的区分度。

很显然，如果一个财务指标的取值对于两类企业具有良好的区分度，那么非违约企业的指标均值与违约企业的指标均值之间应该存在显著差异。这样，从统计学的角度看，检验一个财务指标 x 是否包含可以预测企业违约的有价值信息，就可以转化为对"两类企业的指标均值相等"这个零假设的假设检验，如果这个零假设不能被拒绝，那么可以认为这个指标的取值在两类企业之间没有良好的区分度，就可以将这个指标从构建信用风险评估模型的预测变量中剔除。

如果以下两个假设条件能够得到满足：

（1）财务指标 x 的取值在两类企业中的方差相等。

（2）财务指标 x 的取值在每类企业中都服从正态分布且各个观测数据相互独立。

那么对零假设"两类企业 x 指标的均值相等"的检验统计量就可以采用 t 统计量，t

165

统计量的计算公式为

$$t = (\bar{x_1} - \bar{x_2}) / \sqrt{s^2(1/n_1 + 1/n_2)}$$

在上式中，检验统计量 t 服从 t 分布，自由度为 $n_1 + n_2 - 2$，式中 $\bar{x_1}, \bar{x_2}$ 为该指标在两类企业中的样本均值，n_1, n_2 为两类企业的样本容量、s_1^2, s_2^2 为该指标在两类企业中的样本方差，s^2 为合并方差，其计算公式为

$$s^2 = [(n_1 - 1)s_1^2 + (n_2 - 1)s_2^2] / (n_1 + n_2 - 2)$$

如果只有假设条件（2）满足，假设条件（1）不满足，则对零假设"两类企业 x 指标的均值相等"的假设检验，可以采用 Satterthwaite 方法计算近似的 t 统计量作为检验统计量，或者采用 Cochran 和 Cox 方法计算上述近似 t 检验的概率水平，这里不再展开介绍。

在 SAS 中，在假设条件（2）满足的前提下，可以采用 TTEST 过程（两组比较过程）来对零假设"两类企业 x 指标的均值相等"进行检验。SAS 在运行 TTEST 过程后，将分别针对两类企业 x 指标的方差相等和两类企业 x 指标的方差不等这样两种条件，给出对这个零假设的检验结果。同时 SAS 还会通过计算 F′（folded）统计量，来检验两类企业 x 指标的方差是否相等。

如果采用 t 检验方法，利用已经创建的 SAS 数据集 sjk6_1a。对表 6 - 1 中的 18 个财务指标做进一步筛选，所需要的 SAS 程序如下。这个程序提交后，SAS 给出对 18 个财务指标的 t 检验结果。为了节省篇幅，在表 6 - 2 和表 6 - 3 中我们只给出了对财务指标 x1 和 x6 的检验结果。表 6 - 2 的结果显示，"财务指标 x1 在两类企业中的方差相等"的零假设被拒绝，在 0.01 的显著性水平下，可以认为 x1 的取值在违约企业和非违约企业之间具有良好的区分度。表 6 - 3 的结果显示，"财务指标 x6 在两类企业中的方差相等"的零假设不能被拒绝，在 0.01 的显著性水平下，可以认为 x6 的取值在违约企业和非违约企业之间具有良好的区分度。

程序 cx6 - 2

```
proc ttest cochran data = sjk6_1a;
    class y;
run;
```

句法说明：

（1）PROC TTEST——调用 TTEST 过程，并指定有关选项，本例中的选项为：

Cochran：要求用 Cochran 和 Cox 方法计算近似 t 检验的概率水平。

Data = data - set - name：指定 TTEST 过程所用的 SAS 数据集的名字，本例中为 sjk6_1a。

（2）CLASS y——给出分类变量的名字。分类变量必须且只能取两个值，PROC TTEST 按这两个值将所有观测分成两组进行 t 检验。

表 6 - 2   对指标 x1 的 t 检验结果

Y	N	MEAN	Std Dev	Std Error	Minimun	Maximun
0	497	1.5040	0.1432	0.00642	1.1628	1.7857
1	97	2.0702	0.5836	0.05925	1.1863	3.4043

续表

Y	N	MEAN	Std Dev	Std Error	Minimun	Maximun
Variances	T	Method	DF	Prob > | T |		
Unequal	−9.50	Satterthwaite	98.266	<0.0001		
	−9.50	Cochran		0.0001		
Equal	−18.96		592.0	<0.0001		
For H0: Variances are equal, F′ = 16.61			DF = (96, 496)		Prob > F′ < 0.0001	

表 6 - 3　　　　　　　　　对指标 x6 的 t 检验结果

Y	N	MEAN	Std Dev	Std Error	Minimun	Maximun
0	497	0.1711	0.2236	0.0100	0.000675	0.9993
1	97	0.3502	0.2169	0.0220	0.007101	0.7923
Variances	T	Method	DF	Prob > | T |		
Unequal	−7.40	Satterthwaite	138.8	<0.0001		
	−7.40	Cochran		0.0001		
Equal	−7.25	.	592.0	<0.0001		
For H0: Variances are equal, F′ = 1.06			DF = (496, 46)		Prob > F′ = 0.7293	

表 6 - 4 汇总了利用 TTEST 过程对 18 个指标的筛选结果，其中的显著性水平均为 0.01，即如果"两类企业的指标方差相等"的零假设在 0.01 的显著性水平下被拒绝，则认为两类企业的指标方差不相等；如果"两类企业的指标均值相等"的零假设在 0.01 的显著性水平下被拒绝，则认为指标的取值在两类企业之间具有良好的区分度；反之就认为指标的取值在两类企业之间没有良好的区分度。表 6 - 4 给出的结果显示，不能拒绝 x2、x3、x8 和 x17 这四个指标的取值对两类企业没有良好区分度的零假设，因此可以将这四个指标从预测变量中剔除。

表 6 - 4　　　　　　　　PROC TTEST 过程对 18 个指标的筛选结果

指标	两方差相等	两均值相等	指标	两方差相等	两均值相等	指标	两方差相等	两均值相等
x1	拒绝	拒绝	x7	不能拒绝	拒绝	x13	拒绝	拒绝
x2	拒绝	不能拒绝	x8	拒绝	不能拒绝	x14	不能拒绝	拒绝
x3	拒绝	不能拒绝	x9	拒绝	拒绝	x15	拒绝	拒绝
x4	不能拒绝	拒绝	x10	拒绝	拒绝	x16	拒绝	拒绝
x5	拒绝	拒绝	x11	拒绝	拒绝	x17	拒绝	不能拒绝
x6	不能拒绝	拒绝	x12	拒绝	拒绝	x18	不能拒绝	拒绝

这里需要指出的是，用 TTEST 过程计算 t 统计量或计算近似的 t 统计量的基本假设是以这些观测为随机样本，来自两个独立且服从正态分布的总体，即假设条件（2）满足。如果这个假设条件不满足，那么在 SAS 中，就需要用 NPAR1WAY 过程来分析，这里不再展开介绍。

利用 t 检验方法来选择变量，是一种比较常用的预测变量选择方法。然而需要指出的是，这种方法存在一些缺陷，这些缺陷主要体现在：

（1）这是一种相对"粗糙"的指标筛选方法，这种方法的检验结果容易受到极端值的影响，即少数几个极端值的存在，可能改变这种方法的检验结果。

（2）如果利用 TTEST 过程选出的变量很多（构建信用风险评估模型时，需要的预测变量越多，模型的使用成本越高），并且一些变量之间存在着很强的相关性，那么很难直接利用 t 检验方法对变量做进一步筛选。表 6 – 4 显示，利用 TTEST 过程，总共选出了 14 个预测变量。而从表 6 – 5 给出的 14 个变量的相关系数矩阵可以看到，一些变量之间存在着很强的相关性，如 x10 和 x16 的相关系数为 0.98，x4 和 x15 的相关系数为 0.93，x5 和 x18 的相关系数为 0.89 等。然而，如果想在这些相关性很强的变量之间进行二选一的话，t 检验方法无法帮助我们完成这样的取舍。

表 6 – 5　　　　　　　　　　　　14 个财务指标的相关系数表

	x1	x4	x5	x6	x7	x9	x10	x11	x12	x13	x14	x15	x16	x18
x1	1	0.30	0.21	0.11	0.04	-0.01	-0.01	-0.21	-0.40	0.02	0.10	0.56	-0.03	-0.04
x4		1	0.42	0.53	0.31	-0.09	-0.03	0.33	0.02	0.50	0.42	0.93	-0.04	0.29
x5			1	0.63	0.56	0.06	-0.08	-0.23	-0.02	-0.27	0.62	0.40	-0.13	0.89
x6				1	0.53	-0.06	-0.07	-0.03	0.03	-0.02	0.86	0.46	-0.10	0.59
x7					1	0.07	-0.05	-0.14	-0.06	-0.10	0.61	0.27	-0.09	0.47
x9						1	0.59	0.04	-0.14	-0.04	0.05	-0.08	0.43	0.07
x10							1	0.27	-0.06	0.05	-0.02		0.98	-0.07
x11								1	0.24	0.39	-0.13	0.18	0.30	-0.11
x12									1	0.10	-0.06	-0.13	-0.01	0.14
x13										1	-0.05	0.41	0.07	-0.23
x14											1	0.37	-0.07	0.57
x15												1	-0.04	0.17
x16													1	-0.12
x18														1

6.1.3　预测变量选择的信号噪音差方法

下面再从另外一个思路来考虑如何选择预测变量。银行在构建企业信用风险评估模型时，筛选财务指标的关键是要知道哪些 x_i 对预测 y 的取值有信息价值。由于评估人员不能事先确定一个借款企业将来是否会违约，因此在信用风险评估时，y 可以看成是一个随机变量。如果知道企业的某个财务指标 x_i 的取值后，可以提高评估人员准确判断这个企业将来是否会违约的概率，即可以降低信用风险评估时随机变量 y 的不确定性，那么就可以认为财务指标 x_i 对预测 y 的取值具有信息价值。

在信息论和统计学中，一个随机变量的不确定性可以用随机变量的信息熵来度量——信息熵越大的随机变量，其不确定性越强。对于离散型随机变量和连续型随机变

量，信息熵的定义分别为

$$I(y) = -\sum_{i=1}^{N} P_i \log P_i, I(y) = -\int_{-\infty}^{+\infty} f(x) \log f(x) \, \mathrm{d}x$$

其中，P_i 为离散型变量取不同值的概率，$f(x)$ 为连续型变量的密度函数。在企业信用风险评估中，若以 P_1 表示借款企业的违约概率，即 y 取 1 的概率，那么借款企业的违约不确定性就可以用

$$I(y) = -P_1 \log P_1 - (1 - P_1) \log(1 - P_1)$$

来度量。

对于一个财务指标 x_i，如果事先给定一个值 x_0，那么可以按照条件 $x_i \leqslant x_0$ 是否满足，将包括违约和非违约企业在内的全部企业分为两组：一组满足条件 $x_i \leqslant x_0$，另一组满足条件 $x_i > x_0$。如果两组企业所占的比例分别为 q_1, q_2，第一组中的违约率为 λ_1，第二组中的违约率为 λ_2，那么分组后，随机变量 y 在两个组中的信息熵 $I_1(y), I_2(y)$ 分别为

$$I_1(y) = -\lambda_1 \log \lambda_1 - (1 - \lambda_1) \log(1 - \lambda_1), I_2(y) = -\lambda_2 \log \lambda_2 - (1 - \lambda_2) \log(1 - \lambda_2)$$

这样，在利用了财务指标 x_i 的信息（条件 $x_i \leqslant x_0$ 是否满足）后，随机变量 y 的不确定性的减少就可以表示为

$$Gain(x_i) = I(y) - [q_1 I_1(y) + q_2 I_2(y)]$$

在上式中，等式右边的第一项是没有利用 x_i 的信息时随机变量 y 的原始信息熵，等式右边的第二项是利用了 x_i 的信息后随机变量 y 的加权平均信息熵，两者的差距就是在利用 x_i 的信息后 y 的不确定性的降低，即信息熵的降低。

对于指标 x_i，当 x_0 取不同值时，y 的不确定性的降低 $Gain(x_i)$ 会有所不同。使 $Gain(x_i)$ 达到最大时的 x_0 值可以称为指标 x_i 的阈值，对应于这个阈值的 $Gain(x_i)$ 称为用财务指标 x_i 预测 y 时的信息增益。按照信息论的观点，信息增益度量了财务指标 x_i 在信贷风险评估中的价值：x_i 的信息增益越大，用 x_i 预测 y 的价值就越大。

信息增益的取值范围在区间 $[0, I(y)]$ 上，如果指标 x_i 的信息增益为 $I(y)$，即若 $I_1(y) = I_2(y) = 0$，那么这个指标对信贷风险评估就有最大价值：因为按照该指标的取值是否大于阈值将企业分为两组后，各组中的 y 都不再具有不确定性，一组全部为违约企业，另一组全部为非违约企业，于是只要使用一个指标，就可以建立完美的预测规则。

在确定了各个指标的阈值后，如果要建立单一指标的信贷风险评估模型，那么合理的评估规则显然是：当 x_i 为正指标时，若 $x_i \leqslant$ 阈值判断企业会违约、若 $x_i >$ 阈值判断企业不会违约；当 x_i 为负指标时，若 $x_i >$ 阈值判断企业会违约，若 $x_i \leqslant$ 阈值判断企业不会违约。

在企业信贷风险评估中，当 $x_i \leqslant$ 阈值（x_i 为正指标）或 $x_i >$ 阈值（x_i 为负指标）时，可以看成财务指标 x_i 向银行的评估人员发出了警报。如果某个企业的指标 x_i 发出警报后，该企业后来确实违约了，这个警报就是一个正确的警报（信号）；如果指标 x_i 发出警报后，该企业后来没有违约，这个警报就是一个错误的警报（噪音）。指标 x_i 发出警报时的信号比、噪音比可以定义为

指标 x_i 的信号比 = x_i 发出警报的违约企业数／违约企业总数

指标 x_i 的噪音比 = x_i 发出警报的未违约企业数／未违约企业总数

很显然，一个指标 x_i 含有的预测 y 的信息量越大，那么这个指标发出警报时的信号比通常就会越大、噪音比通常就会越小。如果一个指标的信号比很大（接近于1）、噪音比很小（接近于0），那么银行评估人员对该财务指标发出的警报应该更加重视，因为这个指标在信贷风险评估中可以提供更多的信息。按照这样的思路，在企业信用风险评估中，可以采用如下的方法来计量一个财务指标的预测信息含量

指标的预测信息含量 = 指标的信号比 − 指标的噪音比

这种方法称为预测模型构建时，计量某个财务指标的预测信息含量的信号噪音差法。

通常情况下，一个指标的信号噪音差的取值在 [0，1] 上，指标的信号噪音差越大，该指标在企业信用风险评估时的作用就越大。如果一个指标的信号噪音差为1，则该指标发出的每个警报都是信号、没有噪音，并且该指标对所有的违约公司都发出警报，那么这个指标就是最好的预测变量。如果一个财务指标对企业信用风险评估不能提供有价值的信息，那么在理论上该指标的信号比和噪音比都会接近于0.5，指标的信号噪音差就会接近于0。

在实际计算一个财务指标 x_i 的阈值和信号噪音差时，需要不断探索 x_0 值、反复计算信息熵的降低 $Gain(x_i)$。利用前面创建的 SAS 数据集 sjk6_1a，下面介绍如何计算指标 x_6 的阈值和信号噪音差。对其他17个财务指标的阈值和信号噪音差，可以采用同样的方法进行计算。

表6-3 显示，x_6 是一个负指标，因为非违约企业的指标均值要显著地小于违约企业的指标均值。另外这个指标的取值范围在 0～1 之间，因此该指标的阈值也必定落在这个范围内。计算财务指标 x_6 的阈值和信号噪音差的 SAS 程序如下，这个程序提交后，SAS 给出的计算结果显示，x_6 的阈值为 0.088，x_6 的信号比为 0.938，噪音为 0.356，指标的信号噪音差为 0.582。

程序 cx6-3

```
data a;
    set sjk6_1a;
    do x0 = 0.001 to 1 by 0.001;  /* 循环变量初值取 x6 的最小值，终值取 x6
的最大值，步长取 0.001 是希望最后求得的阈值保留三位小数* /
    output;
    end;
data a1;
    set a;
    if x6 > x0 and y = 1 then xh = 1;  /* 若对违约企业发出警报，记作一个信
号* /
    if x6 > x0 and y = 0 then zy = 1;  /* 若对非违约企业发出警报，记作一个噪
音* /
    data a2;
```

```
    set a1;
    if xh = 1;
proc sort data = a2;
    by x0;
proc freq data = a2;
    table x0 * xh/out = b1;
data c1;
    set b1;
    xhb = count/97; /* 计算指标的信号比 * /
    keep x0 xhb;
data a3;
    set a1;
    if zy = 1;
proc sort data = a3;
    by x0;
proc freq data = a3;
    tables x0 * zy/out = b2;
data c2;
    set b2;
    zyb = count/497; /* 计算指标的噪音比 * /
    keep x0 zyb;
data a4;
    mergec1 c2;
    by x0;
    xhzyc = xhb - zyb; /* 计算指标的信号噪音差 * /
proc sort data = a4;
    bydescending xhzyc;
data a5;
    set a4;
    if _n_ = 1; /* 只保留数据集 a4 中信号噪音差最大的那个观测 * /
proc print data = a5;
    var x0 xhb zyb xhzyc;
run;
```

句法说明：

（1）FREQ——调用频数过程。一个变量取某个值的观测个数称为这个变量取这个值的频数，在本例中，需要计算当 x0 取不同值时指标 x6 发出的信号个数和噪音个数，或者说需要计算当 x0 取不同值时变量 xh 取 1 的频数以及变量 zy 取 1 的频数。在本例中，两次调用频数过程来分别计算数据集 a2、a3 中 xh 取 1 的频数和 zy 取 1 的频数。

（2）TABELS——TABELS 语句要求 FREQ 过程输出一个交叉表，即对应于 x0 的每个取值，变量 xh 取 1 的频数（或者变量 zy 取 1 的频数）。在本程序中 TABELS 语句有两个选项：

语句选项 x0 * xh 要求在输出交叉表时，以 x0 的每个水平为行，以各个水平所对应的信号频数（或者噪音频数）为列。

语句选项 out = b1 要求交叉表输出到新的数据集 b1 中，SAS 产生的输出数据集 b1 中包含有四个变量：x0、xh、count（频数）和 percent（单元百分数）。

（3）by descending xhzyc——在对指定的数据集的观测进行排序时，按照变量 xhzyc 取值从大到小的顺序排序，在这个语句中，如果没有 descending，系统将按照变量 xhzyc 取值从小到大的顺序排序。

（4）如果一个财务指标为正指标，则在以上程序中，SAS 语句

if x > x0 and y = 1 then xh = 1;

if x > x0 and y = 0 then zy = 1;

需要改为

if x < = x0 and y = 1 then xh = 1;

if x < = 0 and y = 0 then zy = 1;

同样的，我们可以采用与 cx6 - 3 类似的 SAS 程序，逐个计算数据集 sjk6 _ 1a 中其他指标的阈值和信号噪音差，计算结果见表 6 - 6。从表 6 - 6 中可以看到：

（1）这 18 个指标中，不同指标的预测信息含量相差很大，比如 x_1 和 x_2 的信号噪音差相差好几倍，x_1 的预测信息含量要远高于 x_2。

（2）前面通过 t 检验方式筛选得到的预测变量并不一定具有较大的预测信息含量。例如表 6 - 4 显示，指标 x_{16} 可以通过 t 检验，然而从表 6 - 6 中看到，这个指标的预测信息含量最低，甚至低于不能通过 t 检验的 x_3 的预测信息含量，说明用 t 检验方法筛选指标存在着一定的缺陷。

（3）利用表 6 - 6 的结果，可以在一些相关性很强的指标之间做进一步筛选。如表 6 - 5 的相关分析结果显示，下面几对变量的相关系数在 0.8 以上：x_4 与 x_{15}、x_5 与 x_{18}、x_6 与 x_{14} 以及 x_{10} 与 x_{16}，由于现在已经知道每个指标的预测信息含量，在这些相关性很强的成对指标中，可以采用保留信息含量高的指标、剔除信息含量低的指标的方法来解决这个问题。这样在四对指标中，可以保留 x_{15}、x_5、x_6 和 x_{10}，而剔除 x_4、x_{18}、x_{14} 与 x_{16}。

表 6 - 6　　　　　　　　　各财务指标的阈值和信号噪音差

指标名	指标属性	指标阈值	信号比	噪音比	信号噪音差
x1	负指标	1. 460	0. 938	0. 241	0. 697
x2	正指标	0. 595	0. 287	0. 139	0. 148
x3	负指标	2. 868	0. 856	0. 471	0. 385
x4	负指标	0. 251	0. 876	0. 420	0. 456
x5	负指标	0. 914	0. 773	0. 102	0. 671

续表

指标名	指标属性	指标阈值	信号比	噪音比	信号噪音差
x6	负指标	0.088	0.938	0.356	0.582
x7	负指标	0.730	0.876	0.491	0.385
x8	负指标	0.402	0.959	0.829	0.130
x9	负指标	67.42	0.670	0.256	0.414
x10	负指标	20.15	0.938	0.654	0.284
x11	正指标	0.044	0.784	0.239	0.545
x12	正指标	22.35	0.897	0.221	0.676
x13	正指标	0.029	0.619	0.195	0.424
x14	负指标	0.343	0.917	0.348	0.569
x15	负指标	0.409	0.876	0.386	0.490
x16	正指标	2.000	0.309	0.093	0.216
x17	负指标	1.061	0.660	0.321	0.339
x18	负指标	0.718	0.835	0.447	0.388

6.2　信用风险评估模型的构建方法

筛选出预测变量后，可以采用统计分析方法如判别分析法、Logistic 回归、Probit 过程，或者采用数据挖掘方法如朴素贝叶斯分类法等，来建立借款企业的信用风险评估模型。下面对这些模型构建方法的统计学原理，以及模型构建的 SAS 实现方法进行介绍。

6.2.1　用线性判别分析法建立模型

(一) 判别分析方法的统计学原理

假设有两个总体——所有不违约企业构成的总体和所有违约企业构成的总体，这两个总体分别记为 G_0 与 G_1，每个总体均可以由一个 k 维随机向量 $x = (x_1, \ldots, x_k)$ 来描述，其中 $x_1, x_2, \ldots, x_k$ 是建立信用风险评估模型的财务指标。预测某个借款企业将来是否会违约，就是预测这个企业属于 G_0 总体还是属于 G_1 总体。

在多元统计学中，距离判别法是解决这个预测问题的一种方法，这种方法的基本思路是：计算这个企业到每个总体的距离，然后根据这个企业到两个总体的距离远近或者说这个企业到两个总体的距离差，来判断这个企业属于哪个总体。如果这个企业与某个总体的距离更近，那么这个企业更有可能属于那个总体。

如果假设两个总体均服从多元正态分布，则样本点 x（代表一个企业）到总体 G 的距离可以用马氏距离（Mahalanobis 距离）来表示，即有

$$d^2(x, G) = (x - u)'V^{-1}(x - u)$$

其中，u 为总体 G 的均值向量，V 为总体 G 的方差—协方差矩阵。样本点 x 到两个总体的

距离差可以表示为

$$\Delta d^2 = d^2(x, G_0) - d^2(x, G_1) = (x - u_0)' V_0^{-1}(x - u_0) - (x - u_1)' V_1^{-1}(x - u_1)$$

很显然，Δd^2 是变量 $x_1, x_2, \ldots, x_k$ 的一个二次函数。

如果进一步假设总体 G_0 与 G_1 具有相同的方差—协方差矩阵，即假设 $V_0 = V_1 = V$，那么 x 到两个总体的距离差可以表示为

$$\Delta d^2 = d^2(x, G_0) - d^2(x, G_1) = -2(x - u)' V^{-1}(u_0 - u_1)$$

其中 u_0, u_1 为两个总体的均值向量，$u = (u_0 + u_1)/2$。

这样，在已知 u_0, u_1, V 的情况下，$w(x) = (x - u)' V^{-1}(u_0 - u_1)$ 就是 $x_1, x_2, \ldots, x_k$ 的一个线性函数。因此，如果假设两个总体具有相同的方差—协方差矩阵，那么根据 Δd^2 的取值来判断样本点 x 属于哪个总体，就是根据这个线性函数的值来判断样本点 x 属于哪个总体，正因为如此，这种判别分析方法被称为线性判别分析方法。

（二）用 DISCRIM 过程建立信用风险评估模型

利用线性判别函数 $w(x)$，可以采用一种简单的规则来建立信用风险评估模型：当 $w(x) < 0$ 时，$\Delta d^2 > 0$，由于此时 $d^2(x, G_0) > d^2(x, G_1)$，因此可以判断 x 属于总体 G_1；当 $w(x) > 0$ 时，可以判断 x 属于总体 G_0；当 $w(x) = 0$ 时，x 属于哪个总体待定。

需要指出的是，任何一种信用风险评估规则都有可能发生两类错误：将违约企业判断为非违约企业的第一类错误，将非违约企业判断为违约企业的第二类错误。任何一种评估规则的这两类错误之间都存在着此消彼长的关系，即如果调整信用风险模型的评估方法，比如说取 $d_0 \neq 0$，当 $w(x) < d_0$ 时判断 x 属于总体 G_1，当 $w(x) > d_0$ 时判断 x 属于总体 G_0，那么当调整 d_0 的值以减少第一类错误的发生概率时，第二类错误的发生概率会增加；当调整 d_0 的值以减少第二类错误的发生概率时，第一类错误的发生概率会增加。在现实生活中，由于银行将违约企业误判为非违约企业所遭受的损失，要远高于将非违约企业误判为违约企业所遭受的损失，因此在建立信用风险评估规则时，对于给定的线性判别函数 $w(x)$，应该综合考虑两类误判的损失，合理地确定 d_0。

这里还要指出的是，由于模型对训练样本数据——估计模型参数时所使用的样本数据，可能存在过度拟合的现象，在预测规则建立后，如果只用训练样本数据来对模型进行预测准确率评估，可能会高估模型的预测准确率。因此，为了比较客观地评价信用风险评估模型的预测准确率，在预测模型构建时，通常需要首先将样本数据随机地分成两个组：训练样本组与检验样本组，用训练样本组数据来估计线性判别函数和建立预测规则，用检验样本组数据来评估模型的预测准确率。

将数据集 sjk6_1a 随机地分成训练样本组 sjk6_1b 和检验样本组 sjk6_1c 的 SAS 程序如下。

程序 cx6-4

```
data a;
   set sjk6_1a;
   k = uniform (131); /* 生成满足 [0, 1] 上的均匀分布的随机数 k* /
   proc sort data = a;
```

```
  by y k;
data sjk6 _1b sjk6 _1c;
  set a;
  drop k;
  if int (_n _/2) -_n _/2 =0 then output sjk6 _1b;
  else output sjk6 _1c;
run;
```

这个程序提交后，SAS 将数据集 sjk6 _1a 随机地分成训练样本组与检验样本组。其中，训练样本组 sjk6 _1b 中有 297 个观测，包括非违约企业 248 个、违约企业 49 个；检验样本组 sjk6 _1c 中有 297 个观测，包括非违约企业 249 个、违约企业 48 个。

下面分别采用两组预测变量来构建信用风险评估模型：第一组变量为通过 t 检验的 14 个变量，即 $x_1, x_4, x_5, x_6, x_7, x_9, x_{10}, x_{11}, x_{12}, x_{13}, x_{14}, x_{15}, x_{16}$ 和 x_{18}；第二组变量为利用信号噪音差方法选择出来的、预测信息含量（信号噪音差）在 0.45 以上，且两两相关系数较小的 6 个变量，即 $x_1, x_5, x_6, x_{11}, x_{12}, x_{15}$。

利用 14 个预测变量，对训练样本组数据建立线性判别函数的 SAS 程序如下：

程序 cx6 –5

```
proc discrim data =sjk6 _1b;
  class y;
  var x1 x4 -x7 x9 -x16 x18;
run;
```

句法说明：

（1）PROC DISCRIM——调用判别分析过程，这个语句中的可选项包括：

Data =data –set –name：指定需要进行判别分析的 SAS 数据集名字，即训练样本组的数据集名字，本例中为 sjk6 _1b。

（2）CLASS variables——指出训练样本组中的分类变量名字，本例中为 y。

（3）VAR variables——指出用于判别分析模型的预测变量名字，本例中指出了 14 个预测变量，它们是：x1、x4 – x7、x9 – x16、x18。在这个程序中，如果缺失 VAR 语句，SAS 将采用 sjk6 _1b 中除分类变量外的所有其他 18 个变量来构建模型。

这个程序提交后，SAS 给出的线性判别函数为

$$w(x) = -17.26 -12.62x_1 -16.19x_4 -23.88x_5 +9.46x_6 +2.37x_7 +0.003x_9 -0.001x_{10}$$
$$+11.38x_{11} +2.05x_{12} +3.79x_{13} -11.84x_{14} +8.23x_{15} -0.001x_{16} +15.75x_{18}$$

根据这个线性判别函数，如果直接按照条件 $w(x) > 0$（到非违约企业总体 G_0 的距离小于到违约企业总体 G_1 的距离）是否满足，来判断一个企业是否属于非违约企业，所建立的判别规则对训练样本组和检验样本组的分类结果见表 6 –7。从表中 6 –7 的结果可以看到，利用 14 个财务指标和线性判别分析方法所构建的信用风险评估模型具有较高的预测准确率：无论对训练样本组还是检验样本组，无论对违约企业还是非违约企业，分类模型的预测准确率都在 90% 以上。

表6-7 　　　　　　　　判别分析模型对两组数据的分类结果（14个变量）

训练样本组	观测 $y=1$	观测 $y=0$	检验样本组	观测 $y=1$	观测 $y=0$
分类 $y=1$	46（49）	1（248）		47（48）	1（249）
分类 $y=0$	3（49）	247（248）		1（48）	248（249）
分类准确率	93.9%	99.6%		97.9%	99.6%

从表6-6中可以看到，$x_1,x_5,x_6,x_{11},x_{12},x_{15}$ 6个变量的信号噪音差均在0.45以上（x_{14} 也满足这个条件，因其与 x_6 有很强的相关性，且信号噪音差小于 x_6，故将其剔除，根据同样的原因，也将变量 x_4 剔除）。如果采用这6个变量和来构建线性判别函数，那么在程序cx6-5中，只要将语句var x1 x4 – x16 x18改为var x1 x5 x6 x11 x12 x15就可以。这个程序提交后，SAS给出的线性判别函数为

$$w(x) = -16.28 - 5.73x_1 - 6.58x_5 - 0.31x_6 + 6.94x_{11} + 1.44x_{12} - 0.94x_{15}$$

如果还是按照条件 $w(x) > 0$ 是否满足，来判断一个企业是否属于非违约企业，那么这个判别规则对训练样本组和检验样本组的分类结果见表6-8。从表6-8中结果可以看到，使用6个财务指标的线性判别模型同样具有较高的预测准确率：无论对训练样本组还是对检验样本组，6个变量模型与14个变量模型相比，对非违约企业的判断准确率只是略有下降，而对违约企业的预测准确率还略有上升。而且，6个变量模型的使用成本显然要低于14个变量模型的使用成本。

表6-8 　　　　　　　　判别分析模型对两组数据的分类结果（6个变量）

训练样本组	观测 $y=1$	观测 $y=0$	检验样本组	观测 $y=1$	观测 $y=0$
分类 $y=1$	48（49）	10（248）		47（48）	10（249）
分类 $y=0$	1（49）	238（248）		1（48）	239（249）
分类准确率	98.0%	96.0%		98.0%	96.0%

（三）用STEPDISC过程建立信用风险度量模型

从表6-7中可以看到，直接利用 t 检验方法和线性判断函数所建立的信用风险度量模型具有很高的预测准确率，然而这个模型也有缺陷：需要使用14个指标，模型的使用成本较高。实际上，尽管 t 检验的检验结果显示14个指标对两类企业都有较好的区分度，但在判别分析模型中，并非每个变量都对最后的类别判断具有显著影响。

在多元统计学中，利用维尔克斯（Wilks）统计量可以度量一个变量在判别分析中的类别判断力。维尔克斯统计量 Λ 的定义为

$$\Lambda = |W| / |T|$$

其中，W 为样本点的组内离差和矩阵；T 为样本点的总离差矩阵。要检验一个变量对判别效果的贡献，可以按照以下步骤进行：

（1）首先，将判别力最强的变量引入判别函数。

（2）如果判别函数中已经有了 k 个变量 X^*，要考虑是否需要增加一个新变量 x，可计算偏 Λ 统计量

$$\Lambda(x \mid X^*) = \Lambda(X^*,x) \mid \Lambda(X^*)$$

其中，$\Lambda(X^*)$ 是 k 个变量 X^* 的 Λ 统计量；$\Lambda(X^*,x)$ 是 $k+1$ 个变量 (X^*,x) 的 Λ 统计量。可以证明

$$F = (n - k - 1)\frac{1 - \Lambda(x \mid X^*)}{\Lambda(x \mid X^*)} \sim F(1, n - k - 1)$$

对于给定的显著性水平 α，若 $F \geqslant F_\alpha(1, n - k - 1)$，则可将 x 增加到判别函数中。

（3）如果判别函数中已经有了 k 个变量 X^*，若其中的某个变量 x 对判别能力贡献不显著，则应将其从判别函数中删除掉。例如，若记 $X^*(k-1)$ 为删除了变量 x 后的 $k-1$ 个变量，则

$$F = (n - k)\frac{1 - \Lambda(X^*)/\Lambda(X^*(k-1))}{\Lambda(X^*)/\Lambda(X^*(k-1))} \sim F(1, n - k)$$

对给定的显著性水平 α，若 $F < F_\alpha(1, n - k)$，则应该将 x 从判别函数中删除掉。

通过这样的方法来建立判别函数，可以使得进入判别函数的变量对判别函数都有显著的贡献，这种建立线性判别函数的方法称为逐步判别分析法。在 SAS 中，可以利用 STEP-DISC 过程来进行逐步判别分析。下面利用 STEPDISC 过程，来建立信用风险度量模型。

利用逐步判别分析法，选择建立判别分析模型的财务指标的 SAS 程序如下：

程序 cx6 - 6

```
proc stepdisc data = sjk6 _1b method = sw;
    class y;
    varx1 x4 - x7 x9 - x16 x18;
run;
```

句法说明：

PROC STEPDISC——调用逐步判别过程，这个语句的选项为：

Data = sjk6 _1b：指定对数据集 sjk6 _1b 进行逐步判别分析。

Method = sw：指定选择变量的方法为逐步选择法。

这个程序提交后，SAS 给出的变量选择结果见表 6 - 9，选择结果表明，在训练样本组中，有 12 个变量对判别函数有显著贡献。利用 12 个财务指标和 PROC DISCRIM 过程建立信用风险度量模型，得到的线性判别函数为

$$w(x) = -18.34 - 12.03x_1 - 13.89x_4 - 24.97x_5 + 8.54x_6 + 2.41x_7 + 0.003x_9$$
$$+ 10.86x_{11} + 2.09x_{12} - 11.56x_{14} + 7.38x_{15} - 0.002x_{16} + 15.56x_{18}$$

如果还是按照 $w(x) > 0$ 和 $w(x) < 0$ 的标准来判断借款企业是属于非违约企业总体 G_0 还是属于违约企业总体 G_1，那么这个判别规则对训练样本组和检验样本组的分类结果见表 6 - 10。从表 6 - 10 中结果可以看到，利用 12 个财务指标构建的模型同样具有很高的预测准确率。但 12 个变量模型的使用成本显然要低于 14 个变量模型的使用成本。

表 6 - 9　　　　　　　　　逐步判别法对训练样本组的变量选择结果

step	Variable Entered	Variable Removed	Number In	Wilk's Lambda	Prob < Lambda
1	x1		1	0.5884	<0.0001
2	x14		2	0.5000	<0.0001

step	Variable Entered	Variable Removed	Number In	Wilk's Lambda	Prob < Lambda
3	x12		3	0.4490	<0.0001
4	x5		4	0.4216	<0.0001
5	x7		5	0.4089	<0.0001
6	x18		6	0.3982	<0.0001
7	x9		7	0.3892	<0.0001
8	x16		8	0.3624	<0.0001
9	x6		9	0.3506	<0.0001
10	x11		10	0.3427	<0.0001
11	x4		11	0.3398	<0.0001
12	x15		12	0.3289	<0.0001

表 6 – 10 　　　　　逐步判别分析模型对两组数据的分类结果（12 个变量）

训练样本组	观测 $y=1$	观测 $y=0$	检验样本组	观测 $y=1$	观测 $y=0$
分类 $y=1$	47（49）	3（248）	分类 $y=1$	47（48）	4（249）
分类 $y=0$	2（49）	245（248）	分类 $y=0$	1（48）	245（249）
分类准确率	95.9%	98.8%		97.9%	98.4%

6.2.2　用 LOGISTIC 回归建立模型

（一）LOGISTIC 回归模型的统计学原理

基于财务指标的企业信用风险度量模型，是利用指标 $x_1, x_2, \ldots, x_k$ 的取值对企业的 y 值进行预测的模型，由于 y 只取 0 和 1 两个值，即 y 是一个二分类变量，直接对 y 建立线性回归模型

$$y = \alpha_0 + \alpha_1 x_1 + \alpha_2 x_2 + \ldots + \alpha_k x_k + \varepsilon$$

是不合适的，主要原因有：

（1）在线性回归模型中，通常需要假设 ε 服从正态分布，因此 $\alpha_0 + \alpha_1 x_1 + \ldots + \alpha_k x_k + \varepsilon$ 在理论上可以取 $(-\infty, +\infty)$ 中的任何值，与 y 只能取 0 与 1 矛盾。

（2）若线性回归模型成立，回归模型的残差 e 的方差可以表示为

$$\text{Var}(e) = P[y = 1 \mid (x_1, x_2, \ldots, x_k)] \times P[y = 0 \mid (x_1, x_2, \ldots, x_k)]$$

即残差的方差依赖于条件概率的测量值，或者说残差的方差会随着预测变量而变化，因此线性回归模型的随机扰动项 ε_t 不满足等方差的基本假设。

（3）如果计算条件期望 $E[y = 1 \mid (x_1, x_2, \ldots x_k)]$，可以得到

$$E[y = 1 \mid (x_1, \ldots, x_k)] = P[y = 1 \mid (x_1, \ldots, x_k)]$$

对线性回归模型的两边求条件期望有

$$P[y = 1 \mid (x_1, x_2, \ldots, x_k)] = \alpha_0 + \alpha_1 x_1 + \alpha_2 x_2 + \ldots + \alpha_k x_k$$

因此对 y 建立线性回归模型，就是假设条件概率与预测变量的关系是线性关系，但现实中这种关系通常是非线性关系。

LOGISTIC 回归模型是 y 与 $x_1, x_2, \ldots, x_k$ 之间的一个非线性模型，模型构建的统计学原理可以这样表述。

假设有一个在理论上存在、在现实中无法直接观测的连续变量 y^* ，y^* 代表一个借款企业的违约"意愿"，y^* 可以取 $(-\infty, +\infty)$ 中的任何值。假设当一个借款企业的违约"意愿"足够强烈（比如当 $y^* > 0$）时，该企业的实际违约就会发生，于是就有

$$y = \begin{cases} 1 & y^* > 0 \\ 0 & y^* \leqslant 0 \end{cases}$$

假设连续变量 y^* 与预测变量之间具有线性关系，即

$$y^* = \alpha_0 + \alpha_1 x_1 + \alpha_2 x_2 + \ldots + \alpha_k x_k + \varepsilon$$

那么就有

$$\begin{aligned} P[y = 1 \mid (x_1, \ldots, x_i)] &= P(\alpha_0 + \alpha_1 x_1 + \ldots + \alpha_k x_k + \varepsilon > 0) \\ &= P[\varepsilon > -(\alpha_0 + \alpha_1 x_1 + \ldots + \alpha_k x_k)] \end{aligned}$$

如果进一步假设随机扰动项 ε 服从 LOGISTIC 分布，其分布函数为

$$P(\varepsilon \leqslant x) = F(x) = \frac{1}{1 + \exp(-x)}, \quad -\infty < x < +\infty$$

那么就有

$$P[y = 1 \mid (x_1, x_2, \ldots, x_k)] = \frac{1}{1 + \exp[-(\alpha_0 + \alpha_1 x_1 + \ldots + \alpha_k x_k)]}$$

这个模型就是 LOGISTIC 回归模型。LOGISTIC 模型是一个非线性模型，模型的参数估计方法通常采用极大似然估计。用 LOGISTIC 回归和用判别分析法构建信用风险评估模型的一个重要区别是，构建判别分析模型时，通常需要假设 k 维随机向量 $x = (x_1, \ldots, x_k)$ 在两个总体 G_0, G_1 中都服从多元正态分布（有很多时候这个条件不能得到满足），而构建 LOGISTIC 回归模型时，则不需要这样的条件。

（二）用 LOGISTIC 过程建立信用风险度量模型

利用 LOGISTIC 回归，根据借款企业的财务指标 $x_1, x_2, \ldots, x_k$ ，可以估计这个企业的违约概率 $P[y = 1 \mid (x_1, \ldots, x_k)]$ ，很显然，违约概率越大的企业越有可能违约，因此利用 LOGISTIC 回归，可以采用这样的方法来建立信用风险评估规则：

确定一个临界值 P^* ，当 $P[y = 1 \mid (x_1, \ldots, x_k)] \geqslant P^*$ 判断企业会违约，否则的话，判断企业不会违约。这里同样需要指出的是，由于 P^* 取不同值会影响到评估规则发生两类错误的概率，而两类错误之间又存在着此消彼长的关系，因此应该综合考虑两类误判所带来的损失，合理地确定 P^* 。

在 SAS 中，利用 LOGISTIC 过程，可以建立 y 与 $x_1, x_2, \ldots, x_k$ 的 LOGISTIC 模型，下面首先采用通过 t 检验方法得到的 14 个财务指标来构建 LOGISTIC 回归模型，构建 14 个变量的 LOGISTIC 回归模型的 SAS 程序如下：

程序 cx6 - 7

```
proc logistic descending data = sjk6 _1b;
  model y = x1 x4 - x7 x9 - x16 x18;
run;
```

句法说明：

（1）PROC LOGISTIC——调用 LOGISTIC 过程，这个语句的选项为：

Data = sjk6 _1b：指定要对 sjk6 _1b 进行 LOGISTIC 回归。

Descending：颠倒 y 的排列次序，即要求按照 y 的值倒序排序。在建立信用风险预测模型时，y 是一个二分类变量，既可以用 $y = 1$ 表示违约企业、$y = 0$ 表示非违约企业，也可以用 $y = 0$ 表示违约企业、$y = 1$ 表示非违约企业。在 sjk6 _1b 中，采用的是前一种表示方法。由于在 SAS 中，用 LOGISTIC 过程建立的模型是计算 $P[y = 0 \mid (x_1,\dots,x_k)]$，而这里需要计算 $P[y = 1 \mid (x_1,\dots,x_k)]$，为解决这个问题，就需要颠倒 y 值排序，即在 PROC LOGISTIC 语句中加上选项 Descending。

（2）MODEL y = x1 x4 – x7 x9 – x16 x18——指定 LOGISTIC 回归的应变量为 y、自变量为 x1、x4 – x7 x9 – x16 和 x18。

这个程序提交后，SAS 给出的参数估计结果为

$$z = 92.92 - 0.53x_1 - 78.45x_4 + 42.68x_5 - 3.54x_6 + 2.17x_7 - 0.003x_9 - 0.013x_{10}$$
$$+ 28.94x_{11} - 4.42x_{12} - 60.92x_{13} + 6.64x_{14} + 47.12x_{15} + 0.023x_{16} - 41.32x_{18}$$

$$P[y = 1 \mid (x_1,\dots,x_k)] = \frac{1}{1 + \exp(-z)}$$

在数据集 sjk6 – 1 中，违约企业在全部企业中所占的比率为 97/594 = 0.1633。如果取 $P^* = 0.163$，并建立判断企业是否会违约的预测规则如下：当 $P \geqslant 0.163$ 时判断企业违约，当 $P < 0.163$ 时判断企业不会违约，那么这种预测规则对训练样本组和检验样本组的预测准确率见表 6 – 11。表 6 – 11 给出的检验结果显示，无论对训练样本组还是检验样本组，14 个变量的 LOGISTIC 模型都具有很高的预测准确率。

表 6 – 11　　　　LOGISTIC 回归模型对两组数据的分类结果（14 个变量）

训练样本组	（观测 $y=1$）	（观测 $y=0$）	检验样本组	（观测 $y=1$）	（观测 $y=0$）
分类 $y=1$	48（49）	3（248）		47（48）	7（249）
分类 $y=0$	1（49）	245（248）		1（48）	242（249）
分类准确率	98.0%	98.8%		97.9%	97.2%

如果选择用信号噪音差法选择出来的 6 个变量构建 LOGISTIC 模型，那么 SAS 给出的参数估计结果为

$$z = 26.12 + 5.10x_1 + 6.90x_5 - 1.88x_6 - 19.61x_{11} - 1.85x_{12} + 1.53x_{15}$$

如果 $P^* = 0.163$，当 $P \geqslant 0.163$ 时判断企业违约，当 $P < 0.163$ 时判断企业不会违约，那么 6 个变量模型对训练样本组和检验样本组的预测准确率见表 6 – 12，从表 6 – 12 中结果可以看到，6 个变量模型同样具有较高的预测准确率。

表 6 – 12　　　　LOGISTIC 回归模型对两组数据的分类结果（6 个变量）

训练样本组	（观测 $y=1$）	（观测 $y=0$）	检验样本组	（观测 $y=1$）	（观测 $y=0$）
分类 $y=1$	48（49）	17（248）		47（48）	16（249）
分类 $y=0$	1（49）	231（248）		1（48）	231（249）
分类准确率	98.0%	93.1%		97.9%	92.8%

（三）用逐步回归分析选择预测变量

在构建 LOGISTIC 模型时，SAS 还提供了利用逐步回归选择预测变量的方法，也就是说，SAS 系统允许用户使用 SELECTION 选项，在所提供的备选预测变量 $x_1, x_2, \ldots, x_k$ 中，通过几种不同的方法来选择最终进入 LOGISTIC 模型的预测变量。这些方法包括：SELECTION = BACKWARD、SELECTION = FORWARD、SELECTION = STEPWISE 等。利用 SELECTION = STEPWISE 选项，利用训练样本组和 LOGISTIC 过程构建 LOGISTIC 回归模型的 SAS 程序如下：

程序 cx6 - 8

```
proc logistic descending data = sjk6 _1b;
    model y = x1 x4 - x7 x9 - x16 x18 / selection = stepwise;
run;
```

句法说明：

MODEL y = x1 x4 - x7 x9 - x16 x18——指定 LOGISTIC 回归的应变量为 y、自变量为 x1、x4 - x7 x9 - x16 和 x18，这个语句的选项 Selection = stepwise 要求 SAS 在建立模型时，采用逐步选择方法来选择进入模型的自变量。

这个程序提交后，SAS 给出的对自变量的选择过程和选择结果见表 6 - 13，SAS 在训练样本组中选择了 x1、x5、x12 和 x18 这四个变量来建立模型。SAS 同时给出的对 LOGISTIC 回归模型的参数估计结果为

$$P[y = 1] = \frac{1}{1 + \exp(-19.93 - 11.85x_1 - 41.83x_5 + 2.07x_{12} + 37.38x_{18})}$$

表 6 - 13　　　　　逐步回归法对训练样本组的变量选择结果

Step	Variable Entered	Variable Removed	Number IN	Score Chi - Square	Wald Chi - Square	Prob > Chi - Square
1	x1		1	122. 2442	.	< 0. 0001
2	x5		2	37. 6888	.	< 0. 0001
3	x18		3	54. 0962	.	< 0. 0001
4	x12		4	12. 3547	.	0. 0004

如果还是取 $P^* = 0.163$，并建立判断企业是否会违约的预测规则如下：当 $P \geq 0.163$ 时判断企业会违约，当 $P < 0.163$ 时判断企业不会违约，那么这种预测规则对训练样本组和检验样本组的预测准确率见表 6 - 14。从表 6 - 14 中结果可以看到，虽然 LOGISTIC 回归模型只使用了 4 个指标，但与判别分析模型相比，这个模型的预测准确率并不逊色。

表 6 - 14　　　　　　LOGISTIC 回归模型对两组数据的分类结果

训练样本组	（观测 $y = 1$）	（观测 $y = 0$）	检验样本组	（观测 $y = 1$）	（观测 $y = 0$）
分类 $y = 1$	48（49）	5（248）		47（48）	7（249）
分类 $y = 0$	1（49）	243（248）		1（48）	242（249）
分类准确率	98. 0%	98. 0%		97. 9%	97. 2%

6.2.3 用 PROBIT 过程建立模型

（一）PROBIT 模型的统计学原理

在 6.2.2 节的线性模型

$$y^* = \alpha_0 + \alpha_1 x_1 + \alpha_2 x_2 + \ldots + \alpha_k x_k + \varepsilon$$

中，如果假设 ε 服从标准正态分布，并且令

$$z = \alpha_0 + \alpha_1 x_1 + \ldots + \alpha_k x_k$$

则就可以得到

$$P[y = 1 \mid (x_1, x_2, \ldots, x_k)] = P(\varepsilon > -z) = P(\varepsilon < z) = \int_{-\infty}^{z} f(x) \, \mathrm{d}x$$

其中，$f(x)$ 为标准正态分布的密度函数。

应变量 y 与自变量 $x_1, x_2, \ldots, x_k$ 的关系式

$$P(y = 1) = \int_{-\infty}^{z} f(x) \, \mathrm{d}x, \, z = \alpha_0 + \alpha_1 x_1 + \ldots + \alpha_k x_k,$$

被称为 PROBIT 模型，这个模型同样是一个非线性模型，因此通常采用极大似然估计法来估计模型参数。

（二）用 PROBIT 过程建立信用风险度量模型

由于 PROBIT 模型给出了企业的财务指标和违约概率之间的相互关系，因此利用 PROBIT 模型可以建立企业的信用风险度量模型。很显然，违约概率越大的企业越可能出现违约，因此与 LOGISTIC 模型一样，用这个模型建立的信用风险评估规则为：合理地确定一个临界值 P^*，当 $P[y = 1 \mid (x_1, \ldots, x_k)] \geq P^*$ 判断企业将会违约，否则的话，就判断企业不会违约。

在 SAS 中，利用 PROBIT 过程，可以建立 y 与 $x_1, x_2, \ldots, x_k$ 的 PROBIT 模型，下面利用 6.1.2 节中（一）里用 t 检验方法得到的 14 个财务指标来建立 PROBIT 模型，建立 14 个预测变量的 PROBIT 模型的 SAS 程序如下：

程序 cx6 – 9

```
proc probit data = sjk6 _1b;
    class y;
    model y = x1 x4 - x7 x9 - x16 x18;
run;
```

句法说明：

（1）PROC PROBIT——调用 PROBIT 过程，这个语句的选项为：

Data = sjk6 _1b：指定要对数据集 sjk6 _1b 构建 PROBIT 模型。

（2）CLASS y——指出分类变量的变量名 y，与 LOGISTIC 过程不同，在 PROBIT 过程中需要使用这个语句。

（3）在 SAS 中，用 PROBIT 过程所建模型是计算 $P[y = 0 \mid (x_1, \ldots, x_k)]$，即 $F(z) = P(y = 0)$，因此 $P(y = 1) = 1 - P(y = 0) = \Phi(-z)$，$\Phi(x)$ 为标准正态分布的分布函数。

这个程序提交后，SAS 给出的 PROBIT 模型为

$$z = -47.8 + 0.79x_1 + 42.83x_4 - 20.45x_5 + 1.04x_6 - 1.25x_7 + 0.002x_9 + 0.01x_{10}$$
$$- 16.55x_{11} + 2.22x_{12} + 33.49x_{13} - 2.86x_{14} - 25.98x_{15} - 0.02x_{16} + 20.15x_{18}$$
$$P(y = 1) = \Phi(-z)$$

在得到这个 PROBIT 模型后，如果还是取 $P^* = 0.162$，并建立预测规则如下：当 $P \geqslant 0.162$ 时判断企业会违约，当 $P < 0.162$ 时判断企业不会违约，那么，依据这个预测规则对训练样本组和检验样本组的预测准确率分别见表 6-15。从表 6-15 中结果可以看到，14 个变量的 PROBIT 模型同样具有很高的预测准确率。

表 6-15　　　　　　　　　PROBIT 模型对两组数据的分类结果

训练样本组	观测 $y=1$	观测 $y=0$	检验样本组	观测 $y=1$	观测 $y=0$
分类 $y=1$	48（49）	15（248）	分类 $y=1$	47（48）	14（249）
分类 $y=0$	1（49）	233（248）	分类 $y=0$	1（48）	235（249）
分类准确率	98.0%	94.0%	分类准确率	98.0%	94.4%

6.2.4　用修正的朴素贝叶斯分类法构建信用风险度量模型

（一）朴素贝叶斯分类法的基本原理和修正方法

朴素贝叶斯分类法是随着数据挖掘技术而发展起来的构建非线性预测模型的一种方法。银行构建信用风险评估模型，就是利用财务指标 $x = (x_1, x_2, \ldots, x_k)$ 对一个企业将来是否会违约进行预测。这种预测可以通过比较企业的违约概率和非违约概率来进行，即通过比较条件概率 $P(y = j \mid x), j = 0, 1$ 来进行。

根据贝叶斯公式，条件概率 $P(y = j \mid x)$ 可以表示为

$$P(y = j \mid x) = \frac{P(y = j)P(x \mid y = j)}{P(x)}$$

朴素贝叶斯分类法假设，在给定 y 后，各个预测变量 x_i 相互独立，即在违约企业和非违约企业两个总体中，不同的财务指标 x_i 与 x_j 相互独立，这样就有

$$P(y = j)P(x \mid y = j) = P(y = j)\prod_{i=1}^{k} P(x_i \mid y = j)$$

当 x_i 为连续型变量时，朴素贝叶斯分类法进一步假设 x_i 服从正态分布，于是

$$P(x_i \mid y = j) = \frac{1}{\sqrt{2\pi}\sigma_{ji}}\exp\left[-\frac{(x_i - u_{ji})^2}{2\sigma_{ji}^2}\right]$$

其中，u_{ji}, σ_{ji} 分别为当 $y = j$ 时变量 x_i 的条件均值与条件标准差。

朴素贝叶斯分类法通过比较企业的违约概率 $P(y = 1 \mid x)$ 和不违约概率 $P(y = 0 \mid x)$ 之间的差异，来判断这个企业是否会违约。根据前面的贝叶斯公式可以知道，这种比较等同于比较条件概率 $P(y = 1)P(x \mid y = 1)$ 和条件概率 $P(y = 0)P(x \mid y = 0)$，因此，朴素贝叶斯分类法的预测规则为，合理地确定一个临界值

若 $P(y = 0)P(X \mid y = 0) - P(y = 1)P(X \mid y = 1) >$ 临界值，判断企业不会违约；

若 $P(y = 0)P(X \mid y = 0) - P(y = 1)P(X \mid y = 1) \leqslant$ 临界值，判断企业会违约。

在许多金融问题中，朴素贝叶斯分类法都是构建非线性预测模型的有效方法，但在针对借款企业的信用风险评估中，这种方法却遇到了一些困难：有许多财务指标是连续型变量，但明显不服从正态分布（如许多财务指标只能取非负值）。此时若采用朴素贝叶斯分类法来构建预测模型，就会造成构建模型所需要的假设条件不成立，导致模型的预测准确率下降。下面讨论如何对这个问题进行补救。

在朴素贝叶斯分类法中，假设连续型变量 x_i 服从正态分布，主要是为了简化条件概率 $P(x_i \mid y = j)$ 的计算。利用前面介绍的信号噪音差方法，这里可以提出一种简化条件概率 $P(x_i \mid y = j)$ 计算的新方法，使得朴素贝叶斯分类法在原理上可以适用于信用风险评估模型的构建。这种方法介绍如下：

利用计算一个财务指标 x_i 的信号噪音差时得到的指标阈值，可以将这个指标从原始指标 x_i 转换为信号指标 x_i^*，转换方式为

$$x_i^* = \begin{cases} 1 & \text{如果指标 } x_i \text{ 发出警报} \\ 0 & \text{如果指标 } x_i \text{ 未发出警报} \end{cases}$$

由于指标阈值是用这个指标 x_i 预测 y 时信息增益最大的 x_0，这种转换不会造成模型构建时指标 x_i 的有效信息的损失，而且转换后的信号指标 x_i^* 不会受到极端值的影响（原始指标 x_i 中可能存在极端值），这将有助于提高模型的预测准确率。指标转换后，由于信号指标 x_i^* 只取 0 与 1 两个值，条件概率 $P(x_i \mid y = j)$ 的计算就可以由下式给出 $P(x_i^* = 1 \mid y = 1) = $ 指标 x_i 的信号比，$P(x_i^* = 0 \mid y = 1) = 1 - $ 指标 x_i 的信号比 $P(x_i^* = 1 \mid y = 0) = $ 指标 x_i 的噪音比，$P(x_i^* = 0 \mid y = 0) = 1 - $ 指标 x_i 的噪音比再通过比较相应的条件概率，就可以建立借款企业的信用风险度量模型。

（二）修正的朴素贝叶斯分类模型构建的 SAS 实现

表 6 - 6 显示，$x_1, x_5, x_6, x_{11}, x_{12}, x_{15}$ 这 6 个变量的信号噪音差均 0.45 以上。利用数据集 sjk6 _1b 和 sjk6 _1c，利用表 6 - 4 给出的各个指标的信号比和噪音比数据，采用 6 个指标，计算每个企业的违约概率和不违约概率的差异的 SAS 程序如下。在程序中，所需要的两个概率 $P(y = 0), P(y = 1)$ 分别取 497/594、97/594，即用两类企业在样本中的比率来代替这两个概率。

程序 cx6 - 10

```
data a;
   setsjk6 _1b;
   ifx1 >1.46 then x1p1 =0.938;
   else x1p1 =0.062;
   if x1 >1.46 then x1p0 =0.241;
   else x1p0 =0.759;
   ifx5 >0.914 then x5p1 =0.773;
   elsex5p1 =0.227;
   if x5 >0.914 then x5p0 =0.102;
   else x5p0 =0.898;
```

```
    ifx6 >0.088 then x6p1 =0.938;
    elsex6p1 =0.062;
    if x6 >0.088 then x6p0 =0.356;
    else x6p0 =0.644;
    ifx11 < =0.044 then x11p1 =0.784;
    elsex11p1 =0.216;
    if x11 < =0.044 then x11p0 =0.239;
    else x11p0 =0.761;
    ifx12 < =22.35 then x12p1 =0.897;
    elsex12p1 =0.103;
    ifx12 < =22.35 then x12p0 =0.221;
    elsex12p0 =0.779;
    if x15 >0.409 then x15p1 =0.876;
    else x15p1 =0.124;
    if x15 >0.409 then x15p0 =0.386;
    else x15p0 =0.614;
    p1 =97* x1p1* x5p1* x6p1* x11p1* x12p1* x15p1/594;
    p0 =497* x1p0* x5p0* x6p0* x11p0* x12p0* x15p0/594;
    chap =p0 -p1;
run;
```

这个程序提交后，在新生成的数据集 a 中，SAS 对每个观测都计算了违约概率 P1，非违约概率 P0，以及违约概率与非违约概率的差 P。如果采用一种简单的方法来建立预测规则：当企业的违约概率大于等于非违约概率时判断企业会违约，当企业的违约概率小于非违约概率时判断这个企业不会违约，那么这种规则对训练样本组和检验样本组的预测准确率见表 6 - 16，可以看到这个预测规则具有较高的预测准确率。

表 6 - 16　　　　　　　　　　朴素贝叶斯分类法对两组数据的分类结果

训练样本组	观测 $y = 1$	观测 $y = 0$	检验样本组	观测 $y = 1$	观测 $y = 0$
分类 $y = 1$	47 （49）	12 （248）		45 （48）	11 （249）
分类 $y = 0$	2 （49）	236 （248）		3 （48）	238 （249）
分类准确率	95.9%	95.2%		93.8%	95.6%

6.3　消费信贷风险评估模型的构建

6.3.1　信用评分模型简介

信用评分模型是银行在审批消费信贷业务时经常使用的一类模型，这类模型可以根据一个客户提供的个人特征信息，给出这个客户的信用评分，评分越高的客户违约风险越小。信用评分模型的应用方法是：银行审批政策管理层事先确定一个临界值点（称为取舍点），如果一个客户的信用评分不低于取舍点，则消费贷款申请可以通过审批，否则的话，消费贷款申请不能通过审批。

通常情况下，信用评分模型是以信用评分卡的形式展现的。表6－17给出了一个简单信用评分卡的样例。这个简单信用评分卡只使用了客户的三个方面的个人特征信息：每月收入、年龄和最终学历。假设银行审批政策管理层事先确定的取舍点为500分，银行收到了两个客户的消费信贷申请，申请者甲为年龄38岁的本科毕业生，每月收入5500元；申请者乙为年龄32岁的初中毕业生，每月收入3500元。那么根据表6－17所示的信用评分卡的评分规则，申请者甲的信用评分为

$$190(收入3) + 160(年龄2) + 200(学历1) = 550$$

这个分数超过了取舍点的500分，因此甲的贷款申请可以通过审批。申请者乙的信用评分为

$$160(收入2) + 160(年龄2) + 100(学历3) = 420$$

这个分数低于取舍点的500分，因此申请者乙的贷款申请不能通过审批。

表6－17　　　　　　　　信用评分卡的一个简单样例

特征名称	特征品质属性	特征评分
收入1	2000元以下	120
收入2	2001~5000元	160
收入3	5001~10000元	190
收入4	10000元以上	220
年龄1	25岁以下	110
年龄2	25~40岁	160
年龄3	41~50岁	200
年龄4	50岁以上	150
学历1	本科及以上	200
学历2	专科或高中	150
学历3	初中及以下	100

从表6－17给出的这个简单样例可以看到，以信用评分卡形式展现的信用评分模型非常容易理解，这使得银行可以用一种简单的商业术语对客户、审计员和监管机构人员解释某位客户的贷款申请被接受或者被拒绝的原因。由于具有这样的优势，以信用评分卡形式展现的信用评分模型被许多银行与贷款机构所采用。

与企业信用风险评估模型不同，信用评分卡模型的预测变量不是企业的财务指标，而是客户的一些个人特征信息（如年龄、性别、收入、文化程度、婚姻状况、工作年限、首期付款额、抵押物价值等）。与企业信用风险评估模型一样，信用评分卡模型的构建也是以统计分析为基础，信用评分卡模型在综合考虑不同特征信息的预测信息含量、特征信息之间的相互关系和可操作性等方面的因素后，对不同的特征信息赋予不同的分数，加总一个客户在各个特征信息上的得分，就可以得到客户的信用评分。

6.3.2　信用评分卡模型中预测变量分组的基本原理与 SAS 实现

(一) 预测变量分组的基本原理

在构建信用评分卡模型时，为了提高模型的预测效果和模型的可理解性，需要对个人特征信息进行适当的筛选与编码。特征信息筛选的目的是要筛选出预测信息含量高的特征变量来构建信用评分卡模型，特征信息编码就是对选出的特征变量做必要的分组处理，即把连续型变量分割为若干个离散区间（例如，月收入是个连续型变量，在表 6 – 17 中，这个连续型变量被划分为四个离散的取值区间，即被分为四组），或把水平数太多的离散型变量做适当合并（例如，学历是个取值较多的离散型变量，在表 6 – 17 中，这个离散型变量被合并为三组）。在构建信用评分卡模型时，特征变量编码这个步骤非常关键，可以这么说，对特征变量的编码是否恰当，在很大程度上决定了所构建的信用评分卡模型是否具有较高的预测准确率。

通常情况下，在特征变量编码时，每个特征变量的分组不多于五个。如何对一个变量进行分组，主要依赖于这个变量的 WOE（Weight of Evidence）统计量。假设某个数据集中共有 1100 个客户数据，其中违约客户 100 个、非违约客户 1000 个，月收入这个连续变量已经被分割为四组，每组中的违约客户数、非违约客户数如表 6 – 18 所示，那么第 i 组的 WOE 统计量 WOE_i 的定义为

$$WOE_i = \ln(P_{i1}/P_{i0}) = \ln\left(\frac{B_i/B}{G_i/G}\right) = \ln\left(\frac{B_i/G_i}{B/G}\right)$$

其中，B_i 为第 i 组中的违约客户数，B 为整个数据集中的违约客户数，G_i 为第 i 组中的非违约客户数，G 为整个数据集中的非违约客户数，P_{i1} 为第 i 组中的违约客户数占整个数据集中的违约客户数的比重，P_{i0} 为第 i 组中的非违约客户数占整个数据集中的非违约客户数的比重。

表 6 – 18　　　　　　　　　　　WOE 统计量计算的一个样例

特征名称	违约数	非违约数	WOE 统计量
收入 1	50	120	ln [（50/100）／（120/1000）] = ln [（50/120）／（100/1000）]
收入 2	25	180	ln [（25/100）／（180/1000）] = ln [（25/180）／（100/1000）]
收入 3	15	300	ln [（15/100）／（300/1000）] = ln [（15/300）／（100/1000）]
收入 4	10	400	ln [（10/100）／（400/1000）] = ln [（10/400）／（100/1000）]
汇总数	100	1000	

对一个特征变量分组、特别是对一个连续型变量分组的关键在于临界值的选取。比如，在表 6 – 17 中，对月收入这个特征变量进行分组时，为什么要把月收入 2001 ~ 5000 元分在一个组，而把月收入 5001 ~ 10000 元分在另一个组？这与 WOE 在各组中的取值密切相关。从 WOE 的定义可以看到，WOE_i 度量了第 i 组中的违约客户数与非违约客户数之比和整个数据集中的违约客户数与非违约客户数之比的差异，或者说 WOE 度量了当客户的月收入这个特征变量取不同组中的值时对违约概率的影响。

如果在一个特征变量的相邻两个组中 WOE 统计量的取值相差较大，那么对这个特

征变量进行这样的分组就是合理的，因为在信用评分卡模型中，一个客户在某个特征变量上的得分完全取决于这个变量落在哪个组，如果在这个特征变量的相邻两个组中 WOE 统计量的值相差较大，说明这个变量取值分别落在这两个组中的客户的违约概率相差较大，因此两个组中的客户在这个特征变量上应该得到不同的评分。反之，如果一个特征变量的相邻两个组中 WOE 统计量的取值很接近，那么对这个变量来说，两个组的分割就没有必要，两个组应该合并为一组。

用信息量 IV（Information Value）可以度量被分组后一个特征变量的预测能力——IV 取值越大的特征变量其预测能力就越强。一个特征变量的 IV 的定义为

$$\text{IV} = \sum_{i=1}^{N} \text{IV}_i = \sum_{i=1}^{N} (P_{i1} - P_{i0}) \ln(P_{i1}/P_{i0})$$

其中，N 为一个变量被分组后的组数，P_{i1}, P_{i0} 的含义同前。

在构建信用评分卡模型时，对特征变量进行编码的常用方法是从多到少逐步减少变量所划分的组数。这种方法首先对变量进行较细的划分，如对一个连续型变量可以划分为 20 个组或者更多个组，对一个离散型变量可以按照其原始取值水平进行分组。分组后再计算这个特征变量在每个组的 WOE 统计量，如果邻近两个组的 WOE 统计量比较接近，就可以将这两个组合并，合并时要保证 IV 值的损失最小。合并后再重新计算每个组的 WOE 统计量，以判断是否需要进一步合并。这样的步骤一直持续下去，直至不能再合并。通常情况下，对一个特征变量的最后分组不多于 5 个。

在构建信用评分卡模型时，对特征变量进行编码的另一种方法是从少到多逐步增加特征变量所划分的组数，并使最终分组不多于 5 个。这种划分方法的理论依据需要用到前面介绍的信号噪音差，为了说明这种方法的分组原理，首先考虑如果要把一个特征变量分成两组，怎样分组才能使这个变量的 IV 值最大。

不妨假设这个特征变量是一个正指标（如月收入），整个数据集中共有 N 个违约客户、M 个非违约客户，如果将这个变量分成两个组后第一组（月收入较小的组）中有 n 个违约客户、m 个非违约客户，那么这个特征变量对应于这种分组方法的 IV 值为

$$\text{IV} = (P_{11} - P_{10}) \ln(P_{11}/P_{10}) + (P_{21} - P_{20}) \ln(P_{21}/P_{20})$$

其中，$P_{2i} = 1 - P_{1i}$，$i = 0, 1$。

如果现在利用这个特征变量来建立单一变量的违约预测模型：当特征变量值落在第一组时，预测客户将违约，贷款申请不能通过；当特征变量值落在第二组时，预测客户不会违约，贷款申请可以通过。由于这个预测模型对落在第一组的每个客户都发出了可能违约的警报，因此根据前文信号比、噪音比的定义可知

$$P_{11} = \frac{n}{N} = \text{变量的信号比}, P_{10} = \frac{m}{M} = \text{变量的噪音比}$$

$$P_{21} = \frac{N-n}{N} = 1 - \text{变量的信号比}, P_{20} = \frac{M-m}{M} = 1 - \text{变量的噪音比}$$

如果令 $x = P_{11} - P_{10}$，则就有 $P_{21} - P_{20} = -x$。利用这两个等式，上面的 IV 表达式可以改写为

$$\text{IV} = x \ln \frac{(x + P_{10})(1 - P_{10})}{P_{10}(1 - x - P_{10})}$$

如果将 IV 看成是两个自变量 x 和 P_{10} 的函数,上式两边对 P_{10} 求偏导后,可以得到 IV 取得最大值时必须满足的一阶条件

$$\text{IV}' = \frac{-x^2(1-x-2P_{10})}{(x+P_{10})(1-P_{10})P_{10}(1-x-P_{10})} = 0$$

从中可以解得 $P_{10} = (1-x)/2$,$P_{11} = (1+x)/2$。

这样可以看到,在给定 x 的条件下,若需要将一个特征变量分成两组,如果分组后满足条件 $P_{10} = (1-x)/2$,$P_{11} = (1+x)/2$,那么这个特征变量的 IV 达到最大值,达到最大值时的 IV 的表达式为

$$\text{IV} = 2x\ln\frac{1+x}{1-x}$$

现在,由于 x 的取值范围在 $0\sim1$ 之间,容易证明在上式中 IV 为 x 的单调增函数。

这样,从上面的分析可以得到结论:对于任意一个特征变量,如果要将这个特征变量的取值划分为两组,那么按照下面的步骤进行划分,将使分组后这个特征变量的信息量 IV 达到最大:

(1) 按照前文介绍的方法计算这个变量的信号噪音差,这个信号噪音差就是能使 IV 达到最大值的 x。

(2) 确定临界值点 x^*,使变量值小于等于 x^* 的违约客户数 n 满足 $n/N = (1+x)/2$,依照变量的值是否小于等于 x^* 这个条件将变量的值分成两组。

按照上述步骤,可以将一个特征变量的取值分成两组,并且使得这样的划分方法在所有的两组划分方法中是最优的。在很多时候,在构建信用评分卡模型时,对一个特征变量的分组需要多于两组,在这种情况下,可以按照上述步骤对第一次分成的两个组再分别进行分组,直至达到所要求的组数。这种逐步增加分组组数的方法可以称为从少到多的分组方法。

(二) 预测变量筛选与分组的 SAS 实现

数据集 sjk6-2 中是某网站提供的 690 位消费贷款使用者的相关数据,其中变量 y 表示这个客户是否违约($y=0$ 表示不违约,$y=1$ 表示违约),变量 x1-x14 为代表客户个人信息的特征变量,其中变量 x2、x3、x7、x10、x13 和 x14 为连续型变量,其余变量为离散型变量。在这个数据集中,有违约客户 307 个、非违约客户 387 个。下面以这个数据集为例说明,在 SAS 中怎样实现从多到少、从少到多两种方法对特征变量进行分组。为此,首先需要对预测变量进行筛选。

表 6-19　　　　　　　　　　对 14 个变量的 t 检验结果

指标	两方差相等	两均值相等	指标	两方差相等	两均值相等	指标	两方差相等	两均值相等
x1	不能拒绝	不能拒绝	x6	不能拒绝	拒绝	x11	不能拒绝	不能拒绝
x2	拒绝	拒绝	x7	拒绝	拒绝	x12	拒绝	拒绝
x3	拒绝	拒绝	x8	拒绝	拒绝	x13	不能拒绝	拒绝
x4	拒绝	拒绝	x9	不能拒绝	不能拒绝	x14	拒绝	拒绝
x5	不能拒绝	拒绝	x10	拒绝	拒绝			

表 6 - 19 给出对 14 个特征变量的 t 检验结果,其中的显著性水平取 0.01。如果从 t 检验的结果看,14 个变量中除了 x1、x11 这两个变量外,其余 12 个变量的取值对两类客户都具有良好的区分度。

表 6 - 20   对 12 个变量的信号噪音差计算结果

指标名	指标属性	指标阈值	信号比	噪音比	信号噪音差
x2	负指标	36.58	0.3483	0.2015	0.1568
x3	负指标	4.000	0.5277	0.2977	0.2300
x4	负指标	1.500	0.8534	0.6919	0.1615
x5	负指标	7.500	0.7394	0.4386	0.3008
x6	负指标	5.000	0.3127	0.1462	0.1665
x7	负指标	1.000	0.6906	0.3029	0.3877
x8	负指标	0.500	0.9251	0.2010	0.7241
x9	负指标	0.500	0.6808	0.2245	0.4562
x10	负指标	0.500	0.6808	0.2245	0.4562
x12	负指标	1.500	0.9511	0.8903	0.0608
x13	正指标	102.0	0.4723	0.2556	0.2164
x14	负指标	229.0	0.4984	0.1462	0.3522

表 6 - 20 给出对这 12 个特征变量的信号噪音差的计算结果。如果从信号噪音差的计算结果看,12 个变量所具有的预测信息含量相差悬殊——甚至相差 10 倍以上。下面在预测变量筛选时,按照信号噪音差大于 0.35 的标准,选择了 4 个变量作为信用评分卡模型的预测变量,这 4 个变量是 x7、x8、x10 和 x14(变量 x9 的信号噪音差大于 0.35,但由于 x9 与 x10 有很强的相关性,将其舍去),其中 x8 是离散型变量,其余三个为连续型变量。

离散型变量 x8 只取 0、1 两个值,对这个特征变量的合理分组比较简单——分为两组,分组后这个变量在每个组中的 WOE 统计量见表 6 - 22。下面以 x7 为例,介绍如何利用 SAS 程序来实现连续型特征变量的合理分组。

首先介绍如何利用第一种方法对特征变量进行分组。在数据集 sjk6 _ 2 中,特征变量 x7 的取值范围为 [0, 28.5],由于 x7 的取值较多地集中在较小数值上(超过 50% 的观测取值不大于 1,取值大于 10 的观测不到 4%),在对 x7 进行初次分组时,不能简单地采用取值区间等分的方式。这里采用的初次分组方式如下:

(1)将 x7 所取得各个值按升序方式排列,排列成 $\lambda_1 < \lambda_2 < \ldots < \lambda_k$。

(2)如果满足条件 $x_7 \leqslant \lambda_1$ 的观测不少于 35 个(初次分成 20 组,平均每组观测数为 690/20 = 34.5 个),则将满足条件 $x_7 \in [0, \lambda_1]$ 的观测组成第一组;否则的话,寻找最小的 λ_i,使满足条件 $x_7 \leqslant \lambda_i$ 的观测不少于 35 个,将满足条件 $x_7 \in [0, \lambda_i]$ 的观测组成第一组。

(3)组成第一组后,如果余下的观测少于 35 个(不能再分成两组),则将余下的观测组成第二组,初次分组结束;否则的话,寻找最小的 $\lambda_j > \lambda_i$,使得满足条件 $\lambda_i <$

$x_7 \leqslant \lambda_j$ 的观测不少于 35 个，将这些观测组成第二组。

（4）这样的分组方法一直持续下去，直至完成初次分组。

按照这样的方法，对特征变量 x7 进行初次分组时，各组的临界值点可以由以下的 SAS 程序求得：

程序 cx6 – 11

```
proc sort data = sjk6 _2;
   by x7;
data a;
   set sjk6 _2;
data b;
   set a;
   n +1; m +1;
   retain k1;
   if x7 =0 then k1 =1;
   else if x7^ = lag (x7) and n >35 then k1 = k1 +1;
   if m >690 then goto a1;
   if x7^ = lag (x7) and n >35 then n =1;
a1: data c;
   set b;
   by k1;
   if last. k1 =1;
proc print data = c;
   var x7;
run;
```

句法说明：

①n +1——在这个程序中，这个语句的作用是计数，即每读取一个观测，n 的值在原有的基础上增加 1，n 的初始值被设定为 0。

②goto a1——转移语句，在这个程序中的作用是，当 if m > 690 条件满足时，要求 SAS 系统直接转移到语句标号为 a1 的语句，并从这个语句开始往下运行其他的语句。

这个程序提交后，系统给出的初次分组结果显示，变量 x7 被分成 16 组，由于第 16 组中的观测个数少于 35，将这个组并入第 15 组。这样，系统给出的 15 组的临界值见表 6 – 21。

表 6 – 21　　　　　　　　　　特征变量 x7 的初次分组结果

组别	分组方法	违约数	非违约数	WOE 值
1	x7 =0	18	52	− 0. 8397
2	0 < x7 ≤0. 085	18	41	− 0. 6020
3	0. 085 < x7 ≤0. 165	7	45	− 1. 6396

组别	分组方法	违约数	非违约数	WOE 值
4	$0.165 < x7 \leq 0.25$	9	32	-1.0473
5	$0.25 < x7 \leq 0.5$	15	47	-0.9209
6	$0.5 < x7 \leq 0.795$	13	22	-0.3049
7	$0.795 < x7 \leq 1$	15	28	-0.4030
8	$1 < x7 \leq 1.46$	21	14	0.6267
9	$1.46 < x7 \leq 1.625$	19	17	0.3324
10	$1.625 < x7 \leq 2$	23	16	0.5841
11	$2 < x7 \leq 2.5$	26	15	0.7712
12	$2.5 < x7 \leq 3.5$	26	20	0.4836
13	$3.5 < x7 \leq 5$	28	14	0.9143
14	$5 < x7 \leq 7$	29	9	1.3913
15	$x7 > 7$	40	11	1.5122
合计		307	383	

得到初次分组的临界值后，利用程序 cx6 – 11 所生成的 SAS 数据集 b，计算各组包含的违约客户数、非违约客户数，以及各组对应的 WOE 统计量的 SAS 程序如下 (cx6 – 12)。这个程序提交后，SAS 给出的计算结果见表 6 – 21。

程序 cx6 – 12

```
data c;
   set b;
   if k1 =15 then k1 =14;
proc freq data =b;
   tables k1* y/ out =b1;
proc print data =b1;
   var y k1 count;
data c1;
   set b1;
   woe =log ( (count/307) / (lag (count) /383));
data c2;
   set c1;
   by k1;
   if last. k1 =1;
proc print data = c2;
run;
```

对变量 x7 进行初次分组后，可以采用以下步骤来对其中的一些组进行合并，使最后的分组不多于 5 个：

（1）x7 为一个负指标（见表 6 - 20），一个客户的变量值越大，其违约概率就越大，因此合理地对 x7 分组后，随着一个组的临界值的增加，这个组中违约客户与非违约客户之比也应增加，或者说随着一个组的临界值的增加，这个组的 WOE 统计量应该增加。这样在初次分组后，如果相邻两个组中临界值大的组的 WOE 统计量小于临界值小的组的 WOE 统计量，这两个组的划分就是不合理的，应该将其合并。如在表 6 - 21 中，第 11 组的 WOE 统计量小于第 10 组，应该将这两组合并。同样表 6 - 21 显示，第 3 组的 WOE 统计量小于第 1 组和第 2 组，所以应该将这三组合并。基于同样的原因，应该将第 6 与第 7 组合并，第 8、第 9 与第 10 组合并，第 11 与第 12 组合并。

（2）完成以上合并后，重新计算各组的 WOE 统计量，如果 WOE 统计量随着各组临界值的增加而增大，并且组数超过 5 组，计算各相邻两组的 WOE 统计量的差额，并将差额最小的相邻两组合并为一组。

（3）如果合并后的组数依然超过 5 组，继续执行步骤（2），直至组数不大于 5。

利用程序 cx6 - 11 所建立的 SAS 数据集 b，将第 1、第 2、第 3 三个组合并为一组，第 6 与第 7 组合并，第 8、第 9 与第 10 组合并，第 11 与第 12 组合并，第 14、第 15 两个组合并为一个组，并且计算第二次分组后各组 WOE 统计量的 SAS 程序如下。

程序 cx6 - 13

```
data c;
   set b;
   if k1 =1 or k1 =2 or k1 =3 then k2 =1;
   elseif k1 =4 then k2 =2;
   elseif k1 =5 then k2 =3;
   elseif k1 =6 or k1 =7 then k2 =4;
   elseif k1 =8 or k1 =9 or k1 =10 then k2 =5;
   elseif k1 =11 or k1 =12 then k2 =6;
   elseif k1 =13 then k2 =7;
   elsek2 =8;
proc freq data =c;
   tables k2* y/ out =c1;
data c2;
   set c1;
   woe =log ( (count/307) / (lag (count) /383));
data c3;
   set c2;
   by k2;
   if last. k2 =1;
 proc print data =c3;
run;
```

按照上面的合并步骤，反复运行程序 cx6 - 13 可以得到变量 x7 的不多于 5 组的最终

SAS与金融数据分析
SAS YU JINRONG SHUJU FENXI

分组。最终分组结果及各组的 WOE 统计量见表 6-22。

对特征变量 x10 和特征变量 x14 的分组，可以按照与变量 x7 相同的分组方法来进行。这两个变量的最终分组结果，以及在分组后各组的 WOE 统计量同样见表 6-22。

表 6-22　　　　　　　　　用第一种方法得到的变量分组结果及 WOE 值

变量名	分组方法	违约数	非违约数	WOE 值
x7	x7 ≤ 0.5	67	217	-0.9540
	0.5 < x7 ≤ 1.5	61	77	-0.0117
	1.5 < x7 ≤ 3.5	82	55	0.6206
	3.5 < x7 ≤ 5	28	14	0.9141
	x7 > 5	69	20	1.4596
x8	x8 = 0	23	306	-2.3538
	x8 = 1	284	77	1.5395
x10	x10 = 0	98	298	-0.8876
	0 < x10 ≤ 2	54	62	0.0830
	2 < x10 ≤ 4	32	11	1.2890
	4 < x10 ≤ 6	36	5	2.1953
	x10 > 6	87	8	2.6077
x14	x14 ≤ 226	154	326	-0.5288
	226 < x14 ≤ 391	19	17	0.3324
	391 < x14 ≤ 1005	51	22	1.0620
	1005 < x14 ≤ 2073	28	8	1.4740
	x14 > 2073	55	10	1.9259

再介绍如何利用第二种方法分组，还是以特征变量 x7 的分组为例来说明，具体的分组步骤如下：

(1) 从表 6-20 中可以看到，变量 x7 的信号噪音差为 $x = 0.3877$。寻找第一次分组的临界值点 x^*，使 x7 取值小于等于 x^* 的违约客户数 n 满足 $n/N = (1 + x)/2 = 0.6939$（这样在第一组中，违约客户数为 $n = 0.6839 \times 307 \approx 213$），计算这个分组临界值的 SAS 程序如下（cx6-14）。这个程序提交后，SAS 给出的计算结果显示，临界值为 $x^* = 4$。依照变量 x7 是否小于等于 4 将所有观测分成两组，第一组中有 571 个观测，其中非违约客户 355 个、违约客户 216 个，WOE 统计量 -0.2757；第二组中有 119 个观测，其中非违约客户 28 个、违约客户 91 个，WOE 统计量 1.3998。计算各组的 WOE 统计量的 SAS 程序为 cx6-15。

程序 cx6-14

```
proc sort data = sjk6_2;
    by x7;
data a;
    set sjk6_2;
```

194

```
   if y =1 then n +1;
data b;
   set a;
   if n =213;
proc print data =b;
   var x7;
run;
```

程序 cx6 – 15

```
data a;
   set sjk6 _2;
   if x7 < =4 then k =1;
   else k =2;
proc freq data =a;
   tables k* y /out =b;
data c;
   set b;
   woe =log ( (count/307) / (lag (count) /383));
data c1;
   set c;
   by k;
   if last. k =1;
proc print data =c1;
run;
```

（2）初次分组后，继续计算变量 x7 在每组中的信号噪音差，x7 在第一组中的信号噪音差为 0.3200，第二组中的为 0.1291，按照方法（1）继续对这两个组进行分组，第二次分组的两个临界值为 $x^* = 1.75$ 和 $x^* = 7.375$。第二次分组后，第一小组中有 452 个观测，非违约客户 305 个、违约客户 147 个，WOE 统计量 − 0.5087；第二小组中有 119 个观测，非违约客户 50 个、违约客户 69 个，WOE 统计量 0.5433；第三小组中有 69 个观测，非违约客户 17 个、违约客户 52 个，WOE 统计量 1.3392；第四小组中有 50 个观测，非违约客户 11 个、违约客户 39 个，WOE 统计量 1.4869。

（3）由于第一、第二小组的 WOE 统计量相差较大，而且这两个组中的观测较多，按照方法（1）对这两个组进行第三次分组，第三次分组的两个临界值为 $x^* = 1$ 和 $x^* = 2.5$，第三次分组后，组 1 中有 362 个观测，非违约客户 267 个、违约客户 95 个；组 2 中有 90 个观测，非违约客户 38 个、违约客户 52 个；组 3 中有 61 个观测，非违约客户 24 个、违约客户 37 个；组 4 中有 58 个观测，非违约客户 26 个、违约客户 32 个。在第三次分组后，六个组的 WOE 统计量分别为： − 0.8122、0.5348、0.6541、0.4288、1.3392 和 1.4869。

由于在第三次分组后，WOE 统计量的分布出现了不合理现象（组 4 的 WOE 统计小于组2、组3），并且最后两组的 WOE 统计量差距较小，因此将组2、组3和组4合并，组5与组6合并。最后所有观测按照 x7 的取值被分为3组，对应的分组临界值：$x^* = 1$、$x^* = 4$，分成3组后，各组的 WOE 统计量：-0.8122、0.5396 和 1.3998。

对变量 x10 和 x14，可以按照同样的步骤进行分组。分组结果为变量 x10 和 x14 都被分成3组，各组的临界值和各组的 WOE 统计量见表6－23。

表6－23　　　　　　　用第二种方法得到的变量分组结果及 WOE 值

变量名	分组方法	违约数	非违约数	WOE 值
x7	x7 ≤ 1	95	267	−0.8122
	1 < x7 ≤ 4	121	88	0.5396
	x7 > 4	91	28	1.3998
x8	x8 = 0	23	306	−2.3538
	x8 = 1	284	77	1.5395
x10	x10 = 0	98	297	−0.8745
	0 < x10 ≤ 3	74	70	0.2899
	x10 > 3	135	16	2.3670
x14	x14 ≤ 285	161	331	−0.4864
	285 < x14 ≤ 858	53	28	0.8724
	x14 > 858	93	24	1.5889

6.3.3　信用评分模型的构建方法与 SAS 实现

构建信用评分卡模型，就是要确定进入模型的每个特征变量在不同取值上的评分。如在表6－23中变量 x8 被分成两组，构建信用评分卡模型就是要确定，当客户的 x8 = 0 时得分是多少，当 x8 = 1 时得分又是多少。

通常情况下，信用评分卡模型的构建方法主要采用 Logistic 回归，进入 Logistic 回归模型的预测变量不是经筛选得到的反映个人特征信息的原始变量，如 x7、x8、x10 和 x14，而是对这些变量进行编码后所取的值，即这些变量在每个分组上的 WOE 统计量。利用 Logistic 回归模型的参数估计值，在信用评分卡模型中，每个特征变量在不同取值上的得分计算公式为

$$-\left(\mathrm{WOE}_j \times \beta_i + \frac{a}{n}\right) \times \mathrm{factor} + \frac{\mathrm{offset}}{n}$$

其中，β_i 为第 i 个特征变量在 Logistic 回归模型中的系数，WOE_j 为这个特征变量在第 j 个分组的 WOE 统计量，a 表示 Logistic 回归模型的截距项，n 表示模型中的预测变量个数，即信用评分卡模型所使用的特征变量个数，factor 和 offset 为两个常数

$\mathrm{factor} = 20/\ln2 = 28.8539, \mathrm{offset} = 600 - (28.854 \times \ln(50)) = 487.123$

因此，信用评分卡模型的构建步骤为：

（1）将预测变量从原始值转换为编码分组后的 WOE 统计量。

（2）对 Logistic 回归模型的参数进行估计。

（3）根据估计得到的参数值和以上公式，计算每个特征变量取值在不同组时的得分，从而得到信用评分卡。

（4）合理地确定取舍点，即确定客户贷款申请的审批规则，得分高于取舍点的客户申请可以得到批准，得分低于取舍点的客户申请不能获得批准。

通过以下 SAS 程序可以实现将预测变量 x7、x8、x10 和 x14 从原始变量转换为分组 WOE 统计量，其中分组是按照第一种方法进行。以下这个程序还随机地将数据集分成了训练样本组和检验样本组，并且利用训练样本组数据对 Logistic 回归模型的参数进行了估计。

程序 cx6 – 16

```
data a;
  set sjk6 _2;
  if x7 < =0.5 then woe7 = -0.9540;
  else if x7 < =1.5 then woe7 = -0.0117;
  else if x7 < =3.5 then woe7 =0.6206;
  else if x7 < =5 then woe7 =0.9141;
  else woe7 =1.4596;
  if x8 =0 then woe8 = -2.3538;
  else x8 =1.5395;
  ifx10 =0 then woe10 = -0.8876;
  else if x10 < =2 then woe10 =0.0830;
  else if x10 < =4 then woe10 =1.2890;
  else if x10 < =6 then woe10 =2.1953;
  else woe10 =2.6077;
  if x14 < =226 then woe14 = -0.5288;
  else if x14 < =391 then woe14 =0.3324;
  else if x14 < =1005 then woe14 =1.0620;
  else if x14 < =2073 then woe14 =1.4740;
  else woe14 =1.9259;
data b;
  set a;
  m =uniform (7);
proc sort data =b;
  by y m;
data b1 b2;
  set b;
  if int (_n _/2) -_ n _/2 =0 then output b1;
  else output b2;
```

```
proc logistic descendingdata = b1;
   model y = woe7 woe8woe10 woe14;
run;
```

这个程序提交后，SAS 给出的 Logistic 回归模型的参数估计为：$\alpha = -0.1658$，$\beta_7 = 0.2512$，$\beta_8 = 0.9138$，$\beta_{10} = 0.3346$，$\beta_{14} = 0.6381$。将这个程序略加改动后，可以计算采用第二种方法分组时，从训练样本组数据得到的 Logistic 回归模型的参数估计：$\alpha = -0.1373$，$\beta_7 = 0.4489$，$\beta_8 = 0.8949$，$\beta_{10} = 0.4158$，$\beta_{14} = 0.5526$。

在第一种分组情况下，通过以下 SAS 程序（cx6 – 17），可以计算每个特征变量在不同分组取值时所获得的评分（在计算得分时，我们采用四舍五入方式只取整数），计算结果见表 6 – 24。从计算结果可以看到，不同的特征变量在相邻两组间的得分差异相差悬殊，相邻两组差异最大的是变量 x8，而从表 6 – 20 可以看到，x8 恰好是在所有特征变量中信用噪音差最大的变量，或者说是预测信息含量最大的特征变量。

程序 cx6 – 17

```
data c;
   set b1;
   pf7 = int ( - (woe7* 0.2512 - 0.1658/4) * 28.8539 + 487.123/4 + 0.5);
   pf8 = int ( - (woe8* 0.9138 - 0.1658/4) * 28.8539 + 487.123/4 + 0.5);
   pf10 = int ( - (woe10* 0.3346 - 0.1658/4) * 28.8539 + 487.123/4 + 0.5);
   pf14 = int ( - (woe14* 0.6381 - 0.1658/4) * 28.8539 + 487.123/4 + 0.5);
   pf = pf7 + pf8 + pf10 + pf14;
run;
```

对这个程序略加改动后，可运用于采用第二种方法分组的情况，相应的计算结果见表 6 – 25。

信用评分卡模型构建后，可以按照所构建的信用评分卡计算每个消费贷款申请者的信用评分。通常情况下，决定贷款申请批准与否的信用评分取舍点需要由银行审批政策管理层事先确定。如果假设用第一种分组方法和第二种分组方法所构建的信用评分卡模型的取舍点均为 475，那么这两个信用评分卡模型对训练样本组和检验样本组的分类结果见表 6 – 26，从表 6 – 25 中结果可以看到，无论对训练样本组还是检验样本组两种方法构建的信用评分卡都具有较好的预测准确率。

表6 – 24　　　　　　　　　　用第一种分组方法构建的信用评分卡模型

特征名称	特征品质属性	特征评分
x7 – 1	x7 ≤ 0.5	130
x7 – 2	0.5 < x7 ≤ 1.5	123
x7 – 3	1.5 < x7 ≤ 3.5	118
x7 – 4	3.5 < x7 ≤ 5	116
x7 – 5	x7 > 5	112
x8 – 1	x8 = 0	185

续表

特征名称	特征品质属性	特征评分
x8 – 2	x8 = 1	82
x10 – 1	x10 = 0	133
x10 – 2	0 < x10 ≤ 2	122
x10 – 3	2 < x10 ≤ 4	111
x10 – 4	4 < x10 ≤ 6	102
x10 – 5	x10 > 6	98
x14 – 1	x14 ≤ 226	133
x14 – 2	226 < x14 ≤ 391	117
x14 – 3	391 < x14 ≤ 1005	103
x14 – 4	1005 < x14 ≤ 2073	96
x14 – 5	x14 > 2073	88

表 6 – 25　　　　　　　　用第二种分组方法构建的信用评分卡模型

特征名称	特征品质属性	特征评分
x7 – 1	x7 ≤ 1	133
x7 – 2	1 < x7 ≤ 4	116
x7 – 3	x7 > 4	105
x8 – 1	x8 = 0	184
x8 – 2	x8 = 1	83
x10 – 1	x10 = 0	133
x10 – 2	0 < x10 ≤ 3	119
x10 – 3	x10 > 3	94
x14 – 1	x14 ≤ 285	131
x14 – 2	285 < x14 ≤ 858	109
x14 – 3	x14 > 858	97

表 6 – 26　　　　　　　信用评分卡模型对两组数据的分类结果

训练样本组	观测 y = 1	观测 y = 0	检验样本组	观测 y = 1	观测 y = 0
分类 y = 1	132 (154)	28 (191)		136 (153)	30 (192)
分类 y = 0	22 (154)	163 (191)		17 (153)	162 (192)
分类准确率	85.7%	85.3%		88.9%	84.4%
分类 y = 1	131 (154)	24 (191)		131 (153)	46 (192)
分类 y = 0	24 (154)	167 (191)		22 (153)	146 (192)
分类准确率	85.1%	87.4%		86.8%	76.0%

6.4   信用风险度量模型的评价

对信用风险度量模型进行评价，就是检验模型对违约客户和非违约客户是否具有区分能力，或者说检验模型对违约客户和非违约客户是否具有正确排序的能力。众所周知，基于任何一种信用风险度量模型所构建的预测规则，都有可能犯两类错误：将违约客户判断为非违约客户的第一类错误；将非违约客户判断为违约客户的第二类错误。由于两类错误的发生概率随临界值的选取不同存在着此消彼长的关系，因此需要考虑当选取不同临界值时，模型对违约客户和非违约客户的区分能力或正确排序能力。下面介绍两种比较常用的信用风险度量模型的评价方法。

6.4.1   K‒S 统计量

K‒S 统计量（Kolmogorov‒Smirnov 统计量）是一个检验模型是否能够较好地区分违约客户和非违约客户的验证指标。任何一种信用风险度量模型，都会对样本组中的每个客户给出一个模型评分。例如，在信用评分卡模型中，模型评分是被预测客户的信用评分；在 Logistic 回归模型中，模型评分是被预测客户的违约概率；在判别分析模型中，模型评分是被预测客户到违约客户总体和非违约客户总体的距离差。将样本组中的全部客户按照违约客户和非违约客户分为两个子样本，可以计算在两个子样本中模型评分的概率分布。如果分别用 $F_0(x)$、$F_1(x)$ 表示模型评分在非违约客户子样本和违约客户子样本中的分布函数，那么 K‒S 统计量的定义为

$$D = \sup_{x} | F_1(x) - F_0(x) |$$

用 K‒S 统计量检验信用风险度量模型时，模型的 K‒S 统计量值越大，模型对违约客户和非违约客户的区分能力越好。其理由为：如果模型具有较好的区分能力，那么模型评分在两个子样本中的分布函数应该具有显著差异，由于模型评分（假设模型评分为一个正指标，模型评分值越高、客户违约的可能性越小）在两个子样本中的分布函数值等于取值不大于这个评分值的违约客户和非违约客户在两个子样本中的累积百分比，如果模型具有区分能力，那么在某些模型评分下，违约客户和非违约客户在两个子样本中的累积百分比应该存在较大差距。

通常情况下，对信用风险度量模型的 K‒S 统计量检验可以采用统计表或者采用图形方式来进行。采用统计表方式进行检验，就是预先选取一些值，然后通过列出当模型的评分值不大于这些值时，违约客户的累积百分比与非违约客户的累积百分比的差额，来给出检验统计表，并以统计表中的最大差额来近似地表示模型的 K‒S 检验统计量。

例如在上一节，我们分别采用从多到少分组、从少到多分组两种不同的特征变量编码方法，构建了信用评分卡模型，下面采用统计表方式计算两个模型的 K‒S 统计量。计算第一个评分卡模型（采用从多到少分组方法）的统计表时所需要的 SAS 程序见 cx6‒18，这个程序略加改变后，可以计算第二个评分卡模型（采用从少到多分组方法）

的统计表。计算结果见表 6－27，其中，表 6－27 的左侧三列给出对第一个评分卡模型的检验结果，右侧三列给出对第二个评分卡模型的检验结果。检验结果显示，两个评分卡模型中，累计违约客户占比和累积非违约客户占比的最大差额均为 0.724，因此可以认为这两个评分卡模型的 K－S 统计量都等于 0.724，或者可以说，这两个信用评分卡模型区分违约客户和非违约客户的能力基本相同。

程序 cx6－18

```
data sjk6_2a;
 set sjk6_2;
 if x7 < =0.5 then df7 =130;
 else if x7 < =1.5 then df7 =123;
 else if x7 < =3.5 then df7 =118;
 else if x7 < =5 then df7 =116;
 else df7 =112;
 ifx8 =0 then df8 =185;
 else df8 =82;
 if x10 =0 then df10 =133;
 elseif x10 < =2 then df10 =122;
 elseif x10 < =4 then df10 =111;
 else if x10 < =6 then df10 =102;
 elsedf10 =98;
 if x14 <226 then df14 =133;
 else if x14 < =391 then df14 =117;
 else if x14 < =1005 then df14 =103;
 else if x14 < =2073 then df14 =96;
 else df14 =88;
 df = df7 + df8 + df10 + df14;
proc sort data =sjk6_2a;
 by df;
datasjk6_2b;
 set sjk6_2a;
 ifdf < =400 then k1 =1;
 if df < =420 then k2 =1;
 if df < =440 then k3 =1;
 if df < =460 then k4 =2;
 if df < =480then k5 =1;
 if df < =500then k6 =1;
 if df < =520then k7 =1;
 if df < =540then k8 =1;
```

```
    if df < =560 then k9 =1;
    if df < =581 then k10 =1; /* 在第一个信用评分卡模型中，样本中所有客户
的最高信用评分为581* /
    proc freq data =sjk6 _2b;
      tables (k1 k2 k3 k4 k5 k6 k7 k8 k9 k10) * y;
    run;
```

句法说明：

tables（k1，...，k10） * y——要求 SAS 在运行频数过程时，分别列出 k1 * y，k2 * y，...，k10 * y 的各个频数表。在 SAS 中，这个语句也可以写成：tables k1 * y k2 * y，...，k10 * y。

表 6 – 27 信用评分卡模型的 K – S 统计量检验结果

信用评分	累积占比 1	累积占比 2	差额	累积占比 1	累积占比 2	差额
≤400	0.176	0.000	0.176	0.160	0.003	0.157
≤420	0.345	0.005	0.340	0.411	0.008	0.403
≤440	0.570	0.018	0.558	0.564	0.013	0.551
≤460	0.779	0.070	0.709	0.769	0.073	0.696
≤480	0.925	0.201	0.724	0.925	0.201	0.724
≤500	0.925	0.201	0.724	0.925	0.201	0.724
≤520	0.925	0.201	0.724	0.925	0.201	0.724
≤540	0.935	0.264	0.671	0.925	0.237	0.688
≤560	0.935	0.381	0.554	0.942	0.410	0.536
≤581	1.000	1.000	0.000	1.000	1.000	0.000

采用图形方式进行检验，就是以模型评分为坐标横轴，分别以不大于给定模型评分的违约客户的累积百分比为纵轴，和不大于给定模型评分的非违约客户的累积百分比为纵轴，在同一坐标系中绘制出违约客户和非违约客户的累积百分比随模型评分变化的两条曲线，两条曲线的最大间距就等于被检验模型的 K – S 统计量。采用图形方式对第一个信用评分卡模型进行 K – S 统计量检验的 SAS 程序见 cx6 – 19，这个程序运行后，所绘制的图形见图 6 – 1。从图 6 – 1 中可以看到，当模型评分落在 [480 520] 上时，两条曲线的间距最大，最大间距为 0.724。这样可以认为，第一个信用评分卡模型的 K – S 统计量为 0.724。同样可以依据图 6 – 1 方式得到第二个信用评分卡模型的 K – S 统计量，这个值同样为 0.724。

程序 cx6 – 19

```
proc sort data =sjk6 _2a;
  by df;
data sjk6 _2b;
  set sjk6 _2a;
  if y =1 then m =1;
  else m =0;
  if y =0 then n =1;
```

```
    else n =0;
data sjk6 _2c;
  set sjk6 _2b;
  retain m1;
  if _n _=1 thenm1 =m;
  else m1 =m1 +m;
  retain n1;
  if _n _=1 then n1 =n;
  else n1 =n1 +n;
data sjk6 _2d;
  set sjk6 _2c;
  by df;
  if last. df =1;
  m2 =m1 /307;
  n2 =n1 /383;
proc gplot data =sjk6 _2d;
  plot m2* df n2* df / vaxis =axis1 haxis =axis2 overlay;
  symbol1 i =. L =1 h =1 font =swissb;
  symbol2 i =. l =1 h =1 font =swissb;
  axis1 label = （"累积百分比"）order = （0 to 1 by 0.1）;
  axis2 label = （"模型得分"）order = （381 to 581 by 20）;
run;
```

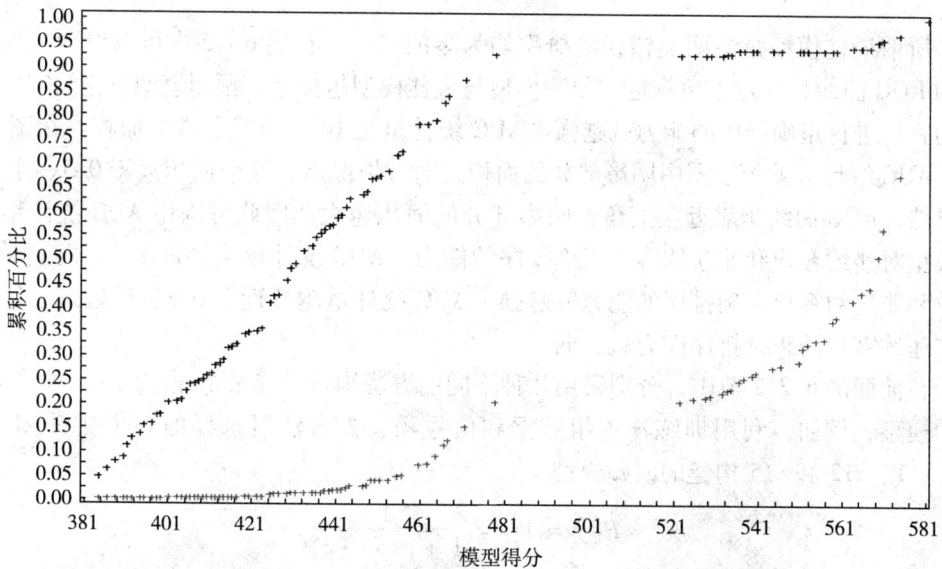

图 6 - 1　对第一个信用评分卡模型的 K - S 检验图

6.4.2 AUC 统计量

ROC 曲线 (Receiver Operating Characteristic Curve) 和 AUC (Area Under Curve) 统计量是一个检验模型是否能够对违约客户和非违约客户进行正确排序的检验指标。对任意一个信用风险度量模型，当选定一个临界值后，可以依据模型来建立一种预测规则，例如，当客户的模型评分小于等于临界值时判断其为违约客户，当客户的模型评分大于临界值时判断其为非违约客户。ROC 曲线是以（当取不同的临界值时）预测规则的信号率（预测规则对违约客户的预测正确率）为纵轴，以预测规则的噪音率（预测规则对非违约客户的预测错误率）为横轴所绘制的曲线，具体见图 6-2。

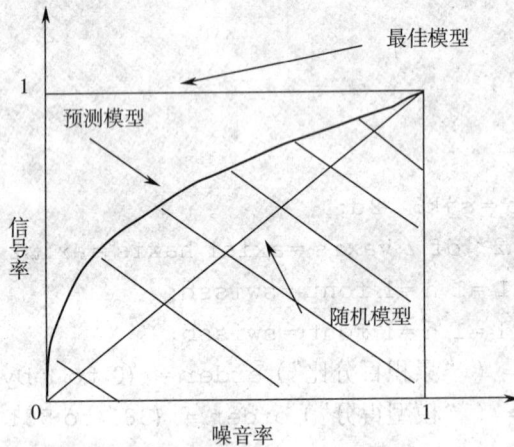

图 6-2 ROC 曲线和 KUC 统计量的示意图

所谓最佳模型是犯两类错误的概率均为零的模型。在图 6-2 中可以看到，预测模型的 ROC 曲线越往左上角靠近，预测模型与最佳模型越接近，预测模型对违约客户和非违约客户进行正确排序的能力就越强。AUC 统计量是 ROC 曲线下方的面积。在图 6-2 中，AUC 统计量就等于图中阴影部分的面积，通常情况下，这个面积大于 0.5、小于 1。很显然，ROC 曲线越靠近左上角，阴影部分的面积越大，因此可以用 AUC 统计量来检验模型对违约客户和非违约客户正确排序的能力。AUC 统计量越接近于 1，模型对违约客户和非违约客户正确排序的能力就越强，AUC 统计量越接近于 0.5，模型对违约客户和非违约客户的正确排序能力就越弱。

在前面的 6.2.2 节中，分别采用几种不同的方法构建了度量企业信用风险的 Logistic 回归模型，例如，利用训练样本组数据和信号噪音差方法所选择的 6 个变量 x1、x5、x6、x11、x12 和 x15 构建的回归模型

$$P[y = 1] = \frac{1}{1 + \exp(-z)}$$

$$z = 26.12 + 5.10x_1 + 6.90x_5 - 1.88x_6 - 19.61x_{11} - 1.85x_{12} + 1.53x_{15}$$

以及利用训练样本组数据和逐步回归方法所选择的 4 个变量 x1、x5、x12 和 x18 构建的回归模型

$$P[y = 1] = \frac{1}{1 + \exp(-19.93 - 11.85x_1 - 41.83x_5 + 2.07x_{12} + 37.38x_{18})}$$

下面以这两个模型为例，说明在 SAS 中，如何对模型进行 AUC 统计量检验。

　　利用本章 6.2 节的程序 cx6 - 4 构建的训练样本组 sjk6 _ 1b，可以对由六个变量 x1、x5、x6、x11、x12 和 x15 构建的回归模型进行 AUC 检验，进行这种检验的 SAS 程序见cx6 - 20。这个程序运行后，SAS 系统将针对训练样本组数据，绘制出模型的 ROC 曲线，并给出模型的 AUC 统计量，检验结果见表 6 - 28。同样利用程序 cx6 - 4 构建的检验样本组 sjk6 _ 1c 以及程序 cx6 - 21，可以进行针对检验样本组数据，对从训练样本组构建的 6 个变量 Logistic 回归模型所进行的 AUC 统计量检验，检验结果同样见表 6 - 28。另外在表 6 - 28 中，我们还给出了对 4 个变量 x1、x5、x12 和 x18 所构建的 Logistic 回归模型，针对训练样本组的 AUC 统计量检验结果和针对检验样本组的 AUC 统计量检验结果。

程序 cx6 - 20

```
proc logistic descending data = sjk6 _ 1b plots (only) = roc;
   model y = x1 x5 x6 x11 x12 x15;
run;
```

句法说明：

plots（only）= roc——这个选项要求 SAS 在构建 Logistic 回归模型时，同时绘制出模型的 ROC 曲线，并给出模型的 AUC 统计量。这个选项只能在较高版本的 SAS 系统中才能运用。

程序 cx6 - 21

```
data a;
   set sjk6 _ 1c;
   z = 26.12 + 5.1 * x1 + 6.9 * x5 - 1.88 * x6 - 19.6 * x11 - 1.85 * x12 + 1.53 * x15;
   p = 1/ (1 + exp (-z));
proc logistic descendingdata = a plots (only) = roc;
   model y = p;
run;
```

表 6 - 28　　　　　　　　　　　对两种 **Logistic** 回归模型的 **AUC** 检验结果

训练组（6 个变量）	检验组（6 个变量）	训练组（4 个变量）	检验组（4 个变量）
0.9776	0.9777	0.9816	0.9787

6.5 本章有关的 SAS 基础知识

6.5.1 TTEST 过程

在 SAS 中，TTEST 过程（两组比较过程）用于检验两个独立且服从正态分布的观测组均值相等的零假设。TTEST 过程将根据两个总体的方差相同以及两个总体的方差不同这两种情况，分别给出对零假设的检验结果，TTEST 过程同时还会给出对两个总体的方差相等这个假设的检验结果。

TTEST 过程的语句格式可以写成

PROC TTEST ＜ options ＞；

   CLASS variables；

    ＜ VAR variables；＞

    ＜ BY variables；＞

语句格式说明：

（1）PROC TTEST——调用 t 检验过程，这个语句的可选项包括：

COCHRAN：在方差不等的情况下，要求用 Cochran 和 Cox 方法计算近似 t 统计量的近似概率水平；

DATA = data – set – name：指定该过程所用的 SAS 数据集名，若缺省，则使用最新生成的 SAS 数据集。

（2）CLASS variables——给出分类变量的名字，分类变量必须且只能有两个水平，PROC TTEST 过程按照分类变量的水平将观测分成两个组，并对两组观测进行 t 检验。

（3）VAR variables——指定进行 t 检验的变量名字，若缺省，SAS 将对除 CLASS variables 指定的分类变量外的所有变量进行 t 检验。

6.5.2 FREQ 过程

一个变量取某个值的频数是指使这个变量取这个值的观测个数。在 SAS 中，利用 FREQ 过程（频数过程）可以对数据集生成单向到 n 向的频率表和交叉表，也可以利用频数过程产生统计量，以分析变量之间的关系。

FREQ 过程的语句格式可以写成

PROC FREQ ＜ option – list ＞；

   BY variable – list；

   TABLES request – list ＜/option – list ＞；

   WEIGHT variable；

   OUTPUT ＜ OUT = data – set – name ＞ ＜ output – statistic – list ＞；

语句格式说明：

（1）PROC FREQ——调用频数过程，这个语句的可选项 ＜ option – list ＞ 可以包括：

DATA = date – set – name：指定需要分析的数据集，若缺省这个选项，SAS 系统分析最近创建的 SAS 数据集；

ORDER = FREQ | DATA：规定水平变量的记录次序（排列次序）。ORDER = FREQ 表示按照频数下降的次序排列，因此最大频数的水平第一个出现；ORDER = DATA 表示按照输入数据集中出现的次序排列。

（2）BYvariable – list——BY 语句可以和 PROC FREQ 语句一起使用，以便对由 BY 变量定义的分组的观测分别进行分析。当使用 BY 语句时，系统要求输入数据集已经按照 BY 变量进行排序。

（3）TABLES request – list </option – list >——在 FREQ 的一次执行中，可以包括任意多个 TABLES 语句。如果没有 TABLES 语句，FREQ 对数据集中的每个变量都生成一个单向频数表。如果 TABLES 语句中没有任何要求项，即没有 request – list 项，FREQ 对 TABLES 语句中规定的变量的每个水平将计算频数、累计频数、占总频数的百分数以及累计百分数。

如果用户需要两个变量的交叉表，只要在 TABLES 语句中用星号（*）隔开这两个变量就可，如

Proc freq；

　Tables a * b；

这个语句执行后，第一个变量的值形成交叉表的行，第二个变量的值形成交叉表的列，如果在 TABLES 语句没有规定任何选项，那么交叉表中包括单元频数、占总频数的单元百分数、占行频数的单元百分数和占列频数的单元百分数。每个变量的缺失值从交叉表中删除，但缺失的总频数在每个表的下面列出。

如果用户需要三个变量的交叉表（三向交叉表），或者需要 n 个变量的 n 向交叉表，只需在 TABLES 语句中用星号隔开这些变量即可。当用星号隔开多个变量时（生成多向交叉表时），最后一个变量形成列联表的列，最后第二个变量形成列联表的行，其余变量的不同组合形成层。

TABLES 语句的可选项 </option – list > 可以包括：

CHISQ——要求对每层的齐性和独立性进行 χ^2 检验，并计算依赖于 χ^2 统计量的关联度。

MISSING——要求 FREQ 对缺失值当作非缺失值看待，在计算百分数和其他统计量时包括它们。

OUT = data – set – name——要求建立一个包括变量和频数的输出数据集。如果 TABLES 语句中出现了多个制表要求，那么输出数据集中的内容对应最后一个制表要求。

（4）WEJGHT variable——通常每个观测对频数计数的贡献均为 1，然而当出现 WEJGHT 语句时，每个观测对频数计数的贡献，等于这个观测对应的权数变量的值，权数值一般不能为负数。

6.5.3　DISCRIM 过程

在 SAS 中，DISCRIM 过程（判别分析过程）可用于建立判别准则，即对每个观测都

含有一个或几个定量变量和一个分类变量的观测数据集，DISCRIM 过程确定一个判别准则把每个观测分入其中一组。在 SAS 中，从数据集中得出的判别准则在同一个 DISCRIM 过程中可用于第二个数据集，用于得出判别准则的数据集称为训练数据集。

DISCRIM 过程的语句格式可以写成

PROC DISCRIM < options > ;

  CLASS variables;

  < VAR variables； >

语句格式说明：

（1）PROC DISCRIM——调用判别分析过程，这个语句的可选项 < options > 可以包括：

DATA = date – set – name：指定需要分析的数据集，若缺省这个选项，SAS 系统分析最近创建的 SAS 数据集；

TESTDATA = data – set – name：指定需要用于检验判别分析效果的检验数据集的名字，这个检验数据集包含的变量必须与 DATA 选项指定的数据集中的变量一致；

OUT = data – set – name：指定一个数据集，用于保存判别分析对训练样本组的分类结果；

TESTOUT = data – set – name：指定一个数据集，用于保存判别分析对检验样本组的检验结果；

METHOD = NORMAL ∣ NPAR：确定建立分类准则的方法，缺省值为 METHOD = NORMAL。当指定 METHOD = NORMAL 时，要求每个总体都服从正态分布，SAS 将基于组内协方差矩阵或合并协方差矩阵给出线性的或二次的判别函数；当 METHOD = NPAR 时，不要求总体服从正态分布，SAS 将基于组内概率密度，进行非参数估计；

POOL = YES ∣ NO ∣ TEST：规定判别分析中距离的计算是基于合并协方差矩阵还是组内协方差矩阵，其中 YES 选项要求使用合并协方差矩阵计算线性判别函数，NO 选项要求使用组内协方差计算二次的判别函数，TEST 选项要求检验组内方差的一致性。

（2）CLASS variables——指定分类变量的名字，分类变量可以是数值型变量，也可以是字符型变量。

（3）VAR variables——指定建立判别分析函数时所使用的变量，如果缺省这项，SAS 将使用训练样本组中除分类变量外的全部变量来建立判别分析函数。

6.5.4　STEPDISC 过程

STEPDISC 过程（逐步判别过程）通过向前选入、向后剔除或者逐步选择对判别有用的定量变量的方法，来建立一个好的判别分析模型。STEPDISC 过程假设每个总体都服从多元正态分布。

STEPDISC 过程的语句格式可以写成

PROC STEPDISC < options > ;

  CLASS variables;

  VAR variables；

语句格式说明：

（1）PROC STEPDISC——调用逐步判别过程，这个语句的可选项包括：

DATA = data – set – name：指定进行逐步判别分析的 SAS 数据集名字；

METHOD = FW｜BW｜SW：指定选择变量的方法，其中 FW（Forward）为先前选入法、BW（Backward）为先后剔除法、SW（Stepwise）为逐步选择法；

INCLUDE = n：要求将 VAR 语句中的前 n 个变量必须包含在判别函数中，缺省值为 0。

（2）指定分类变量的名字，分类变量可以是数值型变量，也可以是字符型变量。

（3）指定建立判别分析函数时所使用的变量，如果缺省这项，SAS 将使用训练样本组中除分类变量外的全部变量来建立判别分析函数。

6.5.5　LOGISTIC 过程

在 SAS 中，LOGISTIC 过程（LOGISTIC 回归过程）可用于研究二分类变量（或有序响应变量）与一组自变量之间的关系，即研究这组自变量的值与二分类（或多分类）变量的值之间的关系。

LOGISTIC 过程的简单语句格式可以写成

PROC LOGISTIC ＜ options ＞ ;

　　MODEL response = independents ＜/options ＞ ;

语句格式说明：

（1）PROC LOGISTIC——调用 LOGISTIC 回归过程，这个语句的选项包括：

DATA = data – set – name：指定用于该过程的 SAS 数据集名字；

DESCENDIND：颠倒二分类变量的排列次序。在 SAS 中，用 LOGISTIC 过程建立的模型是计算概率 $P[y = 0 | (x_1,\dots,x_k)]$，而有时用户需要计算概率 $P[y = 1 | (x_1,\dots,x_k)]$，为解决这个问题，就需要颠倒 y 值排序；

OUTEST = data – set – name：指定一个数据集名字，该数据集用来存放最后的参数估计值。

PLOTS（only）= ROC：这个选项要求 SAS 在构建 LOGISTIC 回归模型时，同时绘制出模型的 ROC 曲线，并给出模型的 AUC 统计量。这个选项只能在较高版本的 SAS 系统中才能运用。

（2）MODEL response = independents——指出 LOGISTIC 模型的二分类变量和自变量，其中等式左边的是二分类变量、等式右边的是自变量，如果缺少自变量，则只拟合含有截距的模型。这个语句的选项包括：

NOINT：要求 Logistic 回归模型中不含截距项；

SELECTION = B｜F｜N｜S：指定选择模型中的自变量所使用的方法，其中 B（Backward）要求向后剔除变量、F（Forward）要求向前选择变量、N（None）要求使用等式右边的全部自变量、S（Stepwise）为逐步选择法。如果缺省这个选项，则默认 SE-LECTION = N；

INCLUDE = n：指定在每个模型中，必须包括 MODEL 语句中给出的前 n 个自变量；

SLE = value：当选择变量的方法采用向前选择或逐步选择时，指定变量进入模型所要求的显著性水平，如果缺省，则默认显著性水平为 0.05；

CTABLE：打印最后模型的分类表；

PROB = value | list：当使用选项 CTABLE 时，用户可以指定一个临界值（或一列临界值），临界值必须在 0 和 1 之间，系统将根据用户指定的临界值打印最后模型的分类表。

6.5.6　PROBIT 过程

与 LOGISTIC 过程一样，在 SAS 中用户也可以运用 PROBIT 过程（概率单位过程）来研究二分类变量与一组自变量之间的关系。

PROBIT 过程的简单语句格式可以写成

PROC PROBIT　< options >；

　CLASS variables；

　MODEL response = independents </options>；

语句格式说明：

（1） PROC PROBT——调用概率单位过程，这个语句的选项可以包括：

DATA = data – set – name：指定使用概率单位过程的 SAS 数据集，如果缺少这个选项，则 SAS 使用最新创建的数据集；

OUTSET = data – set – name：生成一个输出数据集、指定输出数据集的名字，在输出数据集中包括了参数估计以及可选择的参数估计的协方差阵。

（2） CLASS variables——指定二分类变量；

（3） MODEL response = independents——指定模型的二分类变量和自变量，这个语句的选项可以包括：

NOINT：拟合没有截距参数的模型。

6.5.7　GOTO 语句和语句标号

在 SAS 中，GOTO 语句的作用是告诉系统立即转到 GOTO 语句所指的那个语句，并从那个语句开始执行后面的语句。GOTO 语句和指定的目标语句必须在同一个 DATA 步。在 GOTO 语句和目标语句中用语句标号来识别目标。

GOTO 语句的语句格式可以写成

GOTOlabel；

其中，label 规定语句标号来指示 GOTO 的目标，它必须同 GOTO 语句出现在同一个 DATA 步中。在同一个 DATA 步中不能出现两个语句用同一个语句标号。

【复习思考题】

1. Excel 数据集 sjk6 – 3 给出银行客户的财务指标数据 x1 – x12，以及客户是否违约的记录 y，其中 y = 1 表示客户违约、y = 0 表示客户不违约。试利用这个数据集构建信用风险度量模型，要求在模型构建时，预测变量的选择至少采用两种方法，模型构建要求采用判别分析、Logistic 回归和朴素贝叶斯分类法三种方法。试分别利用 K – S 统计量和 AUC 统计量两种检验方法，对这三种模型进行检验，给出你对这些模型的评价。写出所用到的 SAS 程序。

2. Excel 数据集 sjk6 – 4 为某网站提供的 1000 位银行客户的数据，其中 y 表示这个客户是否违约，其中，$y = 1$ 表示客户不违约、$y = 2$ 表示客户违约，x1 ~ x24 为客户的特征变量。试利用该数据集构建一个信用评分卡模型，写出需要用到的 SAS 程序。如果银行将违约客户误判为非违约的损失是银行将非违约客户判断为违约客户的损失的 5 倍，那么应该怎样选取这个信用评分卡模型的取舍点，才能使银行的误判损失达到最小？

【主要参考文献】

［1］高惠璇等编译．SAS 系统——SAS/STAT 软件使用手册［M］．1 版．北京：中国统计出版社，1998.

［2］彭寿康．会计信息的数据挖掘方法与银行信贷风险预测［J］．商业经济与管理，2008（3）．

［3］巴塞尔银行监管委员会编，罗平编审．外部信用评级与内部信用评级体系［M］．1 版．北京：中国金融出版社，2004.

第7章

SAS 与银行市场风险度量

【本章学习目标】

1. 了解"波动集聚"、"厚尾"等金融资产收益率的分布特征
2. 初步掌握 VaR 模型的各种构建方法,以及这些方法在 SAS 中的实现
3. 初步掌握 VaR 模型的事后检验方法
4. 掌握本章有关的 SAS 基础知识

市场风险是商业银行在日常经营活动中所面临的重要风险之一。市场风险管理不善,会给银行带来重大损失。20 世纪 80 年代的美国储蓄银行业危机,90 年代的英国巴林兄弟银行倒闭案、日本大和银行亏损案等银行危机,均与利率波动、金融衍生品的价格波动等市场风险密切相关。为了敦促商业银行做好市场风险管理工作,1996 年 1 月,巴塞尔委员会颁布了"《资本协议》关于市场风险的修订案",要求从 1997 年底起、或根据各国金融监管当局规定的更早时间起,银行在测算和实施资本要求时,除了信用风险,还要考虑市场风险。

按照《巴塞尔协议》的定义,市场风险是指因市场价格变动而导致银行表内外头寸损失的风险。市场风险包括:银行交易账户中与利率有关的各类金融工具及股票所涉及的风险,整个银行的外汇风险和商品风险。巴塞尔协议规定,在度量市场风险时,除了标准法外,满足一定内外部条件的商业银行还可以用内部模型法,即用 VaR 来度量市场风险。本章介绍基于 VaR 的市场风险度量方法及 SAS 实现,以及 VaR 的事后检验方法。

7.1　金融资产市场风险的特征

按照《巴塞尔协议》的定义,市场风险是指因市场价格变动而导致银行表内外头寸损失的风险,参照第 3.1.2 节中金融风险的分类方法,金融资产的市场风险是一种单侧风险,或者说是一种尾部风险。根据第 3 章 VaR 的定义可知,要建立能够准确预测市场风险的有效 VaR 模型,首先需要准确描述金融资产收益率的分布特征,尤其是收益率分布的尾部特征。那么金融资产的收益率分布、特别是尾部分布有什么特征?

7.1.1　收益率序列的"波动集聚"现象

在处理有些金融问题时，我们可以假设金融资产的对数收益率服从正态分布，如在 Black – Scholes 的期权定价模型中，假设股票的价格行为可以用维纳过程来表示，或者说股票的价格行为具有对数正态分布的特征，而这等于假设股票的收益率服从正态分布。然而，在涉及金融资产的市场风险度量时，做这种假设却需要慎重。因为许多金融资产的收益率并不服从正态分布，尤其是收益率的尾部分布与正态分布差异很大，而 VaR 又是尾部风险的度量，这种差异会影响到所估计的 VaR 的准确性。那么，金融资产收益率的尾部分布通常具有哪些特征？下面利用两个指数收益率的图形来进行分析。

【例 7 – 1】Excel 数据集 sjk7 – 1 和数据集 sjk7 – 2 分别给出 1991—2000 年期间美元指数的交易日期和收盘价数据，以及 2001—2010 年期间上证综指的交易日期和收盘价数据，试绘制两个指数的对数收益率随时间变化的图形，并依据图形分析两个指数的对数收益率的分布与正态分布的区别。

将这两个数据集分别引入转化为 SAS 数据集 sjk7 _1 和数据集 sjk7 _2 后，绘制美元指数收益率图形的 SAS 程序如下（cx7 – 1a）。为更好地显示美元指数收益率分布的特征，在程序中设置了两条水平线，分别表示离开均值一个标准差的位置。容易计算，在 1991—2000 年期间，美元指数日收益率的标准差为 0.0054。

程序 cx7 –1a

```
data sjk7 _1a;
  set sjk7 _1;
  r _ log = log (close) - log (lag (close));
  day = _ n _;
proc gplot data = sjk7 _1a;
  plot r _ log * day / vaxis = axis1 haxis = axis2 vref = - 0.0054
0.0054; /* 设置两条水平线 */
  symbol1 v =. h =1I =join L =1 font =swissb;
  symbol2 v =noneI =join L =1;
  axis1 label = ('r _ log') order = (-0.027 to 0.027 by 0.006);
  axis2 label = ('day') order = (1 to 2600 by 100);
run;
```

这个程序运行后，SAS 绘制的图形见图 7 –1。如果将上面程序略加改动后，再运用于数据集 sjk7 _2，就可以绘制上证综指收益率的相关图形（见图 7 –2）。从这两个图形中可以看到，金融资产收益率分布的一个显著特征是"波动聚集"，即在有些时间段收益率的波动幅度很大——许多观测落在均值上下各一个标准差的带形区域外，在有些时间段收益率的波动幅度较小——观测基本上落在带形区域内。这就是说，金融资产收益率的波动幅度会随时间而变化，收益率分布的方差不是一个常数。因此，方差具有时变性是金融资产收益率分布与一般正态分布的重要差异。如果回顾在第 3 章中，在正态分布的假设条件下，99% 置信水平下的 VaR 的计算公式为

$$VaR = 2.33\sigma - u$$

那么就可以看到这种差异对 VaR 值估算的影响。

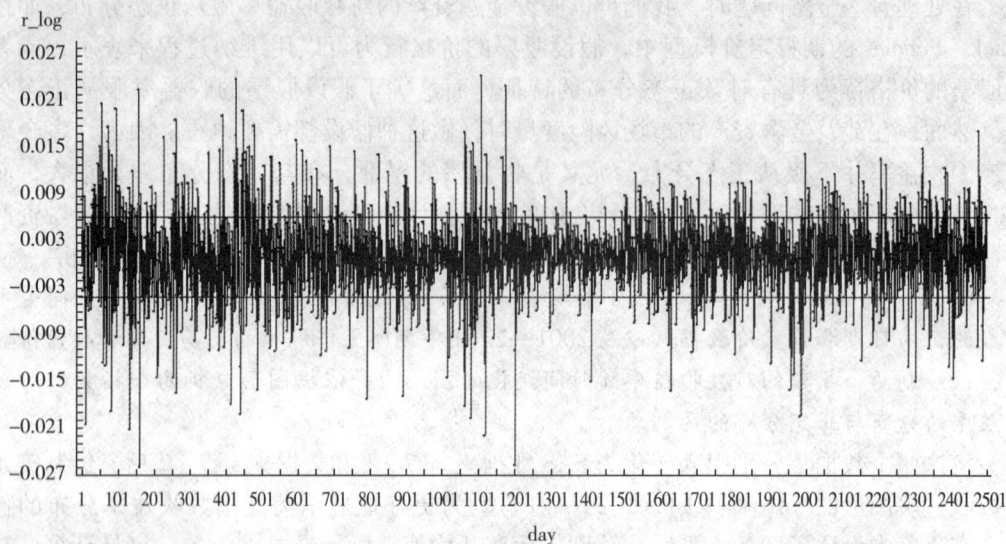

图 7 - 1 美元指数的收益率图形

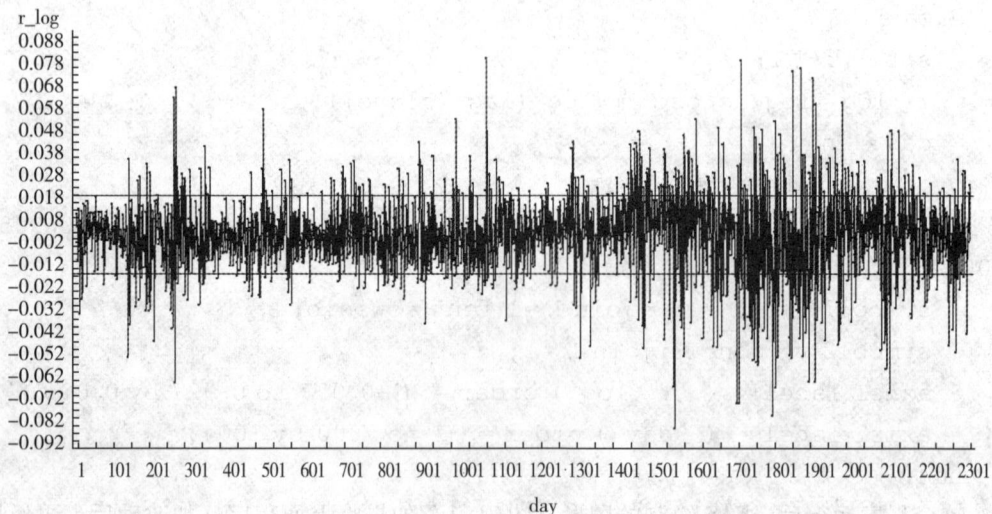

图 7 - 2 上证综指的收益率图形

7.1.2 收益率序列的"厚尾"现象

金融资产收益率分布与一般正态分布的另一重要差异是"厚尾"现象,即金融资产收益率分布的尾部要比正态分布的尾部厚得多,这就是说,金融资产价格发生暴涨暴跌的概率比正态分布估计的概率要高,这个差异对 VaR 值的影响同样很大。下面通过美元指数收益率的正态分布图、经验分布图①，以及两个分布的尾部图形对比来进行说明。

绘制美元指数收益率的正态分布图和经验分布图的 SAS 程序如下：

程序 cx7 - 1b

```
proc sort data = sjk7 _1a;
   by r _ log;
data 7 _1b;
   set sjk7 _1a;
   p1 = _ n _/2560; /* 计算每个观测所对应的经验分布的概率* /
   p2 = probnorm ( (r _ log - 0.0001) /0.00536); /* 计算每个观测所对应
的正态分布概率* /
   proc gplot data = sjk7 _1b;
   plot p1* r _ log p2* r _ log / overlay vaxis = axis1 haxis = axis2
vref = 1;
   symbol1 v =. h =1I = join L =1 font = swissb;
   symbol2 v = noneI = join L =1;
   axis1 label = ('prob') order = (0 to 1 bu 0.1);
   axis2 label = ('r _ log') order = (-0.027 to - 0.007 by 0.005);
   run;
```

这个程序运行后，SAS 绘制的图形见图 7 - 3。从图 7 - 3 中可以看到，从总体上看，正态分布函数与经验分布函数的曲线拟合较好，因此，如果在解决金融问题时无须考虑分布函数的尾部特征，假设美元指数的收益率服从正态分布还是比较合理的。

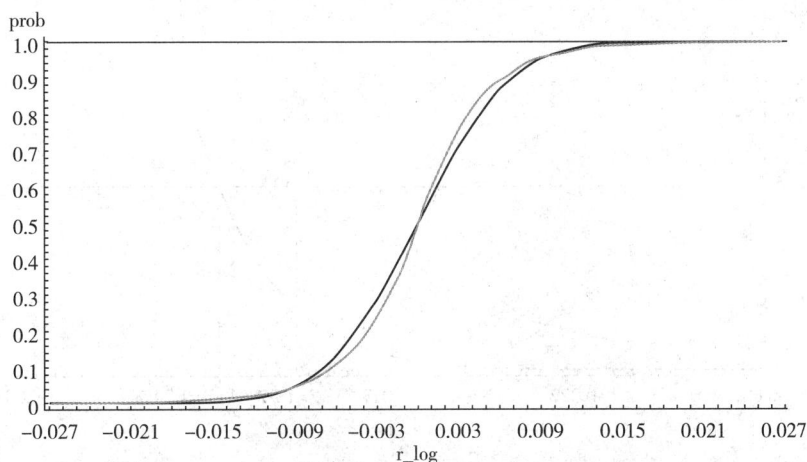

图 7 - 3　美元指数对数收益率的正态分布图与经验分布图形

―――――――――

① 在一定条件下，经验分布可以近似地反映随机变量的真实分布。

绘制经验分布和正态分布的尾部图形的 SAS 程序如下：

程序 cx7 - 1c

```
data sjk7 _1c;
   set sjk7 _1b;
   if _ n _ < = 200;
proc gplot data = sjk7 _1b;
   plot p1* r _ log p2* r _ log / overlay vaxis = axis1 haxis = axis2
vref = 0.01;
   symbol1 v =. h =1I = join L =1 font = swissb;
   symbol2 v = noneI = join L =1;
   axis1 label = ('prob') order = (0 to 0.02 bu 0.005);
   axis2 label = ('r _ log') order = (- 0.027 to 0.027 by 0.006);
run;
```

这个程序运行后，SAS 绘制的两个分布的尾部图形见图 7 - 4。在图 7 - 4 中，下面这条光滑曲线由假设美元指数收益率服从正态分布而得到，上面这条是美元指数收益率的经验分布的分布函数曲线。图 7 - 4 显示，经验分布图形比正态分布图形的尾部要厚得多，如果假设美元指数的收益率服从正态分布，那么就会低估 VaR。如在图 7 - 4 中，依据正态分布假设计算得到的美元指数收益率的 VaR（在 99% 的置信水平下）为 0.0124，而实际的 VaR 却有 0.015，正态分布的假设使美元指数收益率的 VaR 被低估了 17%。

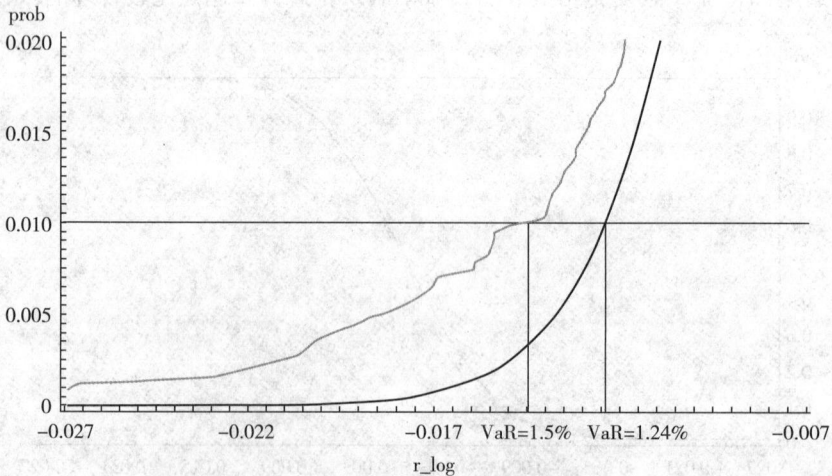

图 7 - 4　美元指数对数收益率的正态分布和经验分布的尾部图形

图 7 - 5、图 7 - 6 分别给出上证综指对数收益率的正态分布图和经验分布图，以及这两个分布的尾部图形。两个图形都显示，前面从美元指数收益率中所得出的分析结果，对于上证综指收益率同样成立，即如果要解决的金融问题无须考虑尾部分布，那么可以假设上证综指的收益率服从正态分布，但如果涉及需要特别关注尾部分布的 VaR 计

216

算，假设上证综指的收益率服从正态分布就会低估 VaR。而且由于中国股市投机风气较盛，股票价格出现暴涨暴跌的概率更大，上证综指收益率的实际分布的尾部更厚于正态分布，在正态分布的假设下，VaR 被低估的程度会更大。如图 7－6 显示，依据正态分布假设计算得到的上证综指收益率的 VaR（在 99% 的置信水平下）为 4.04%，而实际上为 5.28%，VaR 被低估了 23%。

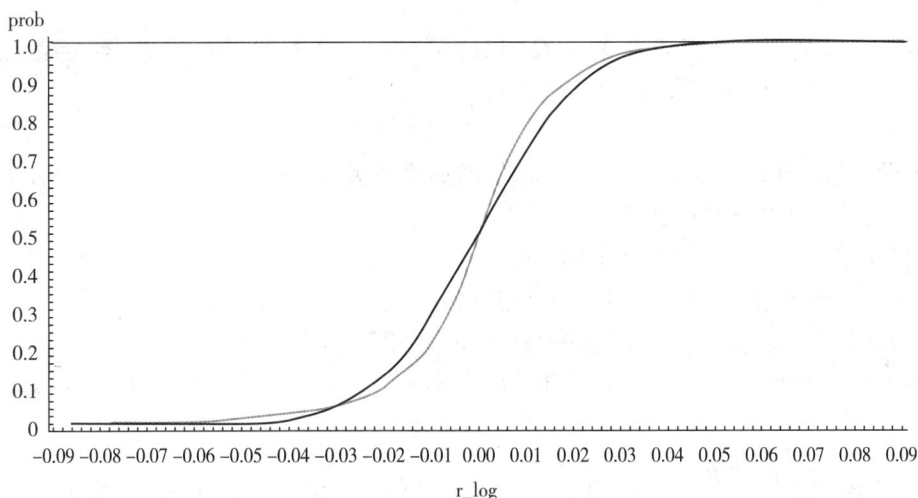

图 7－5　上证综指对数收益率的正态分布图与经验分布图形

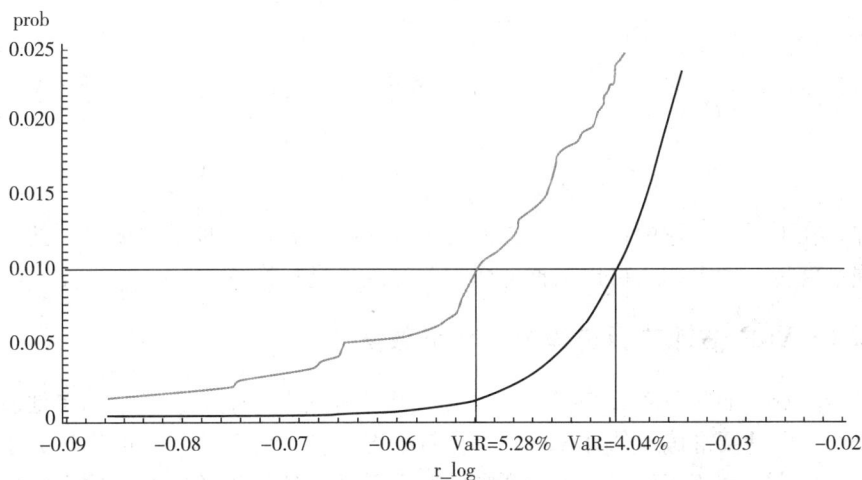

图 7－6　上证综指对数收益率的正态分布图与经验分布的尾部图形

　　从美元指数收益率与上证综指收益率的例子可以看到，金融资产的收益率通常具有"波动聚集"与"厚尾"两种特征，这些特征会对 VaR 的估算造成很大影响。因此，在用 VaR 度量银行资产的市场风险时，通常不能简单地假设金融资产的收益率服从正态分布。

7.2　VaR 的不同估算方法

7.2.1　损益度量与 VaR 的关系

根据 VaR 的定义，若随机变量 x 为风险资产在评估期的损益度量，给定置信水平 $1 - \alpha\%$，该风险资产在评估期的 VaR 为

$$P(x < - \text{VaR}) = \alpha$$

假设风险资产现在的价格为 p_0，评估期的价格为 p_1，通常可以采用三种方法来度量该资产在评估期的损益：

（1）x 等于风险资产的损益金额，即 $x = p_1 - p_0$。

（2）x 等于风险资产在评估期的百分比收益率，即 $x = (p_1 - p_0)/p_0$。

（3）x 等于风险资产在评估期的对数收益率，即 $x = \ln(p_1/p_0)$。

如果这三种损益度量的 VaR 分别记为 $\text{VaR}(p)$，$\text{VaR}(r\_pct)$ 和 $\text{VaR}(r\_\log)$。那么由于

$$\alpha = P\left(\frac{p_1 - p_0}{p_0} < - \text{VaR}(r\_pct)\right) = P(p_1 - p_0 < - p_0 \text{VaR}(r\_pct))$$

因此

$$\text{VaR}(p) = p_0 \text{VaR}(r\_pct)$$

同样由于

$$\alpha = P\left(\ln \frac{p_1}{p_0} < - \text{VaR}(r\_\log)\right) = P(p_1 - p_0 < - p_0(1 - e^{-\text{VaR}(r\_\log)}))$$

因此

$$\text{VaR}(p) = p_0(1 - e^{-\text{VaR}(r\_\log)})$$

这样，在下面的讨论中，将只考虑如何估算对数收益率这种损益度量下的 VaR，对于其他损益度量下的 VaR，可以根据上面的关系式来进行换算。

7.2.2　VaR 估计的历史模拟法和参数法

由于金融资产的收益率具有"波动聚集"和"厚尾"的特征，不能简单地假设其服从正态分布，因此要准确地估计 VaR，首先就要准确估计损益度量 x 的概率分布。通常情况下，对单一金融资产而言，基于不同的假设条件，估计损益度量 x 的概率分布的主要方法有三种：历史模拟法、参数法和蒙特卡罗模拟法。

（一）历史模拟法

如果从概念上讲，历史模拟法是最简单的一种估算 VaR 的方法。这种方法的基本假设是：损益度量 x 在评估期的分布与过去相同，因此历史数据中所描述的 x 的概率分布，就是评估期中 x 的概率分布。对于市场风险，由于《巴塞尔协议》要求 VaR 的评估期为一天，置信水平为 99%，因此从历史数据中估计得到的 x 的概率分布的 1% 分位数的绝

对值，就是所要估算的 VaR。

　　下面以美元指数和上证综指的收益率为例，说明如何利用历史模拟法来连续估算一段时间（比如一个年度）的每日 VaR，并通过计算利用历史模拟法所构建的 VaR 模型在一个年度中的例外数，来分析这样构建的模型的有效性。《巴塞尔协议》要求 VaR 模型的置信水平为 99%，这就是说，如果所构建的 VaR 是准确模型，那么 x 的实际损失超过 VaR 的概率应该很接近于 1%。当某个交易日中 x 的实际损失超过所估计的 VaR 时，《巴塞尔协议》将其定义为模型的一个例外。很显然，对一个准确的 VaR 模型来说，模型在一年中所出现的例外数应该落在一个恰当的范围内，如果出现的例外数太多，表明模型可能低估了风险；如果出现的例外数太少，表明模型可能高估了风险。因此可以通过一段时间内模型出现的例外数，来判断 VaR 模型的准确性。

　　【例 7 - 2】利用上例创建的数据集 sjk7 - 1a、sjk7 _ 1b，采用历史模拟法，试估算在 99% 的置信水平下，美元指数对数收益率在 2000 年度的每日 VaR，以及上证综指对数收益率在 2010 年度的每日 VaR，并计算历史模拟法所估算的 VaR 在对应年度的例外数。

　　在本例中，损益度量 x 为美元指数和上证综指的对数收益率，由于"《资本协议》关于市场风险的修订案"要求，在估算每日 VaR 时，模型应包括不少于 1 年的历史观察期（样本期），因此在估算美元指数和上证综指收益率在相应年度第 T 日的 VaR 时，下面分别采用该指数收益率在第 T 日前的 300 个交易日数据作为样本期，估算 x 的概率分布的 1% 分位数的绝对值——第 T 日的 VaR。

　　估算 2000 年度美元指数每日 VaR 的 SAS 程序如下：

程序 cx7 - 2a

```
data a;
　set sjk7 _1a;
　where date >19981102; /* 美元指数 2000 年第一个交易日为 20000103,
该日的前 300 个交易日数据从 19981102 开始* /
data c;
　set a;
　if _ n _ <1; /* 建立一个暂无一个观测的数据集，用于存放估算得到的每日
VaR 值* /
options nodate nonotes nosource; /* 系统选项：不在 LOG 窗口输出日期、
注释和原程序* /
% macro hisvar; /* 创建一个采用历史模拟法估计每日 VaR 的宏* /
% do n =1 % to 258; /* 美元指数在 2000 年度有 258 个交易日，估算每日 VaR
值总共需要估算 258 次* /
　data a1;
　　set a;
　　if _ n _ < =300;
　proc sort data =a1;
　　by r _ log;
```

```
data a1;
    modify a1;
    if _n_^=4 then remove;
proc append base=c data=a1;
data a;
    modify a;
    if _n_=1 then remove;
%end;
%mend hisvar;
%hisvar;
run;
data a2;
    set c;
    var=abs (r_log);
    keep var;
data b;
    set sjk7_1a;
    where date>19991231;
data e;
    merge a2 b;
    if var+r_log<0 then liwai=1; /* 如果实际损失超过 VaR 值, 例外
取1*/
    else liwai=0;
run;
```

句法说明:

（1）% DO n=1 % TO 258——重复% DO 语句, 这个语句要求对% DO 组语句（组成宏 hisvar 的文本）循环运行 258 次。

（2）% END——% DO 组语句的结束。

（3）PROC APPEND——调用 APPEND 过程, 这个过程可以将新产生的观测添加到一个已经存在的基础 SAS 数据集中, 在这个语句中, 选项 base=c 指明基础 SAS 数据集的数据集名字、data=a1 指明新产生的观测所在的数据集。

这个程序运行后, SAS 给出的计算结果显示, 在 2000 年度, 基于历史模拟法所构建的美元指数收益率的 VaR 模型的例外数为 3 个, 即在 2000 年期间, 有三个交易日, 美元指数收益率的实际损失大于 VaR 模型的预测值。以上这个 SAS 程序略做修改后, 可用于估计上证综指对数收益率在 2010 年度的每日 VaR 值, 计算结果显示, 在 2010 年度, 对于上证综指的收益率而言, 基于历史模拟法所构建的 VaR 模型的例外数为 2 个。那么, 历史模拟法所构建的 VaR 模型是否准确? 下面我们采用一种简单的方法来对此进行分析, 更深入地分析将在下一节中进行。

如果 VaR 模型是准确的，那么在任何一个交易日，模型出现例外数的概率为 1%，假设在每个交易日中模型是否出现例外相互独立，那么在一年 258 个交易日中，模型出现的例外数 k 应该服从二项分布，即 $k \sim B(258, 0.01)$。这样，如果模型在一年中出现的例外数为 m，就可以通过以下方法来检验 VaR 模型是否高估或者低估风险。

（1）对模型是否高估风险的检验方法

原假设：k 服从二项分布 $B(258, 0.01)$，模型没有高估风险，因此 $prob(k \le m)$ 不是一个小概率；

备择假设：$prob(k \le m)$ 是一个小概率，模型可能高估了风险。

（2）对模型是否低估风险的检验方法

原假设：k 服从二项分布 $B(258, 0.01)$，模型没有低估风险，因此 $prob(k \ge m)$ 不是一个小概率；

备择假设：$prob(k \ge m)$ 是一个小概率，模型可能低估了风险。

对于上证综指而言，利用下面的 SAS 程序可以检验采用历史模拟法所构建的 VaR 模型是否可能低估了风险。

程序 cx7 – 2b

```
data a;
  p =probbnml (0.01, 242, 2);  /* 2000 年上证指数共有 242 个交易日数据* /
proc print data =a;
run;
```

这个程序提交后，SAS 给出的结果为 $prob(k \le 2) = 0.56394$，由于这不是一个小概率，这样就不能拒绝模型没有低估风险的假设。对于美元指数收益率的历史模拟法模型，可以得到同样的结论。

（二）参数法

参数法假设损益度量 x 服从某种类型的概率分布，如服从正态分布或者服从 t 分布，通过 x 的历史数据对概率分布中的未知参数，如方差或波动率进行估计，进而估算出 x 在给定置信水平下的 VaR。

由于金融资产的损益度量 x 的概率分布通常具有"波动聚集"和"厚尾"特征，因此用参数法估算 VaR 时，能否合理地估计 x 的波动率以及能否较好地处理"厚尾"现象，就成为能否构建准确的 VaR 模型的关键。

1. 波动率的估计方法。

（1）移动平均法。波动率的最简单的估计方法是移动平均法，即用移动窗口中的样本方差来估计 x 的波动率。假设在估算第 t 日的 VaR 时，是以第 t 日前的 300 个交易日的数据作为样本，移动平均法以样本方差的算术平方根作为波动率的估计值，其中样本方差的计算公式为

$$\sigma_t^2 = \frac{1}{299} \sum_{i=1}^{300} (x_{t-i} - \bar{x_t})^2, \bar{x_t} = \frac{1}{300} \sum_{i=1}^{300} x_{t-i}$$

如果样本窗口往后移动一天，那么新窗口中的样本方差的算术平方根就是估算第 $t+1$ 日

的 VaR 时波动率的估计值。由于取不同窗口时样本方差的算术平方根会有所不同，因此采用移动平均法估计波动率，可以在某种程度上反映 x 的波动率的时变性，但这种反映通常不够充分，特别是当窗口期取得较长时，如窗口期中包含有不少于一年的数据时。

（2）指数移动平均模型。移动平均法不能充分地反映波动率的时变性，原因在于用样本信息估计方差时，这种方法对窗口期中的每个数据都赋予了同样的权重。然而实际上，就估算第 t 日的 VaR 而言，第 $t-1$ 日的数据信息要比第 $t-299$ 日的数据信息更加重要。基于这种考虑，指数移动平均模型根据历史数据距离当前时刻的远近分别赋予不同权重，以改进移动平均法不能敏感地反映波动率的时变性的缺陷。

一个时间序列 $\{x_t\}$ 的 n 期指数移动平均的定义为

$$EWMA_n = \frac{x_{t-1} + \lambda x_{t-2} + \ldots + \lambda^{n-1} x_{t-n}}{1 + \lambda + \ldots + \lambda^{n-1}}$$

如果记 $M_n = 1 + \lambda + \ldots + \lambda^{n-1}$，那么就有

$$EWMA_n = \frac{1}{M_n} \sum_{i=1}^{n} \lambda^{i-1} x_{t-i}$$

J. P. MORGAN 公司的 Riskmetrics 系统采用指数移动平均法来估计波动率，用指数移动平均模型估计 x 的方差的具体公式为

$$\sigma_t^2 = \frac{1}{M_n} \sum_{i=1}^{n} \lambda^{i-1} x_{t-i}^2$$

在这个式子中，过去数据对当前的影响是通过 λ 来实现的，λ 称为衰退因子，是一个小于 1 的正数。对于 λ 的选取，J. P. MORGAN 公司的 Riskmetrics 系统给出了一个规范值：如果用日交易数据来估算每日 VaR，最优的衰退因子可以取 $\lambda = 0.94$。由于衰退因子 $\lambda < 1$，第前 i 天数据的权重为 λ^{i-1}，因此 i 越大权重越小，即离当前时刻越远，在方差估计中所赋予的权重越小。

由于

$$\frac{1}{M}x_{t-1}^2 + \lambda\sigma_{t-1}^2 = \frac{1}{M}x_{t-1}^2 + \frac{1}{M}\sum_{i=1}^{n}\lambda^i x_{t-1-i}^2 = \frac{1}{M}\sum_{i=1}^{n}\lambda^{i-1} x_{t-i}^2 + \frac{1}{M}\lambda^n x_{t-1-n}^2$$

考虑到当 n 较大时 λ^n 是一个很小的数，如果略去等式右边的第二项，指数移动平均模型的方差估计可以写成

$$\sigma_t^2 = x_{t-1}^2/M + \lambda\sigma_{t-1}^2$$

这是用指数移动平均模型估计方差的递归公式。后面在 SAS 编程中，将利用这个递归公式来估计波动率。

（3）GARCH 模型。为了描述方差的时变性，1982 年 Engle 首次提出用 ARCH 模型对方差进行建模，1986 年 Bollerslev 将 ARCH 模型发展成 GARCH 模型。GARCH 模型假设 x 的方差服从一个可预测的过程，它既依赖于最近的 x 值，也依赖于之前的方差。最简单的 GARCH 模型是 GARCH（1, 1）模型，这个模型用于估计方差的公式为

$$\sigma_t^2 = \alpha_0 + \alpha_1 x_{t-1}^2 + \beta_1\sigma_{t-1}^2$$

可以看到，在上式中，如果取 $\alpha_0 = 0$、$\alpha_1 = 1/M$、$\beta_1 = \lambda$，那么 GARCH（1, 1）模型就等同于指数移动平均模型，因此 GARCH 模型可看成是指数移动平均模型的一种拓展。

2. 参数法下 VaR 的估算。在参数法下估算 VaR，需要假设金融资产的损益 x 所服从的概率分布，如果假设 x 服从正态分布，则在 99% 的置信水平下，VaR 估算公式为 $VaR = 2.33\sigma - u$，其中 σ, u 分别为正态分布的标准差与均值。下面利用正态假设和以上三种波动率的估计方法，分别计算美元指数收益率在 2000 年度的每日 VaR 以及上证综指收益率在 2010 年度的每日 VaR，并通过模型的例外数来分析这些模型的准确性。

【例 7 - 3】假设金融资产的对数收益率服从正态分布，分别采用移动平均模型、指数移动平均模型和 GARCH（1，1）模型估计美元指数收益率在 2000 年度、上证综指收益率在 2010 年度的每日波动率，以此为基础估算在 99% 的置信水平下，两个指数在对应年度的每日 VaR，计算各个模型在对应年度的例外数。

（1）用移动平均模型估算 2000 年度美元指数收益率的每日 VaR 的 SAS 程序如下：

程序 cx7 - 3a

```
data a;
  set sjk7_1a;
  if date > =19990101; /* 取窗口期的时间长度为 1 年，因此所需要的数据
是从 1999 年第一个交易日开始* /
proc means data =a;
  output out =c1 mean (r_log) =m std (r_log) =s;
data c;
  set c1;
  if _n_<0;
options nodate nonotes nosource;
% macro ydpjvar;
% do n =1 % to 258; /* 2000 年度美元指数有 258 个交易日，因此 VaR 的计算
需要循环进行 258 次* /
  data b;
  set a;
  if _n_< =259; /* 选取前一年的观测数据作为样本，美元指数在 1999 年度
共有 259 个交易日* /
  proc means data =b;
  output out =b1 mean (r_log) =m std (r_log) =s;
  proc append base =c data =b1;
  data a;
  modify a;
  if _n_=1 then remove;
% end;
% mend ydpjvar;
% ydpjvar;
run;
```

```
data d;
   set sjk7 _1a;
   keep r _ log;
   where date >19991231;
data e;
   merge c d;
   var =2.33* s - m;
   if var + r _ log <0 then liwai =1;
   else liwai =0;
run;
```

这个程序运行后，SAS 给出的计算结果显示，利用移动平均法估计波动率而构建的美元指数收益率的 VaR 模型，在 2000 年度共产生了 11 个例外，由于此时

$$P = proc(k \geqslant 11) = 1 - probbnml(0.01,258,10) = 0.00007$$

因此，模型没有低估风险的原假设被拒绝，可以认为基于移动平均法估计波动率而构建的每日 VaR 计算模型，存在着低估风险的缺陷。

这个程序略加修改后，可以成为用移动平均模型估算 2010 年度上证综指收益率的每日 VaR 的 SAS 程序，修改后的程序提交 SAS 运行后，SAS 给出的计算结果显示，在 2010 年度，上证综指收益率的 VaR 模型共产生了 7 个例外，由于此时

$$P = proc(k \geqslant 7) = 1 - probbnml(0.01,242,6) = 0.01164$$

因此在通常的 0.05 的显著性水平下，同样可以认为基于移动平均法估计波动率而构建的 VaR 模型，同样存在着低估风险的缺陷。

（2）用指数移动平均模型估算美元指数每日 VaR 的 SAS 程序如下：

程序 cx7 - 3b

```
data a1;
   m1 =0;
   do n =0 to 258;
     m1 =m1 +0.94* * n;
   end;
proc print data =a1;
   var m1;
run;
```

这个程序递交系统后，SAS 显示的计算结果为 M1 =16.6667。

```
data c;
   set sjk7 _1a;
   s2 =0;
   if _ n _ <1;
proc means data =sjk7 _1a;
   output out =c1 mean (r _ log) =m;
```

```
data c1;
    modify c1;
    if _ n _ >0 then remove;
data a;
    set sjk7 _1a;
    if date > =19990101;
options nodate nonotes nosource;
% macro zsvar;
% do n =1 % to 258;
data b;
    set a;
    if _ n _ < =259;
    retain s2;
    if _ n _ =1 then s2 =r _ log* * 2;
    else s2 =r _ log* * 2/16. 6667 +0. 94* s2;
data b;
    modify b;
    if _ n _^ =259 then remove;
proc append base =c data =b;
proc means data =a;
    output out =b1 mean (r _ log)  =m;
proc append base =c1 data =b1;
data a;
    modify a;
    if _ n _ =1 then remove;
% end;
% mend zsvar;
% zsvar;
run;
data d;
    set c;
    keep s2;
data d1;
    set sjk7 _1a;
    keep r _ log;
    where date >19991231;
data e;
    merge c1 d d1;
```

```
var =2.33* sqrt (s2) -m;
if var+r_log<0 then liwai =1;
else liwai =0;
run;
```

这个程序运行后，SAS 系统的计算结果显示，利用指数移动平均方法估计波动率而构建的美元指数收益率的 VaR 模型，在 2000 年度共产生了 4 个例外，由于此时

$$P = proc(k \geqslant 4) = 1 - probbnml(0.01,258,3) = 0.2592$$

因此模型没有低估风险的原假设不能被拒绝，这就是说，使用指数移动平均方法估计波动率后，VaR 模型低估风险的缺陷可以得到弥补。

这个程序略做修改后，可以成为用指数移动平均模型估算 2010 年度上证综指收益率的每日 VaR 值的 SAS 程序，修改后的程序提交 SAS 运行后，SAS 给出的计算结果显示，在 2010 年度，上证综指收益率的 VaR 模型共产生了 6 个例外，由于此时

$$P = proc(k \geqslant 6) = 1 - probbnml(0.01,241,5) = 0.03549$$

因此在通常的 0.05 的显著性水平下，可以认为模型对上证综指的收益率依然存在着低估风险的缺陷。

(3) 用 GARCH (1, 1) 模型估算美元指数收益率的 VaR 的 SAS 程序。用 GARCH (1, 1) 模型估算美元指数收益率的 VaR 值，首先需要对 GARCH (1, 1) 模型的参数 α_0、α_1 和 β 进行估计，下面采用美元指数对数收益率在 1991—1999 年度的数据来拟合 GARCH (1, 1) 模型。拟合 GARCH (1, 1) 模型的 SAS 程序如下：

程序 cx7 – 3c

```
data a;
    set sjk7_1a;
    where date <20000101;
proc autoreg data =a outset =b;
    model r_log = / nlag =1 garch = (q=1, p=1, tr);
    output out =a1;
run;
```

句法说明：

(1) PROC AUTOREG——调用 AUTOREG 过程（自回归过程），用户利用这个过程，可以进行 GARCH (1, 1) 模型的参数估计，这个语句的选项有：

Data = a：指定输入的 SAS 数据集用于自回归过程，若缺省这项，那么 PROC AU-TOREG 过程使用最新创建的 SAS 数据集；

Outset = b：把参数估计输出到指定的数据集中。

(2) MODEL——MODEL 语句用于指定回归模型的应变量和解释变量，本例中，回归模型的应变量为 r_log，这个语句的选项包括：

Nlag =1：指定自回归误差过程的阶为一阶；

GARCH = (q =1, p =1)：指定建立 GARCH (1, 1) 模型；

TR：对于 GARCH 估计使用信赖域方法，此算法尽管计算时间长，但数值稳定。

这个程序运行后，SAS 给出的计算结果显示，估计得到的 GARCH（1，1）模型为

$$\sigma_t^2 = 0.0280r\_\log_{t-1}^2 + 0.967\sigma_{t-1}^2$$

如果假设美元指数收益率的波动率在今后的一年中都满足这个 GARCH（1，1）模型，那么在估算 2000 年度美元指数收益率的每日 VaR 时，可以用这个模型作为递归公式来计算波动率。

用 GARCH（1，1）模型估算美元指数收益率的 VaR 的 SAS 程序如下：

程序 cx7 _ 3d

```
data c;
  set sjk7 _1a;
  s2 =0;
  t =0;
  if _ n _ <1;
proc means data =sjk7 _1a;
  output out =c1 mean (r _ log) =m;
data c1;
  modify c1;
  if _ n _ >0 then remove;
data a;
  set sjk7 _1a;
  if date > =19990101;
options nodate nonotes nosource;
% macro zsvar;
% do n =1 % to 258;
data b;
  set a;
  if _ n _ < =259;
  t =lag (r _ log);
  retain s2;
  if _ n _ =1 then s2 =r _ log* * 2;
  else s2 =0.0280* t* * 2 +0.963* s2;
data b;
  modify b;
  if _ n _^ =259 then remove;
proc append base =c data =b;
proc means data =a;
  output out =b1 mean (r _ log) =m;
proc append base =c1 data =b1;
data a;
```

```
    modify a;
    if _ n _ =1 then remove;
% end;
% mend zsvar;
% zsvar;
run;
data d;
    set c;
    keep s2;
data d1;
    set sjk7 _1a;
    keep r _ log;
    where date >19991231;
data e;
    merge c1 d d1;
    var =2.33* sqrt (s2) -m;
    if var + r _ log <0 then liwai =1;
    else liwai =0;
run;
```

这个程序运行后，SAS 给出的结果显示，利用 GARCH（1，1）估计波动率而构建的美元指数收益率的 VaR 模型，在 2000 年度共产生了 10 个例外，因此这个模型同样存在着低估风险的缺陷。

程序 cx7 -3c 和程序 cx7 _3d 略做修改后，可以成为用 GARCH（1，1）模型估算 2010 年度上证综指收益率的每日 VaR 的 SAS 程序，如利用上证综指收益率在 2000—2009 年度的数据来拟合 GARCH（1，1）模型，得到的模型估计结果为

$$\sigma_t^2 = 0.1036 r\_\log_{t-1}^2 + 0.8890 \sigma_{t-1}^2$$

利用这个 GARCH 模型估计波动率并构建 VaR 模型，SAS 给出的结果显示，在 2010 年度，对于上证综指收益率而言，VaR 模型共出现了 8 个例外，因此在 0.05 的显著性水平下，同样可以认为这个模型存在低估风险的缺陷。

7.2.3 涵盖事件风险的 VaR 模型

金融资产收益率的时间序列通常存在着"波动集聚"和"厚尾"特征，从 7.2.2 节的分析可以看到，在正态分布的假设条件下，如果只考虑"波动集聚"这个特征，采用指数移动平均模型或 GARCH（1，1）模型来估计波动率，所建立的 VaR 模型很多时候并不能有效弥补模型低估风险的缺陷。因此在构建 VaR 模型时，还要考虑如何在模型中反映金融资产收益率的"厚尾"现象。

金融资产收益率的"厚尾"现象，与金融资产的事件风险密切相关。按照《巴塞尔协议》的定义，所谓金融资产的事件风险（Event risk），是指金融资产的市场价格发生

暴涨暴跌的风险。引发事件风险的原因有多种，可能是由于金融市场得到了意外的好消息或坏消息，也可能是由于其他的偶发事件等。巴塞尔委员会将事件风险看成是商业银行在日常经营过程中所承担的特定风险（Specific risk）之一。由于事件风险所造成的金融资产价格的暴涨暴跌不能用市场价格的正常波动来解释，因此基于正态分布假设的 VaR 模型通常难以涵盖事件风险，这就造成 VaR 模型对银行资产市场风险的低估，从而影响到模型的预测准确性。

解决这个问题的一种方法是在构建 VaR 模型时考虑事件风险的影响，比如可以考虑采用跳跃 – GARCH 模型来描述金融资产的收益率过程，以同时反映金融资产收益率中存在的"波动集聚"和"厚尾"特征。用跳跃 – GARCH 模型来描述金融资产收益率过程，可以将收益率过程写成 $r = \xi + \eta$，即

$$收益率过程 = 广义自回归条件异方差过程 + 跳跃过程$$

其中，ξ 表示广义自回归条件异方差过程、η 表示跳跃过程。

跳跃 – GARCH 模型假设金融资产的收益率过程是相互独立的 GARCH 过程与跳跃过程的叠加，并且跳跃过程 η 的分布形式如下：

$$\eta = \begin{cases} U & prob = p > 0 \\ 0 & prob = 1 - p - q > 0 \\ -D & prob = q > 0 \end{cases}$$

即事件风险引起暴涨的概率为 p、涨幅为 U，暴跌的概率为 q、跌幅为 D，其中 p, q, U, D 均为未知参数，需要从长期数据中估计得到。在跳跃 – GARCH 模型中，GARCH 模型被用来描述在正常市场条件下，金融资产的"波动集聚"，不连续的跳跃过程被用来描述用市场价格的正常波动所无法解释的、由事件风险所引起的价格的暴涨暴跌现象。

如果用 $F(x), G(x)$ 表示在时间 t 时金融资产的收益率过程和广义自回归条件异方差过程的分布函数，则根据全概率公式可以得到

$$F(x) = P(r \leq x) = P(\xi + \eta \leq x)$$
$$= P(\xi \leq x - U, \eta = U) + P(\xi \leq x, \eta = 0) + P(\xi \leq x + D, \eta = -D)$$
$$= p \cdot G(x - U) + (1 - p - q) \cdot G(x) + q \cdot G(x + D)$$

如果假设在正常的市场条件下收益率过程服从正态分布 $N(u_t, \sigma_t^2)$，其分布函数用 $\Phi(x)$ 表示，那么根据 VaR 的定义，持有期为 1 天、置信度为 99% 的风险价值 VaR 就可从下面方程中解得

$$0.01 = p\Phi(-\text{VaR} - U) + (1 - p - q)\Phi(-\text{VaR}) + q\Phi(-\text{VaR} + D)$$

下面这个例子假设金融资产的收益率过程服从正态分布与跳跃过程的叠加，我们利用跳跃 – GARCH 模型来构建 VaR 模型，并估计美元指数收益率在 2000 年度、上证综指收益率在 2010 年度的每日 VaR，并计算两个模型在对应年度的例外数。

【例 7 – 4】假设在正常的市场条件下，美元指数和上证综指收益率均服从正态分布，试利用跳跃 – GARCH 模型构建这两个指数收益率的涵盖事件风险的 VaR 模型，计算两个指数在 2000 年度和 2010 年度的每日 VaR，计算这两个模型在相应年度的例外数。

对美元指数收益率构建跳跃 – GARCH 模型可以分成几个步骤来完成。

（1）构建并估计跳跃模型。价格暴涨暴跌是小概率的偶发事件，因此估计跳跃过程

的参数 p,q,U,D 需要使用长期数据。在对美元指数的分析中，下面使用从 1990 年 1 月 1 日至 1999 年 12 月 31 日共 10 个年度、2302 个交易日的长期数据。将美元指数的对数收益率偏离其长期均值的 3 倍标准差或以上时，看成是一次暴涨或暴跌，因为在正态分布的假设下，这种幅度的价格上涨（或下跌）发生的概率为 0.0013，即平均每 740 个交易日或者说平均每 3 年才发生一次。用长期数据中暴涨和暴跌发生的频率来估计 p 与 q，用暴涨发生时的平均涨幅和暴跌发生时的平均跌幅来估计 U 与 D。

估计 1990—1999 年度美元指数日收益率的标准差的 SAS 程序如下：

程序 cx7_4a

```
data a;
    set sjk7_1;
    r_log=log (close) -log (lag (close));
    where date <20000101;
proc means data =a;
run;
```

这个程序运行后，SAS 给出的计算结果显示，在 1990—1999 年度，美元指数日收益率的标准差为 0.0053487，均值为 0.000089855。

估计跳跃过程的四个参数 p,q,U,D 的 SAS 程序如下：

程序 cx7_4b

```
data b;
    set a;
    x=r_log-0.000089855 -3* 0.0053487; /* 若 x >0 则暴涨事件发生* /
    y=r_log-0.000089855 +3* 0.0053487; /* 若 y <0 则暴跌事件发生* /
data c1;
    set b;
    if  x >0 then k =1;
    else if  y <0 then k =2;
    else k =0;
data c2;
    set c1;
    where k^ =0;
proc sort data =c2;
    by k;
proc means data =c2;
    by k;
    var r_log;
run;
```

这个程序运行后，SAS 给出的结果显示，跳跃过程的四个参数估计值为

$U = 0.01992$、$D = 0.02019$、$p = 14/2301 = 0.00608$、$q = 17/2301 = 0.00739$

（2）利用自回归条件异方差模型计算 2000 年度美元指数日收益率在每个移动窗口中的平均值和波动率的 SAS 程序。

程序 cx7 _ 4c

```
data c;
   set sjk7 _1a;
   s2 =0;
   t =0;
   if _ n _ <1;
proc means data = sjk7 _1a;
   output out = c1 mean (r _ log) =m;
data c1;
   modify c1;
   if _ n _ >0 then remove;
data a;
   set sjk7 _1a;
   if date > =19990101;
options nodate nonotes nosource;
% macro zsvar;
% do n =1 % to 258;
data b;
   set a;
   if _ n _ < =259;
   t =lag (r _ log);
   retain s2;
   if _ n _ =1 then s2 =r _ log* * 2;
   else s2 =0.0280* t* * 2 +0.963* s2;
data b;
   modify b;
   if _ n _^ =259 then remove;
proc append base = c data = b;
proc means data = a;
   output out = b1 mean (r _ log) =m;
proc append base = c1 data = b1;
data a;
   modify a;
   if _ n _ =1 then remove;
% end;
% mend zsvar;
```

```
% zsvar;
run;
data d;
  merge c c1;
  s = sqrt (s2);
data e;
  set d;
  keep m s;
run;
```

这个程序运行后，在 SAS 所创建的新数据集 d 中，变量 m 和 s 分别表示美元指数收益率在 2000 年度的每个移动窗口中的均值和标准差，其中标准差是利用 GARCH（1，1）模型而估计得到的。

（3）通过求解方程

$$0.01 = p\Phi(-\text{VaR} - U) + (1 - p - q)\Phi(-\text{VaR}) + q\Phi(-\text{VaR} + D)$$

来计算美元指数收益率在 2000 年度的每日 VaR 的 SAS 程序。

程序 cx7 _4d

```
proc model data = e out = e1;
    eq. jumpVaR = 0.00608 * probnorm ( ( - var - 0.01992 - m) /s) +
0.98653 * probnorm ( ( - var - m) /s) + 0.00739 * probnorm ( ( - var +
0.02019 - m) /s) - 0.01;
    solve var;
data e2;
    set sjk7 _1a;
    where date > =20000101;
    keep r _ log;
data e3;
    marge e2 e3;
    if var + r _ log < 0 then liwai =1;
    else liwai = 0;
run;
```

句法说明：

①PROC MODEL——调用模型分析过程，本例调用这个过程的目的是为了求解非线性方程 $0.01 = p\Phi(-\text{VaR} - U) + (1 - p - q)\Phi(-\text{VaR}) + q\Phi(-\text{VaR} + D)$，这个语句的选项如下：

DATA = data - set - name：指定对哪个数据集运用模型分析过程，如果缺少这个选项，系统将对最新创建的 SAS 数据集运用模型分析过程；

OUT = data - set - name：指定输出数据集的名字，系统将所求得的方程（或方程组）的解在输出数据集中给出。

②EU. euqation – name = expression——指定求解的方程名字和方程的具体表达式，在 SAS 中，方程 $z = f(x, y)$ 需要表示成：方程名字 $= f(x, y) - z$，如果调用模型分析过程求解联立方程组，则对联立方程组中的每个方程，都需要用一个 EU. euqation – name = expression 语句来表示。

③SOLVEvariables——指定方程或方程组中需要求解的变量名。

这个程序运行后，SAS 给出的结果显示，美元指数日收益率的基于跳跃 – GARCH 模型构建的 VaR 模型，在 2000 年度共有 4 个例外，由于此时

$$P = proc(k \geqslant 4) = 1 - probbnml(0.01, 258, 3) = 0.2592$$

因此不能拒绝模型没有低估风险的原假设，或者说，利用考虑事件风险的跳跃 – GARCH 模型建模，模型低估风险的缺陷得到了有效弥补。

同样将上证综指的对数收益率偏离其长期均值的 3 倍标准差以上时，看成是一次暴涨或暴跌，依据上证综指 2000—2009 年度的日收益率数据，对 SAS 程序 cx7 _4b 略做修改后，可以得到上证综指收益率的跳跃过程为

$$\eta = \begin{cases} 0.0742379 & prob = 0.00643 \\ 0 & prob = 0.98668 \\ -0.0692598 & prob = 0.00689 \end{cases}$$

同样对 SAS 程序 cx7 _4c 略做修改后，依据上证综指 2000—2009 年度的日收益率数据，可以得到上证综指收益率的 GARCH (1, 1) 模型为

$$\sigma_t^2 = 0.1036r\_\log_{t-1}^2 + 0.8890\sigma_{t-1}^2$$

利用上面两个模型，对 SAS 程序 cx7 _4c 和 cx7 _4d 略做修改后，可以得到基于跳跃 – GARCH 模型构建计算 2010 年度上证综指收益率的每日 VaR 模型的 SAS 程序，这个程序运行后，SAS 给出的结果显示，这个模型在 2010 年度共有 5 个例外，与基于 GARCH 模型构建的 VaR 模型在同一年度共有 8 个例外数相比，在考虑事件风险后，VaR 模型低估风险的缺陷得到了很大改善。实际上此时有

$$P = proc(k \geqslant 5) = 1 - probbnml(0.01, 242, 4) = 0.097382$$

这样在 0.05 的显著性水平下，不能拒绝模型没有低估风险的原假设。

7.2.4　VaR 的蒙特卡罗模拟法

蒙特卡罗模拟法也称为随机模拟方法，用这种方法构建 VaR 模型的基本思想是：假设金融变量服从某种概率模型或随机过程，重复模拟金融变量的随机过程，使模拟值尽可能全面地包括各种可能出现的情况，这样通过模拟就可以基本了解金融变量的整体分布情况，在此基础上就可以估计 VaR。例如，可以通过 10000 次模拟产生出金融变量的 10000 个模拟值，从而得到金融变量 10000 个可能的结果，再根据从这 10000 个模拟结果中得到的 1% 的分位数，确定 VaR（99% 的置信水平）。

对于单一金融资产，用蒙特卡罗模拟法估计 VaR 的一般步骤如下：

（1）建立描述金融变量变动的随机过程，例如，用几何布朗运动描述股票价格 S 的变动过程，该模型的离散形式为

$$\frac{\Delta S}{S} = u\Delta t + \sigma \varepsilon \sqrt{\Delta t}$$

或者可以写成

$$S_t = S_{t-1} + S_{t-1}(u\Delta t + \sigma \varepsilon_t \sqrt{\Delta t})$$

其中 ΔS 为短时间 Δt 后股票价格 S 的变化，ε 为标准正态分布的随机抽样值，参数 u 为单位时间内股票的预期收益率，参数 σ 为股票价格的波动率，这两个参数通常假设为常数。

（2）从标准正态分布 $N(0，1)$ 中抽取随机数序列 $\varepsilon_1, \varepsilon_2, \ldots, \varepsilon_N$，将其代入股票价格变动公式，得到 N 只股票价格的模拟值 $S_1, S_2, \ldots, S_N$。

（3）利用这 N 只股票价格的模拟值计算给定置信水平下的 VaR 值。

下面以美元指数和上证综指为例来说明，用蒙特卡罗模拟法计算 VaR 的 SAS 方法。

【例 7-5】假设美元指数和上证综指的变动服从几何布朗运动，利用蒙特卡罗模拟法分别计算在 99% 的置信水平下，2000 年度美元指数收益率的每日 VaR、2010 年度上证综指收益率的每日 VaR，其中指数波动率采用指数移动平均方法来估计，并计算模型的例外数。

假设美元指数和上证综指的变动服从随机过程

$$S_t = S_{t-1} + S_{t-1}(u\Delta t + \sigma \varepsilon_t \sqrt{\Delta t})$$

下面分几个步骤来计算美元指数的对数收益率在 2000 年度的每日 VaR。

（1）估计美元指数的预期收益率 u 和波动率 σ 的 SAS 程序如下：

程序 cx7_5a

```
data c;
    set sjk7_1a;
    sgm=0;
    if _n_<1;
proc means data=sjk7_1a;
    output out=c1 mean (r_log) =m;
data c1;
    modify c1;
    if _n_>0 then remove;
data a;
    set sjk7_1a;
    if date>=19990101;
options nodate nonotes nosource;
%macro zsvar;
%do n=1 %to 258;
data b;
    set a;
    if _n_<=259;
```

```
    retain sgm;
    if _ n _ =1 then sgm = r _ log;
    else sgm = sqrt (r _ log* * 2/16. 6667 +0. 94* sgm* * 2);
data b;
    modify b;
    if _ n _^ =259 then remove;
proc append base = c data = b;
proc means data = a;
    output out = b1 mean (r _ log) = m;
proc append base = c1 data = b1;
data a;
    modify a;
    if _ n _ =1 then remove;
% end;
% mend zsvar;
% zsvar;
run;
data c2;
    merge c1 c2;
data c3;
    set c2;
    keep m sgm;
run;
```

这个程序运行后，在新创建的 SAS 数据集 c3 中，变量 m、sgm 分别表示美元指数对数收益率在 2000 年度每个交易日的预期收益率和波动率。

（2）产生 1000 列标准正态分布的随机数的 SAS 程序如下：

程序 cx7 -5b

```
data a;
  do n =1 to 258;
    output;
  end;
data c4;
  set a;
  array x (1000) x1 - x1000;
  do k =1 to 1000;
    x (k) = rannor (2* k +1);
  end;
run;
```

这个程序运行后，在新创建的 SAS 数据集 c4 中产生了 258 个观测，其中每个观测中都包含了 1000 个标准正态分布的随机抽样数。

（3）在 2000 年度的每个交易日，各产生 1000 个美元指数的模拟值的 SAS 程序如下：

程序 cx7 _5c

```
data a;
  set sjk7 _1a;
  where data > =20000101;
  keep close;
data a1;
  merge a c3 c4;
  array mcl (1000) mcl1 -mcl1000;
  array r (1000) r1 -r1000;
  array x (1000) x1 -x1000;
  do i =1 to 1000;
    mcl (i) =close +close*  (m +sgm* x (i));
    r (i) =log (mcl (i)) -log (close);
  end;
run;
```

这个程序运行后，在新创建的 SAS 数据集 a1 中，第 i 个观测中变量 mclosej 和变量 rj 的取值分别是在第 j 次模拟中所得到的美元指数在 2000 年度第 i 个交易日的指数模拟值与对数收益率的模拟值。

（4）计算美元指数的每日 VaR 值，并且计算模型例外数的 SAS 程序如下：

程序 cx7 –5d

```
data a2;
  set a1;
  keep r1 - r1000;
data c;
  var1 =1;
data c;
  modify c;
  if _n _ > =1 then remove;
options nodate nonotes nosource;
% macro mnvar;
% do n =1 % to 258;
data b;
  set a2;
  if _n _ =1;
```

```
proc transpose data = b out = b1 prefix = var;
proc sort data = b1;
    by var1;
data b1;
    modify b1;
    if _ n _ ^ = 11 then remove;
data b2;
    set b1;
    keep var1;
proc append base = c date = b2;
data a2;
    modify a2;
    if _ n _ = 1 then remove;
% end;
% mend mnvar;
% mnvar;
run;
data a;
    set sjk7 _1a;
    where date > = 20000101;
data a1;
    merge c a;
    if abs (var1) + r _ log < 0 then liwai = 1;
    else liwai = 0;
run;
```

这个程序运行后，SAS 给出的结果显示，对于美元指数收益率，基于蒙特卡罗模拟法构建的 VaR 模型，在 2000 年度共有 4 个例外，参照前面的检验方法可以知道，此时不能拒绝模型没有低估风险的原假设。

以上的四个程序 cx7 _ 5a ~ cx7 _ 5d 略做修改后，可以成为用蒙特卡罗模拟法构建上证综指收益率的 VaR 模型的 SAS 程序。

7.3　VaR 的事后检验方法

只有被证明能够准确地预测风险的 VaR 模型才是准确模型。要做到这一点，必须通过比较模型预测的 VaR 与实际损失值来对模型的准确性进行检验。如果 VaR 模型是准确的，例外数的出现比率就应该与模型的置信水平基本一致。例外数比率太高，表明模型有可能低估风险；例外数的比率太低，表明模型有可能高估风险。对于商业银行而言，如果 VaR 模型低估风险，则意味着承担单位风险所需对应的监管资本量太少，这会受到监管部门的惩罚；如果 VaR 模型高估风险，则意味着单位风险资本闲置或者无效。因此构建能够预测风险的准确 VaR 模型，无论对商业银行还是对银行监管机构，都有着十分重要的意义。

由于可以用多种不同的方法来构建 VaR 模型，而模型中又可能存在低估风险的缺陷，因此在 "《资本协议》关于市场风险的修订案" 中，巴塞尔委员会发布了关于使用 "事后检验" 法来检验计算市场风险资本要求的 VaR 模型的监管框架，在这个监管框架中，巴塞尔委员会十分关注银行使用的 VaR 模型是否存在着低估风险的缺陷。

检验一个 VaR 模型是否低估风险的任何一种方法，都存在着可能发生两类错误的概率：第一类错误——检验方法错误地拒绝准确模型，第二类错误——检验方法错误地认可非准确模型。考虑这样一种检验方法：对于取显著性水平为 0.01 的 VaR 模型，假设一年有 250 个交易日，事先确定一个常数 k，模型在一个年度中的例外数为 m 个，如果设定检验规则为：当 $m \leqslant k$ 时判断模型没有低估风险，当 $m > k$ 时判断模型低估风险，那么这种检验方法发生第一类错误的概率为

$$P = p(m > k) = \sum_{n=k+1}^{250} C_{250}^n \, 0.01^n \, 0.99^{250-n}$$

表 7-1 给出了当 k 从 $0 \sim 10$ 取 11 个不同的正整数时，这种检验方法发生第一类错误的概率。从表 7-1 中结果可以看到，当 $k \geqslant 5$ 时，采用这样的模型检验方法发生第一类错误的概率或者说错误拒绝正确模型的概率小于 0.05。

表 7-1　　　　　　　　　事后检验方法犯第一类错误的概率

每年的交易日数	k 的取值	犯第一类错误的概率
250	0	0.91894
250	1	0.71425
250	2	0.45683
250	3	0.24188
250	4	0.10781
250	5	0.04118
250	6	0.01370
250	7	0.00403
250	8	0.00106
250	9	0.00025
250	10	0.00005

为控制发生第一类错误的概率，并适度平衡发生第二类错误的概率，巴塞尔委员会采用三重区域法来检验一个 VaR 模型中是否存在着低估风险的问题。按照 VaR 模型在一个年度（250 个交易日）中出现的例外数多少，巴塞尔委员会将模型的检验结果纳入绿色、黄色和红色三个区域，见表 7-2。在表 7-2 中，每个例外数后面所对应的累计概率的含义是，当模型为准确模型时，模型出现的例外数小于等于这个值的概率，如对显

著性水平为 0.01 的 VaR 模型，如果模型是准确模型，那么在 250 个交易日中，模型出现的例外数小于等于 4 个的概率为 89.22%。

对于检验结果落入绿色区域的 VaR 模型，被认为结果与准确模型相一致，或者说模型可以被认可为准确模型；对于检验结果落入红色区域的 VaR 模型，被认为结果与准确模型很不一致，或者说可以认为模型是非准确模型，因为这种结果由准确模型生成的概率极小；而如果检验结果落入介于两者之间的黄色区域，被认为检验结果既可能属于准确模型也可能属于非准确模型，而随着例外数的增加，检验结果属于非准确模型的可能性更大，因此，潜在的监管性惩罚（放大系数）会随着例外数的增加而增大。

表 7 – 2　　　　　　　　　　　　对 VaR 模型事后检验结果的分区

区域	例外数	放大系数的增加	累计概率（%）
绿色区域	0	0	8.11
	1	0	28.58
	2	0	54.32
	3	0	75.81
	4	0	89.22
黄色区域	5	0.40	95.88
	6	0.50	98.63
	7	0.65	99.60
	8	0.75	99.89
	9	0.85	99.97
红色区域	10 或以上	1.00	99.99

7.4　本章有关的 SAS 基础知识

7.4.1　APPEND 语句

在数据分析时，有时用户希望把一些新的观测添加到某个 SAS 数据集中，如在本章的例 7 – 2 中，我们希望将估算得到的每日 VaR 添加到 SAS 数据集 c 中。如果用 DATA 步去连接两个数据集，SAS 必须处理两个数据集中的所有观测后再产生一个新的数据集。APPEND 过程（附加过程语句）可以避免处理原始数据集中的数据，直接到新观测添加到原始数据集的后面。

APPEND 语句的语句格式可以写成

PROC APPEND BASE = data – set – name < DATA = data – set – name > < FORCE > ;

语句格式说明：

（1）PROC APPEND——调用添加过程语句，该过程将 DATA = 的数据集中的观测，添加到 BASE = 的数据集中。

（2）BASE＝——给出用户想往上添加观测的基本数据集名字，如果 APPEND 找不到这个名字的数据集，那么它将创建一个以此命名的新数据集。

（3）DATA＝——给出含有要添加到由 BASE＝规定的基本数据集后面的那些观测的数据集名字，如果缺省 DATA＝，则使用最新创建的 SAS 数据集。

（4）FORCE——当 DATA＝的数据集包含的变量出现下面任何一种情况时，强迫 PROC APPEND 过程连接两个数据集：

①在 BASE＝的数据集中没有这个变量；

②其类型与 BASE＝数据集中的变量类型不一致；

③多于在 BASE＝数据集中的这些变量。

7.4.2　重复％DO 语句

在进行数据分析时，有时用户希望循环运行某个宏，如在本章的例 6－2 中，宏 his-var 是用历史模拟法估算美元指数 VaR 的完整 SAS 程序，要计算美元指数在 1995 年度的每日 VaR，我们希望这个宏能够连续（循环）运行 256 次，利用 SAS 的％DO 语句（循环宏语句），可以实现循环运行宏的功能。

％DO 语句的语句格式可以写成

％MACRO macro－name；

　％DO index－variable＝start ％TO stop by increment；

　　　［组成宏的文本］

　％end；

％mend macro－name；

语句格式说明：

（1）％MACRO macro－name——定义一个宏，指定宏的名字，在本章例 6－2 中，宏的名字为 hisvar。

（2）％DO index－variable＝start ％TO stop by increment——％DO 组的开始，根据下标变量的值重复执行宏的部分，下标变量的初始值 strat、终值为 stop，每次循环前给下标变量加上增量 increment。

（3）％END——结束％DO 组。

（4）％MEND macro－name——结束一个宏的定义。

调用一个包含重复％DO 语句的宏与调用一个一般的宏一样，只需要在被调用处写出宏的名字，并且在宏的名字前加上％就可以。

7.4.3　AUTOREG 过程

在 SAS 中，AUTOREG 过程（自回归过程）用于估计和预测误差项自相关或异方差的时间序列数据的线性回归模型。普通回归分析假设误差项的方差对所有观测是相同的，当误差项的方差为非常量时，数据被称为是异方差的，此时普通最小二乘估计不是有效的，并且异方差性也影响预报置信限的精确性。考虑异方差性的建模方法可以更有效地使用数据，并且得到更准确的预测误差估计。GARCH 模型是考虑异方差性的时间序列模型，GARCH 模型假设误差项尽管不相关但是不独立，并且把条件误差项的方差表示为序列过去值的函数。在 SAS 中，AUTOREG 过程采用极大似然估计方法来拟合 GARCH 族模型。

AUTOREG 过程的语句格式可以写成

PROC AUTOREG options；

　　BY variables；

　　MODEL dependent = regressions / options；

　　OUTPUT OUT = data - set - name options；

语句格式说明：

（1）PROC AUTOREG——调用自回归过程，这个语句的选项可以包括：

DATA = data - set - name：指定需要处理的 SAS 数据集名字，若缺省，则系统处理最新创建的 SAS 数据集；

OUTEST = data - set - name：把参数估计输出到指定的数据集中；

COVOUT——把参数估计的协方差阵输出到 OUTEST = 指定的数据集中，这个选项仅当 OUTEST = 选项被指定时才有效。

（2）BY variables——BY 语句可以和 AUTOREG 过程一起使用，以便得到由 BY 变量定义的组数据上单独的分析。

（3）MODEL dependent = regressions / option——MODEL 语句用于指定回归模型的应变量和解释变量，如果模型中不指定解释变量，那么模型仅拟合均值。对于 GARCH 模型，MODEL 语句的选项可以包括：

GARCH =（option - list）：指定 GARCH 类的条件异方差模型，如指定 GARCH（1，1）回归模型的语句为

$$model \ y = x1 \ x2 \ / \ garch = (q = 1,p = 1)；$$

TYPE = value：指定 GARCH 模型的类型。类型可以有下面的选择：

①NOINEQ：指定无约束 GARCH 模型，这也是缺省时的情形；

②NONNEG：指定带非负约束的 GARCH 模型；

③STN：约束 GARCH 系数的和小于1；

④INTEG：指定拟合 IGARCH 模型；

⑤EXP：指定拟合指数 GARCH 模型或 EGARCH 模型；

⑥MEAN：指定拟合 GARCH - M 模型，如指定拟合 GARCH（1，1）- M 模型的语句为

$$model \ y = x1 \ x2 \ / \ garch = (q = 1,p = 1,mean)；$$

⑦NOINT：取消条件方差模型中的均值参数，此选项仅在与选项 TYPE = INTEG 一起使用时才有效；

⑧TR：对于 GARCH 估计使用信赖域方法，此算法尽管计算时间长但是数值稳定。缺省情况为对偶拟牛顿法。

（4）OUTPUT OUT = data - set - name options——创建输出数据集，指定输出数据集的名字。输出数据的可选项可以包括：

ALPHACLM = number：指定模型结构或回归部分的估计的置信限，置信限必须在 0～1 之间，缺省情况有 ALPHACLM = 0.05，这对应于 95% 的置信区间；

CEV = variable：把条件误差方差写入输出数据集；

LCL = name：把预测值的置信下限写入输出数据集，并指定预测值的置信下限的变量名，置信下限是在假定扰动的方差是齐性的条件下计算的，置信区间的大小由 ALPHACLM = number 指定；

LCLM = name：把结构预测值的置信下限写入输出数据集，并指定结构预测值的置信下限的变量名，置信区间的大小由 ALPHACLM = number 指定；

PREDICTED = name：把预测值写入到输出数据集，并指定预测值的变量名，这些值由模型的机构部分和自回归模型构成；

RESLDUAL = name：把来自模型结构部分的预测的残差写入输出数据集，并指定残差的变量名。

7.4.4 MODEL 过程

在 SAS 中，MODEL 过程（模型分析过程）可用于模型分析。在模型中，各变量之间的关系构成一个或几个非线性方程组成的系统。MODEL 过程可用来估计、模拟和预测非线性联立方程组，本章用这个过程来求解非线性方程。

MODEL 过程的一种简单语句格式可以写成

PROC MODEL ＜ options ＞；

    EQ. equation – name1 = expression1；

    ＜ EQ. equation – name2 = expression2；＞... ＜ EQ. equation – namen = expression；＞

    SOLVE variables；

语句格式说明：

（1）PROC MODEL——调用模型分析过程，在 SAS 中调用模型分析过程可以进行非线性方程或非线性方程组的参数估计、模拟或预测，也可以调用模型分析过程来求解某些非线性方程或非线性方程组。这个语句的可选项可以包括：

DATA = data – set – name：指定对哪个数据集进行模型分析，或缺省，SAS 就对最新创建的数据集进行模型分析；

OUT = data – set – name：指定输出数据集的名字，模型方程或模型方程组的求解值可以在输出数据集中输出。

（2）EQ. equation – name = expression——给出需要求解的方程表达式和方程名，若需要利用模型分析来求解联立方程组，则联立方程组中的每个方程都需要用一个 EQ. equation – name = expression 语句来表示，此外，若原方程的形式为 $f(x_1, x_2, \ldots, x_n) = g(x_1, x_2, \ldots, x_m)$，则在语句中需要写成：equation – name = $f(x_1, x_2, \ldots, x_n) - g(x_1, x_2, \ldots, x_m)$。

（3）SOLVE variables——指定方程或联立方程组中需要求解的变量，注意方程个数和求解变量的个数必须相同。这个语句的可选项可以包括：

SATISFY = equations：指定求解值要满足模型方程组的一个子集，即满足模型方程组中的哪几个方程，如果缺省这个选项，则求解值必须满足模型方程组中的所有方程。

【复习思考题】

1. Excel 数据集 sjk7 _ 3 给出美国纳斯达克指数 1986—2004 年期间每个交易日的指数收盘价数据，用历史模拟法构建 VaR 模型，利用该模型估算在 2004 年度纳斯达克指数对数收益率的每日 VaR 值，计算 VaR 模型的例外数，写出相应的 SAS 程序。

2. 假设纳斯达克指数的对数收益率服从正态分布，分别用移动平均模型、指数移动平均模型和 GARCH（1，1）模型估计纳斯达克指数的波动率，用参数法构建 VaR 模型，利用该模型估算在 2004 年度纳斯达克指数对数收益率的每日 VaR 值，计算 VaR 模型的例外数，写出相应的 SAS 程序。

3. 用跳跃 – GARCH 模型构建 VaR 模型，利用该模型计算 2004 年度纳斯达克指数对数收益率的每日 VaR 值，计算 VaR 模型的例外数，写出相应的 SAS 程序。

4. 假设纳斯达克指数的变动服从随机过程

$$S_t = S_{t-1} + S_{t-1}(u\Delta t + \sigma\varepsilon_t \sqrt{\Delta t})$$

用指数移动平均方法估计纳斯达克指数的波动率，采用蒙特卡罗模拟法估计该指数的对数收益率在 2004 年度的每日 VaR 值，计算这个模型在 2004 年度的例外数，写出相应的 SAS 程序。

【主要参考文献】

［1］巴塞尔银行监管委员会．巴塞尔银行监管委员会文献汇编［M］．1 版．北京：中国金融出版社，2002.

［2］菲利普·乔瑞著．陈跃等译．风险价值 VaR［M］．1 版．北京：中信出版社，2005.

第8章

SAS 与银行操作风险度量

【本章学习目标】

1. 了解操作风险度量的三种基本方法
2. 掌握操作风险度量的损失分布法的基本原理
3. 掌握损失频率与损失强度分布的模拟方法、掌握操作风险度量的蒙特卡罗模拟法
4. 掌握本章有关的 SAS 基础知识

按照新资本协议的定义，操作风险是指由不完善的或有问题的内部程序、人员及系统或者外部事件所造成银行损失的风险。近些年来，因操作风险管理不善而给银行带来巨额资产损失的事件在国内外频繁发生，如英国巴林兄弟银行因外汇交易诈骗损失 8.6 亿英镑、大和银行纽约分行 3 万笔资金交易未授权损失 11 亿美元、日本住友银行铜交易亏损 17 亿美元、爱尔兰联合银行因某交易员过失损失 6.91 亿美元、中国工商银行南海支行 74.21 亿元骗贷大案、中国银行黑龙江河松街支行 10 亿元诈骗案等。正是考虑到了操作风险对银行业的危害性，为了强化银行业的操作风险管理、增强银行系统的稳健性，巴塞尔委员会在新资本协议中把操作风险列为商业银行三大风险之一，并要求银行针对操作风险计量监管资本。

新资本协议规定，银行度量操作风险可以采用三种方法：基本指标法、标准法和高级计量法，这三种方法在模型的复杂性和操作风险度量的敏感度方面逐次加强。本章主要讨论操作风险度量的高级计量法。

8.1 操作风险度量的三种方法

按照新资本协议的规定，银行可以采用三种方法来度量操作风险：基本指标法、标准法和高级计量法。

8.1.1 操作风险度量的基本指标法

基本指标法是一种简单的操作风险度量方法。这种方法假设银行内部的实际经营状

况很难被观测，是一个黑箱，因此借助一个可以被观测到的指标（银行的年度总收入）的一定百分比来衡量银行的整体操作风险。由于这个原因，基本指标法在操作风险度量的风险敏感度方面不如标准法和高级计量法。

按照新资本协议的规定，基本指标法计算的针对操作风险的监管资本要求，等于银行前三年中每年的总收入乘上一个固定比例（用 α 表示）后的平均值，如果在三年中，有的（或有些）年份银行的总收入为负值或零，在计算平均值时就将这些年份去掉。银行针对操作风险的资本要求的计算公式为

$$K_{BIA} = \left[\sum (GI_{1-3} \cdot \alpha) \right]/n$$

其中，K_{BIA} 为基本指标法计量的银行针对操作风险的监管资本要求，GI_{1-3} 为前三年中各年度正的总收入——利息收入加上非利息收入，n 为前三年银行总收入为正值的年数；$\alpha = 15\%$，这是巴塞尔委员会规定的对总收入提取的固定比例。

8.1.2　操作风险度量的标准法

与基本指标法不同，标准法按照银行各产品线的总收入的一定百分比来计算银行在各产品线上的操作风险暴露，不同产品线的百分比有所不同，将各产品线的操作风险暴露加总后作为银行总的操作风险暴露的度量。与基本指标法相比，标准法在操作风险度量的风险敏感度方面有所改进。

在标准法中，银行业务被分为 8 个产品线，详见表 8-1。在各产品线中，总收入是一个广义指标，代表了银行的业务经营规模，因而也大致代表了银行在各个产品线的操作风险暴露。计算各产品线的监管资本要求的方法是：用银行在该产品线的前三年的平均总收入乘以该产品线适用的 β 系数为该产品线的操作风险暴露，如果该产品线前三年的平均总收入为零或负值，则该产品线的操作风险暴露用零表示，再将各产品线的操

表 8-1　银行业务产品线与 β 系数

产品线 β 系数
公司金融 $\beta_1 = 18\%$
交易和销售 $\beta_2 = 18\%$
零售银行业务 $\beta_3 = 12\%$
商业银行业务 $\beta_4 = 15\%$
支付和清算 $\beta_5 = 18\%$
代理业务 $\beta_6 = 15\%$
资产管理 $\beta_7 = 12\%$
零售经纪 $\beta_8 = 12\%$

作风险暴露加总后，就可以得到银行整体的操作风险暴露。在标准法下，银行针对操作风险的监管资本要求的计算公式为

$$K_{TSA} = \sum_{i=1}^{8} \max\left[\sum_{j=1}^{3} GI_{ij} \cdot \beta_i, 0 \right]/3$$

其中，K_{TSA} 是用标准法计算的银行操作风险的资本要求，GI_{ij} 为第 i 个产品线在第 j 年的总收入，β_i 为第 i 个产品线适用的 β 系数，不同产品线的 β 系数见表 8-1。

8.1.3　操作风险度量的高级计量法

操作风险度量的高级计量法是指在满足一定的定性和定量标准后，银行可以通过内部模型或内部计量系统来计算针对操作风险的监管资本要求。与基本指标法和标准法相

比，用高级计量法度量操作风险具有风险敏感度高的特点。操作风险度量的高级计量法包括内部衡量法、计分卡法和损失分布法。

（一）操作风险度量的内部衡量法

内部衡量法采用和标准化法相同的 8 个业务线，每个业务线划分 7 种损失类型（总共 56 个组合）。银行运用内部损失数据和监管机构规定的行业损失分布来确定 56 个产品/风险组合的 γ 系数（线性关系和非线性关系）、关联预期损失和非预期损失的风险特征指数。银行针对操作风险的监管资本要求的计算公式为

$$K_{IMA} = \sum_{i=1}^{I} \sum_{j=1}^{J} \left[\gamma_{i,j} \cdot EL_{i,j} \cdot RPI_{i,j} \right] [1]$$

其中，K_{IMA} 为内部衡量法下的监管资本要求；i 表示业务线类型；j 代表损失类型；$\gamma_{i,j}$ 表示将 i 业务类型 j 损失类型组合的期望损失 $EL_{i,j}$ 转化为监管资本的参数，$RPI_{i,j}$ 是关联预期损失与非预期损失的风险特征指数。

（二）操作风险度量的计分卡法

计分卡法是通过对多项前瞻性的，与每个产品线、每种业务类型的操作风险相关的数量指标的监测、度量和分析，来计量操作风险损失值。该方法以一年内损失发生的次数表示操作风险质量，并在计分卡上估计潜在损失强度的分布。计分卡法要求有完善的数据基础，但不是只依赖历史数据，银行的整体操作风险暴露通过内外部损失数据的严格分析而产生。

（三）操作风险度量的损失分布法

损失分布法是高级计量法中最复杂的一种，这种方法要求商业银行根据历史数据，估计每一项业务类型/风险类型的损失频率的分布函数和损失金额的分布函数，并根据这两个概率分布函数复合出累计的银行操作风险损失的概率分布函数，进而计算在一定置信度和持有期（通常为一年）内银行操作风险的在险价值。加总各个产品线/风险类型组合的操作风险度量值后，就得到银行整体的操作风险度量值。以下主要对这种方法进行介绍。

8.2 损失分布法的基本原理及 SAS 实现

新资本协议要求，在采用损失分布法度量操作风险时，银行应将操作风险按照 8 个产品条线（见表 8-1）和 7 种风险类型进行分类，这 7 种风险类型为：（1）内部欺诈；（2）外部欺诈；（3）就业政策与工作场所安全；（4）客户、产品与业务操作；（5）实物资产损坏；（6）营业中断和系统失败；（7）执行、交付和流程管理。利用损失分布法度量操作风险，银行需要利用内部数据，对每一个产品条线/风险类型的组合（共 56 个组合）在下一年度的损失频率和损失强度的概率分布函数进行估计，然后在基于这两种估计

---

[1] 这个计算监管资本的公式假设期望损失和非预期损失呈现非线性关系，如果呈现线性关系，则计算公式为 $K_{IMA} = \sum \sum \gamma_{ij} EL_{ij}$。

函数的基础上，计算出银行在每一个产品条线/风险类型的累计操作风险损失的概率分布函数，这个概率分布函数的置信水平为 99.9% 的 VaR，就是对应于这个产品条线/风险类型的操作风险的监管资本要求。汇总所有 56 个产品条线/风险类型组合的监管资本要求，就是整个银行的、按照损失分布法所计量的针对操作风险的监管资本要求。

8.2.1　损失分布法的基本原理

损失分布法假设，每个产品条线/风险类型组合的操作风险累计损失的概率分布，都由两个随机变量来决定：损失频率和损失强度，损失频率是指该组合在特定时期内（通常为 1 年内）发生的操作风险损失事件的次数，损失强度是指该组合在每次操作风险损失事件中所遭受的财务损失金额。如果用 $p_{ij}(n)$ 表示在特定时期内银行第 i 条产品线、第 j 种风险类型组合的操作风险损失事件发生 n 次的概率，用 $s_{ij}(k)$ 表示该产品/风险组合在第 k 次操作风险损失事件发生时所遭受的财务损失金额，用 F_{ij} 表示该条线/风险组合操作风险损失强度的概率分布函数，那么该条线/风险组合的操作风险损失事件的累计损失金额的概率分布可以表示为

$$G_{ij}(x) = \begin{cases} \sum_{n=1}^{\infty} \left[p_{ij}(n) F_{ij}\left(\sum_{k=1}^{n} s_{ij}(k) < x \right) \right] & x > 0 \\ p_{ij}(0) & x = 0 \end{cases}$$

如果用 EG_{ij} 表示第 i 条产品线、第 j 种风险类型组合的操作风险损失事件的累计损失金额的期望值，用 $G_{ij}^{-1}(\alpha)$ 表示置信水平为 $1-\alpha$ 时的 VaR，按照巴塞尔委员会关于风险资本的定义，针对操作风险的监管资本应能充分抵御非预期损失，因此银行第 i 条产品线、第 j 种风险类型组合的操作风险的监管资本要求 z_{ij} 为

$$z_{ij} = G_{ij}^{-1}(\alpha) - EG_{ij}$$

而银行针对操作风险的总的监管资本要求，等于 56 个条线/风险组合的监管资本要求的总和，即

$$z = \sum_{i=1}^{8} \sum_{j=1}^{7} z_{ij}$$

在一般情况下，由于很难获得概率分布函数 $G_{ij}(x)$ 的解析表达式，因此在操作风险度量的实践中，通常需要借助蒙特卡罗模拟法来获得 $G_{ij}^{-1}(\alpha)$ 和 EG_{ij} 的估计值，并进而获得 z_{ij} 和 z 的估计值。

8.2.2　损失频率的概率分布拟合及 SAS 实现

Excel 数据集 sjk8-1 给出 2001—2008 年我国商业银行操作风险损失事件发生的次数与损失金额的不完全统计数据。其中，变量 year 为商业银行操作风险损失事件发生的年份，变量 bank 为银行名称，所涉及的银行有四大国有银行 GSYH、JSYH、NYYH、ZGYH、其他上市银行 QTSSYH 和地方商业银行 DFSYYH，变量 lost 是各银行在操作风险损失事件中损失的金额（单位：万元）。这些数据是从国内外媒体公开报道和相关文献中搜集获取的，考虑到我国商业银行的信息披露制度还不完善，在披露过程中可能会遗

漏部分损失金额较小的损失事件，为此在搜集数据时，剔除掉损失金额在100万元以内的操作风险损失事件。需要指出的是，由于数据搜集渠道限制，可能有些操作风险损失数据没有被包括在内。下面就以这个数据集为样例，说明如何对操作风险损失频率的概率分布进行拟合。

根据损失分布法的基本原理，采用损失分布法对操作风险进行度量时，需要估计银行每个产品条线/风险类型组合的操作风险损失频率，这就需要用到银行每个产品条线/风险类型组合的操作风险损失事件的大量历史数据。然而，由于我国商业银行操作风险管理还处在起步阶段，许多银行不仅尚未建立起比较完善的操作风险度量与管理体系，甚至连比较完备的操作风险损失数据库都没有。这样在现阶段，就没有充足的历史数据来比较准确地估计银行每个产品条线/风险类型组合的操作风险损失频率。因此在下面拟合操作风险损失频率的概率分布时，考虑将 Excel 数据集 sjk8 - 1 中的数据混合使用，即不再区分操作风险案件的产品条线和风险类型组合，只从总体上度量商业银行的操作风险。对于这种处理方法的合理性，有兴趣的读者可参见《商业银行操作风险》[①]。

为拟合我国商业银行操作风险损失频率的概率分布函数，首先利用 SAS 的 SUMMARY 过程（概括过程）来计算 2001—2008 年各年度各家商业银行操作风险损失事件的发生次数，概括过程给出的计算结果见表 8 - 2。

程序 cx8 - 1a

```
proc summary data = sjk8 _1 print;
    class year bank; /* 列出每一年度每家银行操作风险损失事件发生的次数* /
run;
```

句法说明：

（1）PROC SUMMARY——调用概括过程，以计算各银行分年度的操作风险损失事件的发生次数，这个语句的选项有：

DATA = date - set - name：指定要进行概括过程的 SAS 数据集的名字，若缺省这个选项，SAS 将对最新创建的数据集运用概括过程；

PRINT：指定要求输出计算结果，如果缺省这个选项，概括过程不会自动输出结果。

（2）CLASS variables——指定按照哪些变量计算取不同值的观测个数，本例中，指定按照年度和银行名称的不同计算观测数据的个数，即计算分年度各个银行的操作风险损失事件的发生次数。

表 8 - 2 　　　　2001—2008 年度各银行操作风险损失事件发生次数 　　　　单位：次

年份\银行名称	2001	2002	2003	2004	2005	2006	2007	2008	合计
DFSYYH	7	4	5	7	6		8	7	51
GSYH	5	5	12	5	6	4	4	1	42
JSYH	4	5	6	7	8	5	3	2	40

---

① 卡罗尔·亚历山大［英］. 商业银行操作风险 ［M］. 北京：中国金融出版社，2005：145 - 165.

年份 银行名称	2001	2002	2003	2004	2005	2006	2007	2008	合计
NYYH	3	2	6	10	6	6	9	2	44
QTSSYH	4	5	6	6	8	9	5	5	48
ZGYH	4	11	7	6	8	5	2	3	46
合计	27	32	42	41	42	36	31	20	271

表 8 – 2 的计算结果显示，在 2001—2008 年期间的各个年份银行系统操作风险损失事件发生的总次数，以及各家银行在 8 年中操作风险损失事件发生总次数。在这 8 年期间，单家银行在每个年度发生操作风险损失事件的平均次数为 5.65 次。由于单家银行在一个年度中操作风险损失事件的发生次数是不确定的随机数，因此提出假设：在每一年度，单家银行操作风险损失事件发生的次数服从均值为 5.65 的普阿松分布，即假设在每一年度单家银行操作风险损失频率的概率分布为

$$P(x = k) = \frac{\lambda^k e^{-\lambda}}{k!}, \lambda = 5.65, k = 0, 1, \ldots$$

提出这个假设后，为了检验普阿松分布能否较好地拟合每个年度单家银行操作风险损失频率的概率分布，下面分别采用频率与概率比较，以及 χ^2 检验两种方法来进行分析。

（一）操作风险发生的频率和对应概率的比较

操作风险发生的频率和对应的概率比较，就是比较历史数据中单家银行在一个年度中操作风险损失事件发生 k 次的频率，与普阿松分布中 $x = k$ 的概率是否相近，如果均值为 5.65 的普阿松分布能够较好地描述单家银行在一个年度中操作风险损失频率的概率分布，那么普阿松分布的概率分布应该与从历史数据中得到的频率分布比较接近。

以下两个 SAS 程序分别是利用 FREQ 过程计算单家银行在一个年度中操作风险损失事件发生次数的频率分布的 SAS 程序（cx8 – 1b），以及利用概率分布函数 POISSON(λ, k) 计算单家银行在一个年度中操作风险损失事件发生次数的概率分布的 SAS 程序（cx8 – 1c）。为了便于比较操作风险损失事件发生次数 k 的频率与概率（$k = 1, 2, \ldots, 12$），我们将两个程序给出的计算结果都列在表 8 – 3 中。

程序 cx8 – 1b

```
proc summary data = sjk8 _1;
   class year bank;
   output out = a;
data b;
   set a;
   if _type _ = 3;  /* 保留各家银行在每个年度的观测个数* /
procfreq data = b;
   run;
```

句法说明：

（1）_ type _=3——调用 PROC SUMMARY 并使用 CLASS 语句后，输出数据集 a 中的变量_ type _取不同值分别表示：_ type _=3 表示各银行在每个年度的操作风险损失事件的发生次数，而_ type _=0、_ type _=1 和_ type _=2 分别表示数据集 sjk8_1 中的观测个数、各家银行在 2001—2008 年期间操作风险损失事件的发生次数，以及在每个年度所有银行的操作风险损失事件的发生次数。

（2）PROC FREQ——开始频数过程，使用 FREQ 过程可以计算一个变量的不同取值水平在这个变量的全部观测中所占的频率。本例利用频数过程来计算操作风险损失事件发生的不同次数在数据集中所占的频率。

程序 cx8-1c

```
data a;
    array p (12) p1 -p12;
    do k =1 to 12;
       p (k) =poisson (5.65, k) -poisson (5.65, k-1); /* 计算 x =
k 的概率* /
    end;
proc print data =a;
    var p1 -p12;
run;
```

表 8-3   操作风险发生次数的频率与概率比较

发生次数	1	2	3	4	5	6
频率	0.021	0.083	0.063	0.125	0.208	0.188
概率	0.020	0.056	0.106	0.149	0.169	0.159
发生次数	7	8	9	10	11	12
频率	0.125	0.083	0.042	0.021	0.021	0.021
概率	0.128	0.091	0.057	0.032	0.017	0.008

从表 8-3 给出的操作风险损失事件发生频率与对应概率的比较结果可以看到，频率分布与概率分布比较接近，因此可以采用均值为 5.65 的普阿松分布来描述单家银行在一个年度中操作风险损失事件发生的次数。

（二）χ^2 拟合检验

在一个年度中，单家银行操作风险损失事件的发生次数是一个随机变量，下面再利用 χ^2 拟合检验来分析这个随机变量是否能够用均值为 5.65 的普阿松来描述。

χ^2 拟合检验的基本原理为：假设一个随机变量 x 可以取 k 个不同的值，其概率分布 G 由概率函数 $P_i = P(x = i), i = 0, 1, 2, \ldots, k$ 决定，如果从 x 中随机地抽取 m 个样本点，那么这 m 个样本点中取值为 i 的频数的期望值为 $m \cdot P_i$。因此，要检验这个随机变量是否可以用概率分布 G 来描述，可以检验从该随机变量中随机抽取的容量为 m 的一组

样本中，取值为 i 的样本点的频数是否与 $m \cdot P_i$ 存在显著差异。而这个检验的原假设可以写成

$$H_0 : P(x = i) = P_i, i = 1, 2, \ldots, k$$

对这个原假设进行检验的统计量为

$$\chi^2 = \sum_{i=1}^{k} \frac{(x = i \text{ 的频数} - x = i \text{ 的期望值})^2}{x = i \text{ 的期望值}}$$

当样本容量较大时，这个检验统计量服从自由度为 $k - 1$ 的 χ^2 分布。很显然，如果随机变量服从概率分布 G，那么样本点中取值为 i 的频数应该与 $m \cdot P_i$ 比较接近，或者说检验统计量 χ^2 应该为一个较小的数。因此，对于给定的显著性水平 α，如果检验统计量的值大于临界值 $\chi^2_{1-\alpha}(k-1)$，就可以拒绝原假设，即可以认为这个随机变量不能由概率分布 G 来描述，反之，就可以认为这个随机变量能够由概率分布 G 来描述。

在一个年度中，单家银行操作风险损失事件的发生次数是一个随机变量，如果将 sjk8 – 1 给出的，在 2001—2008 年期间各家银行在每个年度中操作风险损失事件发生的次数看成是从这个随机变量中抽取的一个样本，那么就可以利用 χ^2 拟合检验来检验这个随机变量是否服从均值为 5.65 的普阿松分布。

表 8 – 4 给出这组样本中，取不同值的样本点的频数与对应的期望值之间的对比。检验其中的差异是否为抽样差异，即检验随机变量是否服从普阿松分布，需要计算对应的检验统计量，计算这个检验统计量的 SAS 程序见 cx8 – 1d，检验结果显示，不能拒绝随机变量服从均值为 5.65 的原假设，其中假设检验的显著性水平取 0.05。

表 8 – 4　　　　　　　　　　　操作风险发生次数的频数与期望值对比

发生次数	1	2	3	4	5	6	7
频数	1	4	3	6	10	9	6
期望值	0.96	2.69	5.09	7.15	8.11	7.63	6.14
发生次数	8	9	10	11	12	其他	合计
频数	4	2	1	1	1	0	271
期望值	4.37	2.74	1.54	0.82	0.38	0.38	271

备注：在表 8 – 4 中发生次数为其他的含义是，操作风险损失事件发生次数为 0 或者操作风险损失事件发生次数大于 12 次。

程序 cx8 – 1d

```
data a;
    input x y@ @ ;
    cards;
1 0.96 4 2.69 3 5.09 6 7.15 10 8.11 9 7.63 6 6.14
4 4.37 2 2.74 1 1.54 1 0.82 1 0.38 0 0.38
;
```

```
    z = (x - y) * (x - y) /y;
data b;
    set a;
    retain kf;
    if _ n _ =1 then kf = z;
    else kf = kf + z;
data c;
    set b;
    if _ n _ =13;
    if kf - cinv (0.95, 12, 0) >0 then jieguo = 'NO';
    else jieguo = 'YES'
proc print data = c;
    var jieguo;
run;
```

根据两种方法的分析结果，下面利用蒙特卡罗方法对操作风险进行度量时，假设单家银行在一个年度中发生操作风险损失事件的次数服从均值为 5.65 的普阿松分布。

8.2.3　操作风险损失强度的概率分布拟合及 SAS 实现

根据损失分布法的基本原理，采用损失分布法对操作风险进行度量时，需要估计银行每个产品条线/风险类型组合的操作风险损失强度，由于缺乏足够多的历史数据，因此下面在拟合操作风险损失强度的概率分布时，同样考虑将 Excel 数据集 sjk8 - 1 中的数据混合使用，即不再区分操作风险案件的产品条线和风险类型，只从总体上拟合商业银行操作风险损失强度的概率分布。

在数据集 sjk8 _ 1 中，变量 lost 取值的变动幅度很大，为了适当降低变量的变动幅度，下面用 $x = \ln (\text{lost})$ 来表示每次操作风险发生时的损失强度，并考虑 x 的概率分布函数。已有的研究文献表明，商业银行操作风险损失强度的分布函数可能比较符合这样几种分布：正态分布、帕累托分布、威布尔分布或对数正态分布。为了判断哪种分布可以较好地拟合 x 的概率分布，下面首先通过 SAS 程序来绘制这四种分布的 P - P 概率图。

在统计学中，P - P 概率图可用于判断一个随机变量 x 是否可以较好地用某种分布函数 G 来拟合。P - P 概率图的横坐标为从 x 的实际观测值中得到的经验分布的分布函数值，纵坐标为分布函数 G 的函数值。如果 x 可以由分布函数 G 来描述，那么经验分布的分布函数值应该接近于 G 的分布函数值，或者说，P - P 概率图上代表样本数据的点，应当近似地呈对角线分布。如果 P - P 概率图上的点与对角线偏离较大，表明经验分布的分布函数值与 G 的分布函数值相差较大，或者说随机变量 x 不能由分布函数 G 来描述。

正态分布 $N(u, \sigma^2)$ 的分布函数为

$$F(x) = \frac{1}{\sqrt{2\pi}\sigma} \int_{-\infty}^{x} e^{-\frac{(t-u)^2}{2\sigma^2}} dt$$

其中，x 表示操作风险的损失强度；u 和 σ 分别表示正态分布的均值与标准差，在 SAS

中，这个分布函数可以用 SAS 函数 probnorm（$(x - u)/\sigma$）来表示。

帕累托分布的分布函数为

$$F(x) = \begin{cases} 1 - \left(\dfrac{\mu}{x}\right)^m & x > u \\ 0 & x \leqslant u \end{cases}$$

其中，x 表示操作风险的损失强度，u 和 m 为帕累托分布的两个参数，由于帕累托分布的均值与方差的计算公式分别为

$$\begin{cases} E(x) = \dfrac{mu}{m - 1} \\ \mathrm{Var}(x) = \dfrac{mu^2}{(m - 1)^2(m - 2)} \end{cases}, m > 2$$

因此帕累托分布的这两个参数，可以从样本均值和样本方差的估计值中，通过求解以上联立方程组得到。

威布尔分布的分布函数为

$$F(x) = 1 - \exp\left[- \left(\dfrac{x}{\eta}\right)^m \right] \quad x > 0, \eta > 0, m > 0$$

其中，x 表示操作风险的损失强度，η 和 m 表示威布尔分布的尺度参数和形态参数，由于威布尔分布的均值和方差的计算公式为

$$\begin{cases} E(x) = \eta\Gamma\left(1 + \dfrac{1}{m}\right) \\ \mathrm{Var}(x) = \eta^2\left[\Gamma\left(1 + \dfrac{2}{m}\right) - \Gamma\left(1 + \dfrac{1}{m}\right)^2 \right] \end{cases}$$

因此可以从样本均值和样本方差的估计值中，通过求解以上联立方程组，得到威布尔分布的尺度参数和形态参数的估计值。

对数正态分布的分布函数为

$$F(x) = \dfrac{1}{\sqrt{2\pi}\sigma}\int_0^x \dfrac{1}{t}\exp\left[- \dfrac{(\ln t - u)^2}{2\sigma^2} \right]\mathrm{d}t$$

其中，x 表示操作风险的损失强度，u 和 σ 为对数正态分布的两个参数，通过积分变量变换后，这个概率分布函数可以用 SAS 函数 $F(x) = probnorm((\log(x) - u)/\sigma)$ 来表示，由于对数正态分布的均值和方差的计算公式分别为

$$\begin{cases} E(x) = \exp\left(u + \dfrac{1}{2}\sigma^2\right) \\ \mathrm{Var}(x) = [\exp(\sigma^2) - 1][\exp(2u + \sigma^2)] \end{cases}$$

因此可以从样本均值和样本方差的估计值中，通过求解以上联立方程组，得到对数正态分布的两个参数 u 和 σ 的估计值。

为了选用适当的分布函数来描述我国商业银行操作风险的损失强度，下面利用数据集 sjk8 - 1 中的样本数据，来绘制以上四种分布的 P - P 概率图。通过 MEANS 过程计算得到，在数据集 sjk8 - 1 中，变量 $x = \ln(\text{lost})$ 的样本均值、样本标准差的估计值分别为 $E(x) = 8.1561$、$\mathrm{Std}(x) = 2.0487$。

（一）绘制正态分布的 P－P 概率图

绘制用正态分布拟合操作风险损失强度的概率分布函数的 P－P 概率图的 SAS 程序如下，这个程序运行后，SAS 绘制的 P－P 概率图如图 8－1 所示。

程序 cx8－2a

```
proc sort data = sjk8_1;
    by x;
data a;
    set sjk8_1;
    y = probnorm ( (x - 8.1561) /2.0487);  /* 计算正态分布的分布函数值* /
    y1 = _n_/271;  /* 计算经验分布的分布函数值* /
    z = _n_/271;
procgplot data = a;
    plot y* z y1* z/vaxis = axis1 haxis = axis2 vref = 1 href = 1 overlay;
    symbol1 v = *  h = 1 L = 1 font = swissb;
    symbol2 v = none I = join L = 1 font = swissb;
    axis1 order = (0 to 1 by 0.1);
    axis2 order = (0 to 1 by 0.1);
run;
```

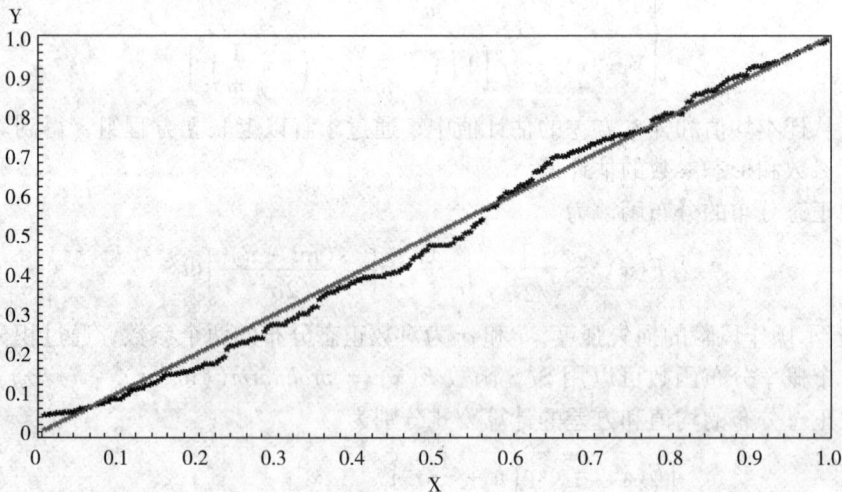

图 8－1　用正态分布拟合操作风险损失强度的 P－P 概率图

（二）绘制帕雷托分布的 P－P 概率图

绘制用帕雷托分布拟合操作风险损失强度的概率分布的 P－P 概率图，需要估计帕雷托分布的两个参数 u 和 m，这两个参数可以从联立方程组

$$\begin{cases} E(x) = mu/(m-1) \\ \mathrm{Var}(x) = mu^2/[(m-1)^2(m-2)] \end{cases}$$

中解得，解此联立方程组可以得到

$$m = 1 + \sqrt{1 + \frac{[E(x)]^2}{\mathrm{Var}(x)}}, u = \frac{m-1}{m}E(x)$$

因此，可以利用以下 SAS 程序估计参数 u 和 m。

程序 cx8 – 2b1

```
data a;
    sgm2 = 2.0487 * 2.0487;
    ex = 8.1516;
    m = 1 + sqrt (1 + ex * ex/sgm2);
    u = (m - 1) * ex/m;
proc print data = a;
    var u m;
    run;
```

这个程序运行后，SAS 给出的计算结果显示，$u = 6.5584$，$m = 5.1048$。得到两个参数的估计值后，绘制用帕雷托分布拟合操作风险损失强度的概率分布函数的 P – P 概率图的 SAS 程序如下。这个程序提交后，SAS 绘制的 P – P 概率图如图 8 – 2 所示。

程序 cx8 – 2b2

```
proc sort data = sjk8_1;
        by x;
    data a;
        set sjk8_1;
        u = 6.5584;
        m = 5.1048;
        if x < = u then y = 0;
        else y = 1 - (u/x) * * m;
        y1 = _n_/271;
        z = _n_/271;
    procgplot data = a;
        plot y * z y1 * z/vaxis = axis1 haxis = axis2 vref = 1 href = 1
overlay;
        symbol1 v = * h = 1 L = 1 font = swissb;
        symbol2 v = none I = join L = 1 font = swissb;
        axis1 order = (0 to 1 by 0.1);
        axis2 order = (0 to 1 by 0.1);
    run;
```

（三）绘制威布尔分布的 P – P 概率图

威布尔分布的尺度参数和形态参数 η 和 m 需要从非线性联立方程组

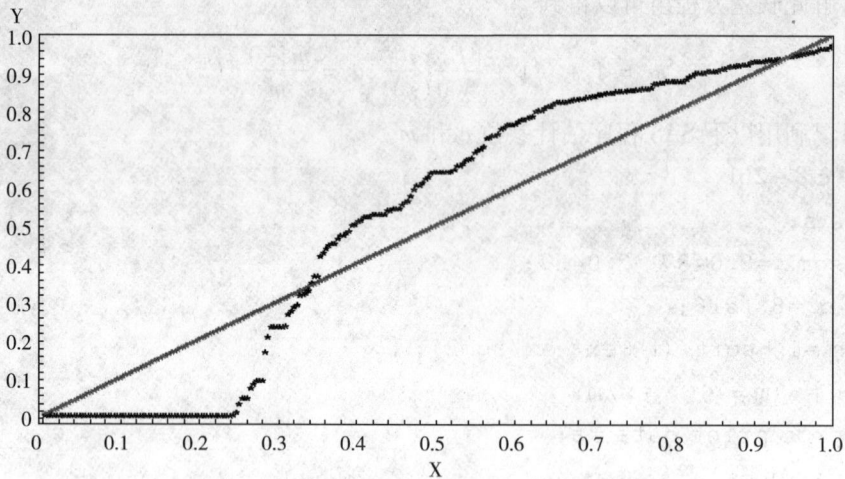

图8－2　用帕雷托分布拟合操作风险损失强度的 **P－P** 概率图

$$\begin{cases} E(x) = \eta\Gamma\left(1 + \dfrac{1}{m}\right) \\ \mathrm{Var}(x) = \eta^2\left[\Gamma\left(1 + \dfrac{2}{m}\right) - \left(\Gamma\left(1 + \dfrac{1}{m}\right)\right)^2\right] \end{cases}$$

中解得，解此联立方程组可以得到

$$\frac{\Gamma(1 + 2/m)}{\left[\Gamma(1 + 1/m)\right]^2} - 1 = \frac{\mathrm{Var}(x)}{\left[E(x)\right]^2}, \eta = \frac{E(x)}{\Gamma(1 + 1/m)}$$

从第一个方程中求解待估参数 m 的 SAS 程序如下：

程序 8－2c1

```
data a;
    ex =8.1561;
    sgm2 =2.0487* 2.0487;
    do k =1 to 10 by 0.0001;
    m =k;
    y =gamma (1 +2/m) / (gamma (1 +1/m) * * 2) -1 -sgm2/ex* * 2;
    if y < =0 then goto ok;
    end;
    ok: run;
    proc print data =a;
    var m;
    run;
```

其他说明：

如果令

$$f(m) = \frac{\Gamma(1 + 2/m)}{\left[\Gamma(1 + 1/m)\right]^2} - 1 - \frac{\mathrm{Var}(x)}{\left[E(x)\right]^2}$$

那么在已知 $E(x)$ 和 $\text{Var}(x)$ 的条件下, $f(m)$ 为一个连续函数。由于当 $m = 1$ 时 $f(m) > 0$, 并且 $f(m)$ 这个函数随自变量 m 单调下降, 因此这个 SAS 程序利用连续函数的价值性定理来求解方程 $f(m) = 0$ 的近似解, 其近似精度为循环语句的步长 0.0001。

这个程序运行后, SAS 给出的计算结果显示, $m = 4.5187$, 再利用第二个方程容易求得 $\eta = 8.9353$ 。绘制用威布尔分布拟合操作风险损失强度的 P – P 概率图的 SAS 程序如下。这个程序提交后, SAS 绘制的 P – P 概率图如图 8 – 3 所示。

程序 cx8 – 2c2

```
proc sort data = sjk8 _1;
    by x;
data a;
    set sjk8 _1;
    m = 4.5187;
    n = 8.9353;
    y = 1 - exp ( - (x/n) ＊ ＊ m); /＊ 计算正态分布的分布函数值＊ /
    y1 = _ n _/271; /＊ 计算经验分布的分布函数值＊ /
    z = _ n _/271;
procgplot data = a;
    plot y＊ z y1＊ z/vaxis = axis1 haxis = axis2 vref = 1 href = 1 over-
lay;
    symbol1 v = ＊  h = 1 L = 1 font = swissb;
    symbol2 v = none I = join L = 1 font = swissb;
    axis1 order = (0 to 1 by 0.1);
    axis2 order = (0 to 1 by 0.1);
    run;
```

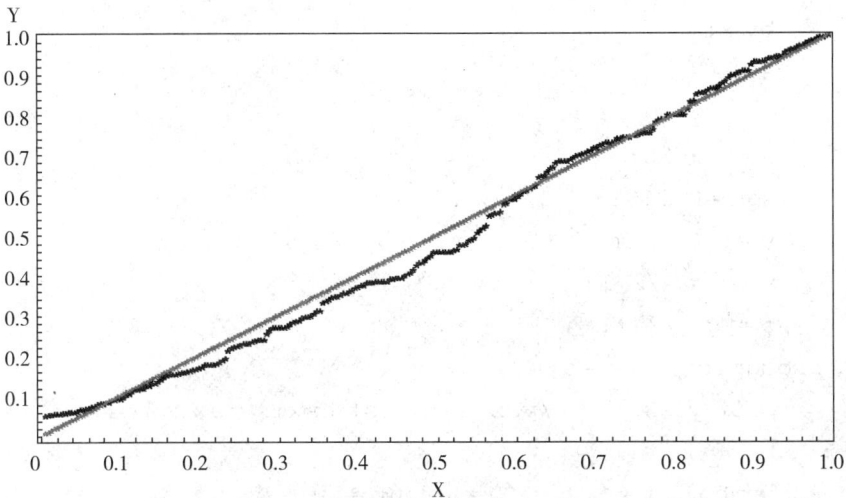

图 8 – 3 用威布尔分布拟合操作风险损失强度的 P – P 概率图

（四）绘制对数正态分布的 P－P 概率图的 SAS 程序

对数正态分布的两个待估参数 u 和 σ，可以从联立方程组

$$\begin{cases} E(x) = \exp\left(u + \frac{1}{2}\sigma^2\right) \\ \mathrm{Var}(x) = \left[\exp(\sigma^2) - 1\right]\left[\exp(2u + \sigma^2)\right] \end{cases}$$

中解得，此联立方程组的解为

$$\begin{cases} \sigma^2 = \ln\left(\dfrac{\mathrm{Var}(x)}{(E(x))^2} + 1\right) \\ u = \ln(E(x)) - \dfrac{1}{2}\sigma^2 \end{cases}$$

因此，可以通过下面的 SAS 程序得到 u 和 σ 的估计值。

程序 cx8 - 2d1

```
data a;
    ex =8.1561;
    sgm2 =2.0487* 2.0487;
sgm = sqrt (log (sgm2/ (ex* ex) +1));
    u = log (ex) -0.5* sgm* sgm;
proc print data =a;
varsgm u;
  run;
```

这个程序运行后，SAS 给出的计算结果显示，对数正态分布的两个参数估计值分别为 $u = 2.0685$，$\sigma = 0.2462$。绘制用对数正态分布拟合操作风险损失强度的 P－P 概率图的 SAS 程序如下。这个程序运行后，SAS 绘制的 P－P 概率图如图 8－4 所示。

程序 cx8 - 2d2

```
proc sort data =sjk8 _1;
        by x;
    data a;
        set sjk8 _1;
        u =2.0685;
        sgm =0.2462;
        y =procnorm ( (log (x) -u) /sgm)
        y1 =_ n _/271;
        z =_ n _/271;
    procgplot data =a;
        plot y* z y1* x/vaxis =axis1 haxis =axis2 vref =1 href =1
overlay;
        symbol1 v = * h =1 L =1 font =swissb;
        symbol2 v =none I =join L =1 font =swissb;
```

```
      axis1 order =  (0 to 1 by 0.1);
      axis2 order =  (0 to 1 by 0.1);
   run;
```

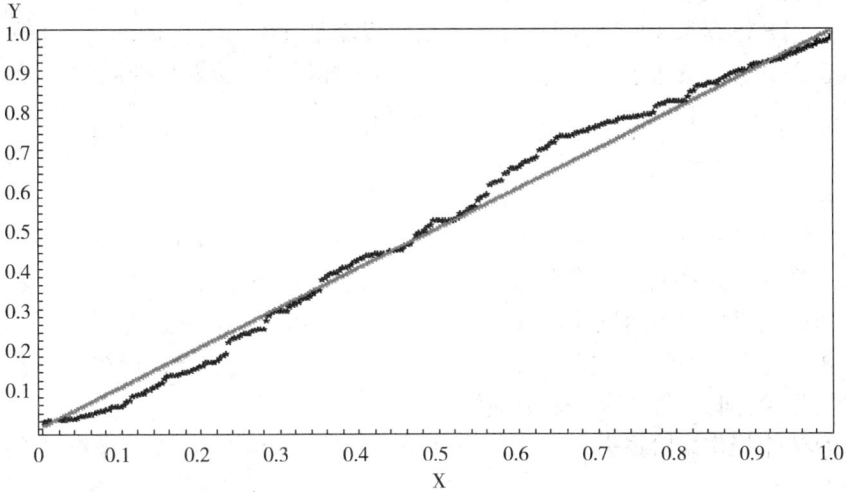

图 8 - 4　用对数正态分布拟合操作风险损失强度的 P - P 概率图

从图 8 - 1 ~ 图 8 - 4 可以看到，用帕雷托分布拟合操作风险损失强度的 P - P 概率图与对角线偏离较大，可以认为，帕雷托分布不能很好地描述拟合我国商业银行操作风险损失强度的概率分布。其余三个分布、尤其是正态分布的 P - P 概率图与对角线偏离较小，因此，下面分别在操作风险损失强度服从正态分布、威布尔分布和对数正态分布的假设条件下，采用蒙特卡罗模拟方法对操作风险进行度量。

8.2.4　累计操作风险损失的概率分布的蒙特卡罗模拟和 SAS 实现

得到操作风险损失频率和损失强度的概率分布函数后，就可以通过蒙特卡罗模拟方法来估计银行累计操作风险损失的概率分布 $G(x)$，并且参照前面介绍的公式

$$Z = G^{-1}(\alpha) - EG$$

来计算单个银行针对操作风险的监管资本要求，按照新资本协议的要求，在上式中 α 需要取 99.9% 。

用蒙特卡罗模拟方法估计银行累计操作风险损失的概率分布的步骤如下：

（1）用 SAS 函数 RANPOI（seed，λ）来生成满足均值 $\lambda = 5.65$ 的普阿松分布的随机数，得到银行在一年内发生操作风险损失事件的频数 k 。

（2）当用正态分布来拟合操作风险损失强度的概率分布函数时，采用 SAS 函数 NORMAL 来生成满足标准正态分布的随机数 x ，然后按照公式

$$s = 2.0487 \times x + 8.1561$$

将其转换为从一般正态分布 $N(8.1561, 2.0487^2)$ 中得到的随机数 s ，代表银行发生一次操作风险损失事件时的财务损失，重复这个步骤 k 次，得到 k 个操作风险损失 s_1 ，

$s_2, \ldots, s_k$，代表当银行在一年内发生 k 次操作风险损失事件时，每次的财务损失。

（3）当用对数正态分布或威布尔分布拟合操作风险损失强度的概率分布时，由于 SAS 函数不能直接生成满足对数正态分布或满足威布尔分布的随机数，因此可采用以下方法来获得这两个概率分布函数的随机数。

首先采用 SAS 函数 UNIFORM（seed）来生成满足 [0, 1] 上的均匀分布的随机数，作为对数正态分布、威布尔分布的概率值 P 的随机抽样值；接着分别从以下两个公式

$$P = \frac{1}{\sqrt{2\pi}\sigma} \int_0^s \frac{1}{t} \exp\left[-\frac{(\ln t - u)^2}{2\sigma^2}\right] \mathrm{d}t, P = 1 - \exp\left[-\left(\frac{S}{\eta}\right)^m\right]$$

中解得

$$s = \exp[u + \sigma \times probit(P)], s = \eta \times [\ln(1/(1-P))]^{\wedge}(1/m)$$

作为服从参数为 u, σ 的对数正态分布的随机变量的随机抽样值，以及服从参数为 η, m 的威布尔分布的随机变量的随机抽样值，s 代表发生一次操作风险损失事件时的财务损失，重复这个步骤 k 次，得到 k 个操作风险损失 $s_1, s_2, \ldots, s_k$，代表当银行在一年内发生 k 次操作风险损失事件时，每一次的财务损失。

（4）将 k 个操作风险损失 $s_1, s_2, \ldots, s_k$ 相加，得到一年内发生 k 次操作风险损失事件时的累计损失。

（5）重复上面（1）~（4）的步骤 n 次，得到银行在一年内操作风险累计损失的 n 个蒙特卡罗模拟值，利用这 n 个模拟值估计 $G^{-1}(0.999)$ 和 EG，从而获得单个银行针对操作风险的监管资本要求 $z = G^{-1}(0.999) - EG$。

用蒙特卡罗模拟方法估计单个银行在一个年度中的累计操作风险损失的概率分布，并计算单个银行针对操作风险的监管资本要求，可以通过 SAS 程序来实现。为便于读者理解，下面将计算程序分为四个子程序。

（1）用普阿松分布的随机数模拟银行在一年内发生操作风险损失事件的频数 k 的 SAS 子程序如下。在程序中总共进行了 10000 次模拟。这个程序提交后，SAS 给出的 10000 次模拟结果显示，在一年中，单个银行操作风险损失事件发生的最小次数 0、最大次数 16。

程序 cx8 - 3a

```
data a;
  do m =1 to 10000;
    k = ranpoi (15, 5.65); /* 生成普阿松分布的随机数* /
    output;
run;
```

（2）通过标准正态分布和均匀分布的随机数，模拟当损失强度分别服从正态分布、威布尔分布和对数正态分布时，每次操作风险损失事件发生时的财务损失的 SAS 程序如下。

程序 cx8 - 3b

```
data b;
  do m =1 to 10000;
```

```
    output;
  end;
data b1;
  set b;
  array z (16) z1 - z16;
  array ez (16) ez1 - ez16;
  array w (16) w1 - w16;
  array ew (16) ew1 - ew16;
  array d (16) d1 - d16;
  arrayed (16) ed1 - ed16;
    do n = 1 to 16;
      z (n) = 2.0487 * normal (0) + 8.1561; /* 生成正态分布的随机
数* /
      p = uniform (0);
      w (n) = 8.9353 * (log (1/ (1 - p)) * * (1/4.5187)); /* 生
成威布尔分布的随机数* /
      d (n) = exp (2.0685 + 0.2462 * probit (p)); /* 生成对数正态
分布的随机数* /
ez (n) = exp (z (n)); /* 将损失值转换为原始表达方式* /
      ew (n) = exp (w .(n));
      ed (n) = exp (d (n));
    end;
run;
```

（3）计算当损失强度分别服从正态分布、威布尔分布和对数正态分布时，一个年度中单个银行在操作风险中的累计损失的 SAS 程序如下：

程序 cx8 - 3c

```
data c;
  merge a b1;
data d;
  set c;
  if k = 0 then do;
sz = 0;
sw = 0;
sd = 0;
end;
  if k = 1 then do;
sz = ez1;
sw = ew1;
```

```
sd = ed1 ;
end;
  if k = 2 then do;
sz = sum (ofez1 - ez2 );
sw = sun (ofew1 - ew2 );
sd = sum (ofed1 - ed2 );
end;
  if k = 3 then do;
  sz = sum (ofez1 - ez3 );
  sw = sum (ofew1 - ew3 );
  sd = sum (ofed1 - ed3 );
  end;
  if k = 4 then do;
  sz = sum (ofez1 - ez4 );
  sw = sum (ofew1 - ew4 );
  sd = sum (ofed1 - ed4 );
  end;
  if k = 5 then do;
  sz = sum (ofez1 - ez5 );
  sw = sum (ofew1 - ew5 );
  sd = sum (ofed1 - ed5 );
  end;
  if k = 6 then do;
  sz = sum (ofez1 - ez6 );
  sw = sum (ofew1 - ew6 );
  sd = sum (ofed1 - ed6 );
  end;
  if k = 7 then do;
  sz = sum (ofez1 - ez7 );
  sw = sum (ofew1 - ew7 );
  sd = sum (ofed1 - ed7 );
  end;
  if k = 8 then do;
  sz = sum (ofez1 - ez8 );
  sw = sum (ofew1 - ew8 );
  sd = sum (ofed1 - ed8 );
  end;
  if k = 9 then do;
```

```
sz = sum (ofez1 - ez9);
sw = sum (ofew1 - ew9);
sd = sum (ofed1 - ed9 );
end;
if k = 10 then do;
sz = sum (ofez1 - ez10);
sw = sum (ofew1 - ew10);
sd = sum (ofed1 - ed10 );
end;
if k = 11 then do;
sz = sum (ofez1 - ez11);
sw = sum (ofew1 - ew11);
sd = sum (ofed1 - ed11 );
end;
if k = 12 then do;
sz = sum (ofez1 - ez12);
sw = sum (ofew1 - ew12);
sd = sum (ofed1 - ed12 );
end;
if k = 13 then do;
sz = sum (ofez1 - ez13);
sw = sum (ofew1 - ew13);
sd = sum (ofed1 - ed13 );
end;
if k = 14 then do;
sz = sum (ofez1 - ez14);
sw = sum (ofew1 - ew14);
sd = sum (ofed1 - ed14 );
end;
if k = 15 then do;
sz = sum (ofez1 - ez15);
sw = sum (ofew1 - ew15);
sd = sum (ofed1 - ed15 );
end;
if k = 16 then do;
sz = sum (ofez1 - ez16);
sw = sum (ofew1 - ew16);
sd = sum (ofed1 - ed16 );
```

```
    end;
run;
```

（4）计算当损失强度分别服从正态分布、威布尔分布和对数正态分布时，计算银行针对操作风险的监管资本要求 $z = G^{-1}(0.999) - EG$ 的 SAS 程序。

程序 cx8 – 3d

```
proc means data = d;
    output out = d1 mean (sz) = msz mean (sw) = msw mean (sd) = msd;
data e1;
    set d;
    keep sz;
proc sort data = e1;
    by sz;
data e1;
    modify e1;
    if _n_^ = 9990 then remove;
data e2;
    set d;
    keep sw;
proc sort data = e2;
    by sw;
data e2;
    modify e2;
    if _n_^ = 9990 then remove;
data e3;
    set d;
    keep sd;
proc sort data = e3;
    by sd;
data e3;
    modify e3;
    if _n_^ = 9990 then remove;
data f;
    merge e1 e2 e3 d1;
    varz = sz - msz;
    varw = sw - msw;
    vard = sd - msd;
proc print data = f;
varvarzvarwvard;
```

```
run;
```

这个程序运行后，SAS 给出的结果显示，如果操作风险损失事件发生时的损失强度服从正态分布，则单个银行针对操作风险的监管资本要求为 4869200 万元；如果损失强度服从威布尔分布，则针对操作风险的监管资本要求为 1750834 万元；如果损失强度服从对数正态分布，则针对操作风险的监管资本要求为 102198 万元。从中可以看到，当采用不同的概率分布函数来描述操作风险损失事件发生时的损失强度时，对监管资本要求的计量相差悬殊。因此当用损失分布法来度量银行的操作风险时，准确描述损失频率与损失强度的概率分布函数十分重要。

8.3　本章有关的 SAS 基础知识

8.3.1　SUMMARY 过程

在 SAS 中，SUMMARY 过程（概括过程）可以给出变量的观测个数（Nobs），可以对数值变量计算单个变量的基本统计量。在使用这个过程时，SUMMARY 不会自动打印输出计算结果，如果用户希望打印输出计算结果，必须在 PROC SUMMARY 语句中规定选项 PRINT。

SUMMARY 过程的语句格式可以写成

PROC SUMMARY ＜ options ＞；

＜ VAR variables ＞；

　　CLASS variables；

　　OUTPUT ＜ OUT = data − set − name ＞ ＜ output − statistic − list ＞；

语句格式说明：

（1）PROC SUMMARY——开始概括过程，PROC SUMMARY 语句的选项可以包括：

DATA = data − set − name：指定使用该过程的 SAS 数据集的名字，若缺省，则对最近创建的 SAS 数据集使用概括过程；

PRINT：指定输出计算结果，在使用概括过程时，如果没有这个选项，系统不会自动输出计算结果。

（2）CLASS variables——用 CLASS 变量定义观测组，分别计算各组的观测个数和基本统计量，使用 CLASS 语句时，SAS 不要求输入数据集事先按照 CLASS 变量进行排序。概括过程中输出数据集中观测的个数取决于 CLASS 变量的不同值以及变量之间不同组合水平的个数，概括过程中产生的输出数据集中的观测用名为 _ type _ 的变量来识别。例如，在本章的程序 cx8 − 2b 中，_ type _ = 0 表示整个数据集的观测个数，_ type _ = 1 表示各个银行的观测个数，_ type _ = 2 表示每个年度的观测个数，_ type _ = 3 表示各个银行在每个年度的观测个数。

（3）OUTPUT——该语句要求概括过程将计算结果输出到指定的 SAS 数据集中，这个语句的选项可以包括：

DATA = data – set – name：指定输出数据集的名字；

Output – statistic – list：指定输出的统计量列表。

【复习思考题】

Excel 数据集 sjk8 – 2 给出虚拟的四家银行在 2001—2010 年期间发生的操作风险损失事件的财务损失数据，其中的三个变量分别为年份 year、银行名称 bank 和操作风险损失事件中遭受的财务损失 lost，试利用该数据集完成下列工作：

①检验能否利用普阿松分布来描述单个银行在一个年度的损失频率；

②绘制正态分布、帕雷托分布、威布尔分布和对数正态分布的 P – P 概率图，判断哪种分布可以较好地描述操作风险损失事件的损失强度；

③计算单家银行针对操作风险的监管资本要求；

④给出所需要的 SAS 程序。

【主要参考文献】

［1］巴塞尔银行监管委员会发布．中国银行业监督管理委员会译．统一资本计量与资本标准的国际协议：修订框架［M］．1 版．北京：中国金融出版社，2004.

［2］卡罗尔．亚历山大．陈林龙等译．商业银行操作风险［M］．1 版．北京：中国金融出版社，2005.